나와 그리스도 사건

영원한 첫사랑

개구리 회의

파스칼의 내기

크리스천의 고독

하나님의 저자세

예수의 계절

제3혁명 운동

기도는 창조의 산실

거지전도

부화기적 훈련

순

영원한 소년

나와 그리스도 사건

우주 로고스 생명 로고스	12
예수의 현존성(現存性)	12
아무도 이렇게 말한 일이 없다	13
이 사람을 보라	14
예수의 신임장	15
예수에 대한 삼자택일(三者擇一)	15
인생의 열쇠	16
죽을 때 봐야 안다	17
구원의 절대 확신	18
전천후(全天候) 감사와 사랑의 시간	19
요한복음과 믿음	19
재림의 징조	20
예수의 제자된 표식(標識)	21
생사(生死)를 걸고 물어 보라	22
여호와를 기뻐하라	23
사랑의 절대성	24
복음의 씨앗	24
십자가 사건	25
한국 민족과 에스겔 37장의 환상	26
매독 문화(梅毒文化)와 예수의 피	27
6·25 때를 기억하자	28
예수 없는 절망	29
어리석은 자의 정의(定義)	30
예수에게 미치자	31
나와 그리스도 사건	32
내 가슴에 타는 사랑의 불	33
영점 체험(零點體驗)	33
네 믿음대로 되라	34
한국 크리스천의 죄	35
구국 기도의 불침번	36

영원한 첫사랑

신령한 것의 사모	38
사형수 시간과 밀월의 시간	38
유일성(唯一性)의 논리	39
다섯 가지 유형의 지도자상	40
사랑의 보수	40
아폴로 13호의 교훈	41
신념과 신앙	42
영원한 첫사랑	43
주여 감사합니다	44
범사에 여호와를 인정하라	45
너희 모든 쓸 것을 채우시리라	46
뜻대로 구하면 들으심이라	47
요엘서의 금식 기도	48
신앙적 사고 방식	49
악령들린 현대인의 상징	50
냉수 한 잔, 미소 하나의 사랑	51
영(靈)의 시대가 도래하고 있다	52
초자연적인 삶	52
사도행전의 크리스천 액션	53
일곱 번씩 일흔 번이라도 일어나라	54
만민에게 미칠 큰 기쁨의 좋은 소식	55
그대가 죽지 않은 궁극의 이유	56
하늘이여 들으라 땅이여 귀를 기울이라	57
깨끗한 세상을 위한 최초 최고의 행위	58
죽음의 영점(零點)에 서 보라	59
피조물의 논리(論理)	60
불 신자(信者)와 연기 신자(信者)	61
사랑의 수(數)	62
산 예수와 신학적 예수	63
전심(全心)의 신앙 생활	64

개구리 회의

은혜라는 말의 이해	66
만능의 인생묘약(人生妙藥)	67
찬송 생활의 축복	68
섭리의 만남	69
천사가 밭을 가는 명화	70
정신 위생의 묘약	70
시편 23편	71
샬롬	72
만민에게 미칠 큰 기쁨의 좋은 소식	73
내일(來日) 마귀	73
사랑을 나눠 주자	74
나의 최대의 크리스천 체험	75
고난은 제3의 성례(聖禮)	76
배에서 생수의 강이	77
나사로야, 무덤에서 나오라	77
기도 응답의 기쁨	78
베드로의 옥문을 무엇이 열었는가?	79
개구리 회의	80
죽음에 이르는 병	80
인간 타락과 부패의 보편성	81
죄 없는 자가 먼저 돌로 치라	82
3단계 인생	83
중성인간(中性人間) 중간지옥(中間地獄)	84
전쟁 책임 고백서(戰爭 責任 告白書)	85
모든 발명은 하나님의 계시	86
사랑의 약탈자	87
삼위일체의 유추(類推)	88
나의 작은 겟세마네	88
가난한 심령	89
기도 응답의 두 가지 방법	90

파스칼의 내기

모세의 지팡이	92
하나님의 시한, 하나님의 저울	93
상사병	94
비련의 호세아와 하나님	95
솔제니친의 경고	96
영혼의 호흡	97
원숭이의 보고서	98
신령한 것의 의미	98
욥의 고난	99
신약적 예언자	100
영적 자유 문제	101
지금은 초비상 구국 금식 기도할 때	102
수도 생활	103
3종의 인간	104
심령감응술(텔레파시)이 암시하는 것	105
신(身)·혼(魂)·영(靈)의 구속	105
피의 종교	106
기복신앙(祈福信仰) 시비	107
파스칼의 내기	108
신앙(信仰)과 인식(認識)	109
불의(不義)·자의(自義)·신앙의(信仰義)	110
믿음은 선물	111
예수님의 재림	112
하나님을 아는 방법	113
미국사의 위기와 기도	114
금식 기도의 유익	115
금식 기도	116
청소년 크리스천에게 호소한다	117
전도의 문 마음의 문	118
홍해를 쳐라	119

크리스천의 고독

믿음의 그릇	122
예수 의식과 민족 의식	123
심은 대로 거둔다	124
하나님의 보증 수표	125
하나님 사랑 이웃 사랑	126
주님과 나만의 시간	127
성경적 교양과 품위	127
크리스천의 고독	128
영원을 심자	129
허무적 행동주의	130
노아 홍수족과 고모라족	131
마음에 새겨 둔 헌법 전문	132
야곱의 궁지	133
아담권과 예수권	133
중국 민족의 양자 택일	134
죄책의 투사(投射)와 전가	135
정상 참작	136
신학사(神學史)의 3대 위기	137
염려하지 말라	138
예수와 기적의 문제	139
천국의 소유	140
사랑의 빚진 사람	141
예수 부활의 실존적 의미	142
빈 무덤	143
부활과 과학	144
예수의 상흔(傷痕)	144
부활 증인과 증거	145
죽은 자가 살아난다는 소식	146
부활의 실존적 의미	147
부활족과 사망족	148

하나님의 저자세

예루살렘의 부활 무드	150
부활 사실과 부활 신앙	150
입의 열매와 복록	151
영적 건강의 척도	151
구미 신학 쓰레기	152
성령이 알게 하신 지식	152
상흔을 보이자	153
태신자(胎信者)	154
사형수의 회심	155
예수님과 나 사이	155
죄의 개념	156
내게 은과 금은 없어도	157
십일조 헌금	158
시련과 연단의 유익	158
이런 유산도 있다	159
최후의 뉴 프론티어	160
가가와 도요히꼬(賀川豊彦)의 원점	160
모택동과 장개석	161
그리스도의 향기	162
반 반공(反 反共)	162
어리석은 부자	163
원죄와 종자와 정조	164
반드시 죽는다는 것을 기억하라	164
오직 하나님께로서 난 자들	165
성령의 상징들	166
하나님의 저자세	167
한 맺힌 소원 기도	168
복음적 시각	168
회개와 신앙	169
진화론과 창조론의 과학 논쟁	170

예수의 계절

유일의 길 · 진리 · 생명	172
희소식	173
세례 요한과 복음 인간	174
애신(愛神) · 애타(愛他) · 애기(愛己)	174
말씀의 씨앗	175
섭리의 만남들	176
세미한 음성	177
은혜와 축복의 동참	178
변화된 삶의 증인	179
성경 식욕	179
신명기 28장의 축복	180
예수 설교와 지식 설교	181
사소한 기도	182
십일조 문제	183
속죄자	184
말의 씨와 역동성	185
성수 주일 문제	186
웨일즈의 부흥 운동	187
지식 나무 생명 나무	188
예수를 심자	188
변하는 것과 변할 수 없는 것	189
네 종류의 심전(心田)	190
다섯 종류의 심판	191
크리스천에게 주는 경고	192
메네 메네 데겔 우바르신	192
예수의 계절	193
바라바와 예수	194
적그리스도	194
어리석은 부자의 4무(四無)	195
물과 생명의 신비	196

제3혁명 운동

우리의 작은 겟세마네	198
성경적 기독교	199
하나님의 뜻	200
크리스천 소유 개념	201
예수의 살과 피	202
믿음의 재무장	203
짐승과 용과 음녀	203
심판 때 보아야 안다	204
사랑이라는 전도 방법	205
밀알처럼 살자	206
사소한 사랑을 모으자	207
믿음과 기도 불사용 죄	208
예레미야의 예수	209
제3혁명 운동	210
호세아의 예수	211
현대 탕자의 귀로의 시간	212
기도와 전도의 문	213
예수 재단	214
예수칼럼 독자에게	215
믿음과 인생	216
신학과 실천	217
지혜를 위한 기도	218
선(先) 믿음 · 후(後) 지식	219
의지적 신앙 생활	219
얍복 나룻가의 기도	220
하나님을 아는 방법	221
절대 변수	222
기독교와 인간교(人間敎)	223
예수 중심의 시각	224
전도자의 면류관	225

기도는 창조의 산실

신앙과 미신	228
소금과 빛	229
성령 충만 받으라	230
성령 충만의 표본	231
믿음은 들음에서	232
대학생에게 알립니다	233
기도는 창조의 산실	234
독자에게 드리는 편지	235
가인의 후예들의 문명	236
예수의 광야 시험	237
옛날 귀신과 현대 귀신	238
열매 맺는 생활의 비결	239
전심(全心)과 지성(至誠)의 신앙 생활	240
거룩한 산 제물의 삶	241
한 감방 안의 풍자적 사건	242
구원의 두 측면	243
기도와 믿음의 국력	244
크리스천의 소망	245
예수와 성경 배우는 태도	246
주초(酒草) 문제	247
나의 원(原)주소와 현(現)주소	248
중생(重生)의 신비	249
비오는 날 밤	250
선교사 헌신의 결의	251
끝없는 낙수(落穗)	252
은과 금은 없으나	253
이런 유는 금식과 기도 외에는	254
무지와 죄의 자각	255
한국 크리스천의 꿈	256
하나님과의 대화	257

거지전도

기도 속에서 보여 주신 두 얼굴	260
한국의 성모상	261
예수가 사장	262
거지전도	263
그 행사가 다 형통하리로다	263
성공의 절대 비결	264
선교사 서원자에게	265
구원의 모상(母像) 마리아	266
보지 못하고 믿는 자의 축복	267
크리스천의 유머[해학]	267
비판 정신	268
천리 길도 일보(一步)부터	269
나를 사랑하라	270
거짓 증거 하지 말라	271
기도의 계절	272
속죄자와 죄의 전가자	273
경건의 수행(修行)	274
충성된 생활	275
미국 최후의 부흥 기류	276
살아서 운동력있는 말씀	277
칼은 칼로 망한다	278
시간의 청지기	279
성구 암기	280
고난의 신비	281
밭에 감추인 보화	282
예수의 접종(接種)	282
율법과 은혜	283
예수의 족보	284
배우자를 택하려는 이들에게	285
세계 평화는 오는가	286

부화기적 훈련 순

십자가의 비의(秘義) 288	318 영적 공해의 시대
메시아 대망 289	319 살아 계신 예수
영생은 선물이다 290	320 크리스천의 육신관(肉身觀)
민족 의식과 예수 의식 291	321 구하라, 찾으라, 문을 두드리라
희락(喜樂)의 법칙 292	322 과학과 신앙
코리텐붐의 간증 293	323 하나님 불신의 기적
크리스천의 최대 유산 294	324 믿음의 조상들의 반열(班列)
아벨의 피 295	325 피의 종교
죄가 들어왔을 때 296	326 확률로 본 예언 성취
절대 은총의 손 297	327 종교 개혁
반(反) 초자연주의 298	328 광야의 구리뱀과 예수
믿음으로 사랑 299	329 선악과와 생명과
라오디게아 교회 300	330 빌레몬서의 인간성
신앙적 부모 상(像) 301	331 부자 교만과 거지 교만
영치(靈痴) 302	332 어린 아이와 백치(白痴)
양심 불감증 303	333 순
영(靈)의 동조 주파 304	334 가룟 유다의 동기
예수 운동 305	335 영원한 생수
기독교와 진리 306	336 종이 되어 섬기는 삶
절망과 소망 306	337 실존적 회의
마르크스와 도스토예프스키 307	338 주(主)—퀴리오스—
열등감, 우월감 308	339 성도가 받는 최고 그랑프리[면류관]
신유에 대하여 309	340 자유의 문제
부화기적 훈련 310	341 대속자(代贖者)
병리학적 3기 310	342 주님과 나의 관계
청소년 범죄 311	343 애정수입(愛情收入)과 광기문명(狂氣文明)
사해(死海) 인간과 갈릴리 호의 인생 312	344 사제(私製) 기독교
그리스도의 신부 313	345 대신속죄(代身贖罪) 대신형벌(代身刑罰)
예수를 앙망(仰望)하는 생활 314	346 죽은 행실의 회개
화평케 하는 자 315	347 성경 해석자

영원한 소년

죄의 정의	350
하나님의 본성	351
비만증 사랑 결핍증 환자	352
중생(重生)한 자와 범죄	353
성탄을 바로 맞는 자세	354
온 백성에게 미칠 큰 기쁨의 소식	355
하나님의 성탄 준비	356
미개발(未開發)의 동력 자원	357
아담 족과 예수 족	358
전천후(全天候) 신앙생활	359
두 여학생의 결혼생활	360
새해의 결심	361
사랑함으로 배우는 사랑	362
시간의 청지기	363
네 가지 평화	364
영원한 소년	365
주의 기도	366
성령에게 짓는 죄	367
인간교(人間敎)의 시편	368
영적 건강법	369
어리석은 논쟁	370
인간교(人間敎)의 주기도문	371
예언서에 나타난 EEC(유럽경제공동체)	371
하나님 존재 부정의 악과 저주	372
헌신의 뜻	373
반석을 쳐라	374
번데기가 나비되는 생태학적 성장 경험	375
성령의 독점 의식	376
반석 위의 집과 모래 위의 집	377
금식 기도와 신앙 인격 연단	378
제목 찾아보기	379

나와 그리스도 사건

내 생애에 일어난 최대 사건은 그리스도 사건이다. 그리스도는 나의 생명이요, 사랑이요, 소망이요, 나의 평안이요, 지혜요, 힘이요, 모든 것의 모든 것이다. 그리스도의 절대가 다른 모든 것을 상대화시켰다.

우주 로고스 생명 로고스

태초에 예수(로고스)가 계시니라. 이 예수는 하나님과 함께 계시고 그 예수는 곧 하나님이시니(요 1:1) 만물이 예수로 말미암고 예수를 위하여 창조되었으며 예수 안에서 존립한다(골 1:16~17). 예수 안에 생명이 있었으니 이 생명은 사람들의 빛이라(요 1:4). 모든 무릎이 그에게 꿇고 모든 입으로 예수 그리스도를 주라 시인하여(빌 2:11) 하늘과 땅의 모든 권세를 그에게 주고(마 28:18) 그 안에서 통일되게 하려 하신다(엡 1:10)

태초에 말씀이 계시니라 이 말씀이 하나님과 함께 계셨으니 이 말씀은 곧 하나님이시니라(요 1:1)

예수의 현존성(現存性)

"2,000년 전에 죽은 로마의 사형수여, 그대가 내 품에서 심장을 도려내듯 외동딸을 빼앗아 가는구나. 그대는 죽은 사람인가 산 사람인가, 하나님인가 사람인가, 생명의 약탈자여, 사랑의 약탈자여."

이 말은 아버지를 덜 사랑해서가 아니라 예수를 너무너무 사랑해서 아무리 붙잡아도 기어이 아프리카의 선교사로 떠나는 외동딸을 보내는 프랑스의 한 노시인(老詩人)의 외침이다.

또 내 이름을 위하여 집이나 형제나 자매나 부모나 자식이나 전토를 버린 자마다 여러 배를 받고 또 영생을 상속하리라(마 19:29)

아무도 이렇게 말한 일이 없다

예수의 주장

- 나는 생명의 떡이다. 생명수다. 나는 너의 빛이다. 나는 네 선한 목자요 너희는 내 양이다. 나는 포도나무요 너희는 가지다. 나를 믿으면 배에서 생수의 강이 흘러난다.

- 나는 부활이요 생명이다. 나를 믿으면 하나님의 자녀가 되는 권세를 주고 영생을 주겠다(요 1:12). 나는 하나님과 화해하는 유일(唯一)의 구속의 길이며 하나님을 아는 유일의 진리이며 하나님이 주시는 새 생명의 원천이다(요 14:6).

- 너와 하나님은 하나다. 이 말은 태양의 존재만큼 확실한 사실이다.

예수께서 가라사대 내가 곧 길이요 진리요 생명이니 나로 말미암지 않고는 아버지께로 올 자가 없느니라(요 14:6)

이 사람을 보라

나사렛 예수
하나님 같은 사람, 사람 같은 하나님.

자신을 하나님이라고 주장한 죄로 사형받았고, 제자 교육의 핵심은 자신을 하나님으로 믿게 하는 것이었으며, 하나님만 할 수 있는 말을 하고 하나님만 할 수 있는 일을 행하고 하나님처럼 죽고 하나님처럼 부활하여 제자들이 그를 하나님으로 믿게 하였고 그렇게 전하게 하였고 그것을 전하다 죽게 했고, 하나님만 줄 수 있는 새 삶을 주었고, 역사를 A.D.와 B.C.로 바꾸어 놓았다.

내가 아버지께로 나와서 세상에 왔고 다시 세상을 떠나 아버지께로 가노라 하시니(요 16:28)

예수의 신임장

예수의 권위에 대한 신임장(信任狀)이 세 가지 있다.
① 성경 : 예수가 주제인 영원한 베스트셀러
② 부활 사건 : 사도행전의 3,000~5,000명씩 회개하고 믿은 사람들은 며칠 전 같은 도시 예루살렘에서 되어진 예수의 부활 사건과 부활의 도를 전하는 부활 증인들의 말을 듣고 변화한 사람들이다. 이 보다 더 진실한 증인들과 절대적 증거는 없다.
③ 예수가 끼친 인격적 변화와 영향력이다. 〈리더스 다이제스트〉지는 미국의 100세 이상의 장수자 9,000명의 장수의 최대 요인이 예수 믿은 일이라는 통계를 발표했다. 예수의 권위는 통계적 진리로 증명된 셈이다.

보라 처녀가 잉태하여 아들을 낳을 것이요 그 이름을 임마누엘이라 하리라(사 7:14)

예수에 대한 삼자택일(三者擇一)

예수는 구약 성경에서 1,500년 동안 40여 저자에 의해서 350여 회에 걸쳐 미리미리 온다고 예고되어 왔다. 그는 성령으로 잉태되었다. 남의 삶을 대신 살고 우리를 위해 대신 죽었다고 했다. 죄를 사해 주고 자기를 따르는 자를 부활시키며 세상에 다시 온다고 했다.

이러한 그는 정신병자일까, 사기꾼일까? 그렇다면 기독교사는 정신병 사건, 절대 사기 사건이란 말인가! 그는 구주 하나님의 아들이 아닐 수 없다.

시몬 베드로가 대답하여 가로되 주는 그리스도시요 살아계신 하나님의 아들이시니이다(마 16:16)

인생의 열쇠

"사람은 어디서 와서 어디로 가는 것일까. 황금빛 별 저편에는 누가 사는가?"

이것은 시인 하이네의 물음이다. 이 물음 속에 종교와 철학과 도덕의 물음의 원점이 있는 것 같다. 누가 이 물음에 대답할 수 있단 말인가.

"당신은 당신의 영광을 위하여 나를 지으셨나이다. 그런고로 당신 안에서 쉴 때까지 내게는 평안이 없었나이다."

이것은 어거스틴의 고백이다. 예수를 모르고는 나도, 하나님도 모른다(파스칼). 예수를 본 자는 하나님을 본다(요 14:9).

나를 본 자는 아버지를 보았거늘 어찌하여 아버지를 보이라 하느냐(요 14:9)

죽을 때 봐야 안다

우리 모두는 예외없이 죽어 관 속에 누웠을 때 하나님과 죽음과 양심 앞에 벌거벗고 겸허히 참으로 진실되게 선다.

1923년 미국의 황금만능 시대에 시카고의 에지워터 비치 호텔에서 당시 미국의 8대 부자들이 한 탁자에 모인 일이 있었다. 당시 매스컴은 이 모임을 성공과 출세의 상징이요 신화처럼 보도했다. 그러나 그것은 드라마의 종장은 아니었다. 25년 후 네 명은 자살했고 네 명은 파산해서 국외에서 죽거나 징역을 살다가 죽었다. 크리스천은 밀월(密月)의 시간을 산다.

다른 이로서는 구원을 얻을 수 없나니 천하 인간에 구원을 얻을 만한 다른 이름을 우리에게 주신 일이 없음이라 하였더라(행 4:12)

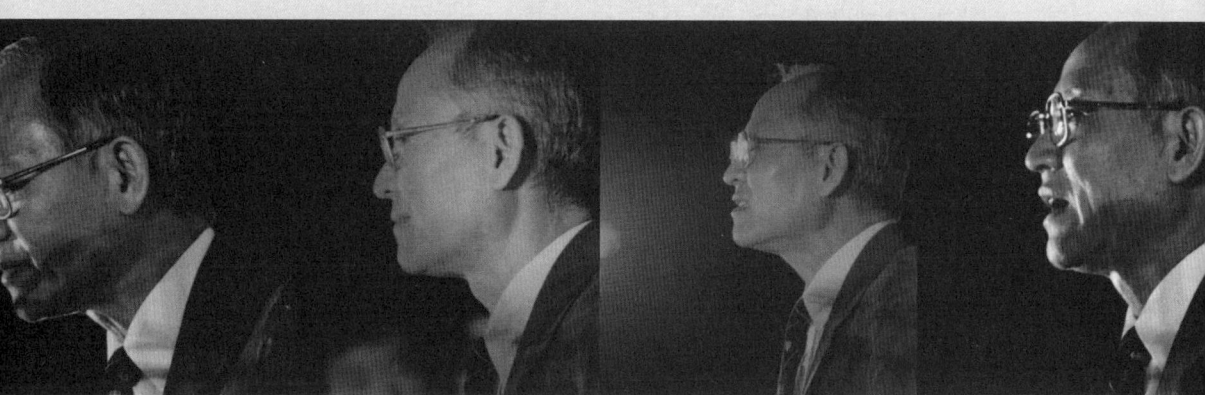

구원의 절대 확신

예수께서는 "천지(天地)는 없어지겠으나 내 말은 없어지지 아니하리라"(마 24:35)고 말씀하셨다. 구원의 확신은 하나님과 그의 말씀인 성경의 약속을 믿는 데 있다. 임종의 노성도(老聖徒)에게 목사님이 구원의 확신을 확인해 보았다.

"목사님, 문을 좀 열어 주십시오. 저 삼각산이 그 자리에 있습니까?"

"예, 그대로 있습니다."

"태양도 제자리에 있습니까?"

"예, 그렇습니다."

목사님의 대답이었다.

"비록 저 태양이 없어지고 천지가 변해도 주님의 약속은 변하지 않습니다."

노성도의 확신이었다.

네가 만일 네 입으로 예수를 주로 시인하며 또 하나님께서 그를 죽은 자 가운데서 살리신 것을 네 마음에 믿으면 구원을 얻으리니(롬 10:9)

전천후(全天候) 감사와 사랑의 시간

범사에 감사하라(살전 5:18). 크리스천에게는 사랑의 사건이 아닌 것이 없다. 그의 시간은 전천후 사랑과 밀월의 시간인 것이다. 주의 뜻대로 사는 사람에게는 모든 것이 합동해서 유익함을 이룬다. 환경이나 사람에 의해서 주어지거나 빼앗기는 것이 아니다. 그런 것과 상관없이 마음속에서 샘솟는 기쁨인 것이다.

종은 울릴 때까지 종이 아니다. 노래는 부를 때까지 노래가 아니다. 사랑은 사랑할 때까지 사랑이 아니다. 축복은 감사할 때까지 축복이 아니다.

범사에 감사하라 이는 그리스도 예수 안에서 너희를 향하신 하나님의 뜻이니라(살전 5:18)

요한복음과 믿음

요한복음은 믿음과 영생의 책이다. 믿음이란 말이 98회 사용되었다. 믿음으로 하나님의 자녀되는 권세를 받고 믿음으로 영생을 얻고 믿음으로 배에서 생수가 터지듯 성령을 받는다(요 7:38). 믿음으로 부활에 참여하고(요 11:26) 믿음으로 빛 가운데 거하며(요 12:46) 믿음으로 예수의 큰 일을 행한다(요 14:12). 요한 서신에도 믿음으로 세상을 이긴다고 했으며(요일 5:4) 바울은 믿음으로 성령을 받고(갈 3:2, 3:4) 믿음으로 악마를 이겼다(엡 6:16). 히브리서 기자는 신·구약 성도의 모든 덕은 믿음의 열매라고 말하고 있다(히 11장).

믿음이 없이는 기쁘시게 못하나니 하나님께 나아가는 자는 반드시 그가 계신 것과 또한 그가 자기를 찾는 자들에게 상주시는 이심을 믿어야 할지니라(히 11:6)

재림의 징조

예수의 재림의 징조들이 성경에 예언되어 있다.

① 극도의 정신적 불안(눅 21:25)
② 증오 지수 격증(마 24:11)
③ 노아와 소돔과 고모라 때와 같은 종말적 도덕 타락(눅 17:26~27)
④ 배교와 거짓 선지자 범람(딤후 4:3~4)
⑤ 불법과 폭력 성행(마 24:12)
⑥ 재림을 기롱함(벧후 3:3~4)
⑦ 극도의 배금 풍조(딤전 6:10)
⑧ 박해
⑨ 지식 증가, 스피드 가속(단 12:4)
⑩ 천재지변
⑪ 묵시록적 아마겟돈 전쟁(묵)
⑫ 적그리스도(묵)
⑬ 최후 최대의 복음 전도(마 24:14)와 성령 폭발(욜 2:28~32)

거짓 선지자가 많이 일어나 많은 사람을 미혹하게 하겠으며 불법이 성하므로 많은 사람의 사랑이 식어지리라 그러나 끝까지 견디는 자는 구원을 얻으리라(마 24:11~13)

예수의 제자된 표식(標識)

1. 십자가를 지고 예수를 따르는 생활(눅 14:27)
십자가는 자원해서 지는 것이며, 내가 사는 것이 아니라 그리스도가 성령으로 자기 삶을 내 안에서 사는 생활이다. 중생으로 출발한다.

2. 말씀 안에 거하는 생활(요 8:31)
성경 속에 거주하고 성경을 먹고 마시며 사는 순종 생활

3. 열매 맺는 생활(요 15:8)
열매에는 두 가지가 있다. 성령의 열매, 즉 품성의 열매와 전도의 열매이다.

4. 사랑(요 13:34)
하나님을 사랑하고 이웃을 사랑하고 자신을 예수의 사랑으로 사랑한다. 이 배지를 달지 않은 크리스천은 가짜이다.

누구든지 자기 십자가를 지고 나를 좇지 않는 자도 능히 나의 제자가 되지 못하리라(눅 14:27)

생사(生死)를 걸고 물어 보라

"너희는 나를 누구라 하느냐 시몬 베드로가 가로되 주는 그리스도시요 하나님의 아들이시니이다"(마 16:16).

그리스도는 당신에게 누구인가? 이것은 영원한 운명이 걸려 있는 생사의 문제이다. 니체처럼 생명을 걸고 물어 보자.

"눈물의 강이여, 가슴의 불길이여, 피할 수 없는 신이여, 나의 격량이여, 최후의 고통이여, 최후의 행복이여, 사랑과 생명의 약탈자여, 당신을 알고 싶습니다."

"너희가 전심으로 나를 찾고 찾으면 나를 만나리라"(렘 29:13)

도마가 대답하여 가로되 나의 주시며 나의 하나님이시니이다(요 20:28)

여호와를 기뻐하라

"이 전쟁이 너희에게 속한 것이 아니요 하나님께 속한 것이니라"(대하 20:15)

"여호와께서 너희를 위하여 싸우시리니 너희는 가만히 있을지니라"(출 14:14)

"여호와를 기뻐하는 것이 너희의 힘이니라"(느 8:10)

"여호와를 기뻐하라 저가 네 마음의 소원을 이루어 주시리로다"(시 37:4)

여호사밧 왕은 적에게 포위되어 사면초가가 되었을 때 성가대를 조직하여 찬송을 부름으로 적을 물리치고 승리했다. 어떠한 난관에서라도 기도하고 찬송하며 주를 기뻐하면 승리할 것이다.

사랑의 절대성

1. 여인이 어찌 그 젖먹는 자식을 잊겠으며 자기 태에서 난 아들을 긍휼히 여기지 않겠느냐 그들은 혹시 잊을지라도 나는 너를 잊지 아니할 것이라 내가 너를 내 손바닥에 새겼고(사 49:15~16)

2. 두려워 말라 내가 너를 구속하였고 내가 너를 지명하여 불렀나니 너는 내 것이라(사 43:1)

3. 자기 아들을 아끼지 아니하시고 우리 모든 사람을 위하여 내어 주신 이가 어찌 그 아들과 함께 모든 것을 우리에게 은사로 주지 아니하시겠느뇨… 누가 우리를 그리스도의 사랑에서 끊으리요(롬 8:32~39)

복음의 씨앗

어떤 무의탁 병사가 전쟁에 나갈 때 코스모스 씨를 한 움큼 몸에 지니고 갔다. 그 병사는 전사했고 죽은 그 자리에서는 코스모스가 피어 가을바람에 향기를 날렸다는 이야기를 어디선가 읽은 기억이 난다. 우리는 주님을 안고 다니면서 나를 통해서 주님의 복음이 도처에 뿌려지기를 바라는 마음으로 살다 가자. 내가 주를 위하여 날마다 죽고 내 심장이 썩고 내 기도와 사랑과 수고와 소원이 썩어 복음의 거름이 되어 주님의 향기를 날리게 하자. 밀알은 썩는 길밖에 다르게는 살 길이 없다.

내가 진실로 진실로 너희에게 이르노니 한 알의 밀이 땅에 떨어져 죽지 아니하면 한 알 그대로 있고 죽으면 많은 열매를 맺느니라 자기 생명을 사랑하는 자는 잃어 버릴 것이요 이 세상에서 자기 생명을 미워하는 자는 영생하도록 보존하리라(요 12:24~25)

십자가 사건

예수의 십자가 사건은 하나님과 사람 사이에 있었던 우주 최대의 러브 스토리이다. 하나님은 사랑 자체이시고, 예수는 사랑의 화신이며 성경은 사랑의 편지이고, 성령은 사랑의 영이시다. 또 우리는 그 사랑의 삼일성(三一性) 속에 빨려 들어온 사람들이다.

성도의 기도란 사랑의 밀어(密語), 전도는 사랑의 전달, 사랑의 중매, 찬송은 사랑의 노래, 그리고 십자가는 사랑의 드라마의 절정, 사랑의 고백, 사랑의 심장파열 사건이다. 예수가 하나님과 나의 이름을 부르고 부르다가 죽은 곳, 예수가 한 손으로 내 손을 붙잡고 또 한 손으로는 하나님 손을 붙잡고 사랑의 심장이 터진 곳이 십자가이다.

친히 나무에 달려 그 몸으로 우리 죄를 담당하셨으니 이는 우리로 죄에 대하여 죽고 의에 대하여 살게 하려 하심이라 저가 채찍에 맞음으로 너희는 나음을 얻었나니 너희가 전에는 양과 같이 길을 잃었더니 이제는 너희 영혼의 목자와 감독되신 이에게 돌아왔느니라(벧전 2:24~25)

한국 민족과 에스겔 37장의 환상

에스겔 37장은 이스라엘 민족사의 가장 처참한 상황에서 보여 준 민족 부활과 통일에 대한 환상이다. 성경은 원리적으로 영원한 현시성(現時性)과 적용성(適用性)을 지니고 있다.

해골 떼가 성령의 군대가 되어 남북으로 분단됐던 민족이 하나님의 손에서 북이 남으로 붙어 하나가 되었다(겔 37:19). 명을 좇아 하나님 말씀을 대언한 것이 그 기적의 원동력이었다.

우리가 명령받은 신약적 대언은 바로 복음 전도다. 복음을 전하면 뼈들이 이어지고(정치 부흥) 힘줄이 생기고(국방력 부흥) 가죽이 덮이고(사회·문화적 부흥) 마침내 성령 운동으로 사도행전 사건이 일어난다. 그 다음에 하나님이 성령으로 통일시키신다.

우리 민족에겐 그 밖에 다른 길이 없는 것 같다.

매독 문화(梅毒文化)와 예수의 피

1. 내가 믿기에 앞으로 닥쳐 올 가장 큰 위험은 성령 없는 종교, 그리스도 없는 기독교, 중생 없는 용서, 하나님 없는 덕행, 지옥 없는 천당이다(윌리엄 무드).

2. 매독화(梅毒化)된 문명에 감염된 인류를 구할 길은 오직 그리스도의 피 밖에 없다.

3. 인간은 티끌 같은 우연에서 나서 티끌로 끝난다는 생각을 가진 사람들에게 도덕적 삶을 기대하기란 허공에 심은 나무에 열매를 기대하는 것과 같다. 그런 사람들은 내일 죽을 터이니 먹고 마시자고 할 것이다.

4. 인간이 종교를 가지고도 악하다면 종교가 없는 인간은 얼마나 악할 것인가 (프랭클린).

피 흘림이 없은즉 사함이 없느니래(히 9:22)
그 아들 안에서 우리가 구속 곧 죄사함을 얻었도다(골 1:4)

6·25 때를 기억하자

　6·25 때 영천 고개를 넘어 이북으로 끌려가던 애국자들의 납북 행렬!
　흰옷 입은 민간인들이 4열 종대로 쇠사슬에 묶여 가는 4,500m나 되는 긴 행렬이었다. 입은 죄수복에서는 퀴퀴한 냄새가 났고, 걸을 때마다 쇠사슬 소리는 차락차락 요란스럽고, 모두는 고개를 숙이고 묵묵히 걷고, 여자들은 모두 울던 피와 눈물의 죽음의 행렬! 한 구덩이 속에 할머니로부터 어린 아이까지 100명씩 생매장하던 생지옥!
　오늘 우리의 경제·문화가 발전하고 아무리 번영한다 해도 우리가 그 처참했던 납북 애국자들, 순교자들의 모습을 잊어버린다면 저주를 받는다. 그 눈물, 그 피, 그 쇠사슬, 그 죽음의 소리는 영원히 우리 민족에게 사라지지 않는 경고이어야 한다.

예수 없는 절망

1. 내게 두 가지 절망이 있다. 하나는 무슨 일들이 마음대로 안 되는 절망이고, 하나는 마음대로 된 이후에 오는 절망이다(버나드 쇼).

2. 인간 속에는 본질적인 모순이 있는 것 같다. 풍요 지수와 지식 지수와 예술 지수와 쾌락 지수가 높을수록 불안 지수, 절망 지수, 자살 지수, 허무 지수, 알콜 중독 지수, 광기 지수, 불쾌 지수, 음란 지수가 더 높아진다. 2퍼센트만 일하고 98퍼센트는 놀고 먹는 오토메이션 시대가 오면 권태 지옥이 된다는 말이 옳을 것 같다. 풍성한 생명(요 10:10),
배에서 생수의 강이 터지는 생명(요 7:38), 만나도 만나도 영원한 첫사랑 같은 새 생명이 그리스도 안에 있다.

> 도적이 오는 것은 도적질하고 죽이고 멸망시키려는 것 뿐이요 내가 온 것은 양으로 생명을 얻게 하고 더 풍성히 얻게 하려는 것이라(요 10:10)

어리석은 자의 정의(定義)

"어리석은 자는 그 마음에 이르기를 하나님이 없다 하도다 저희는 부패하고 소행이 가증하여 선을 행하는 자가 없도다"(시 14:1).

성경의 가장 어리석은 자는 하나님 없이 사는 자이다. 성경의 제1악덕은 하나님을 두려워하지 않는 것, 신앙이 없는 것이다. 그래서 키에르케고르는 악의 반대는 선이 아니라 믿음이라고 했다. 이와 반대로 성경이 가르치는 지식의 근본은 여호와를 경외하는 일이다(잠 1:7). 하나님을 경외하게 하는 교육 만큼 인간에게 참 사는 지혜를 알게 해 주는 교육은 없다. 무신론적 지성은 빛나는 악덕이고 백야(百夜)처럼 어둡다.

여호와께서 성읍을 향하여 외쳐 부르시나니 완전한 지혜는 주의 이름을 경외함이니라 너희는 매를 순히 받고 그것을 정하신 자를 순종할지니라(미 6:9)

예수에게 미치자

"어떻게 믿어야 잘 믿을 수 있습니까?"

"물에 빠지듯 풍덩 빠져 믿으십시오. 크리스천 오장치 젊어지듯 믿으십시오."

이것이 어느 한국 성자의 대답이었다. 사도 바울은 자기는 예수를 위해 미친다고 고백했다. 사도행전의 크리스천들은 예수에게 미친 사람들이었다.

"미치자. 크게 미치자. 예수를 위해 미치는 것만이 우리의 목적이다."

이것이 이용도 목사의 표어였다. 열광적이 아니고는 위대한 일이 일어날 수가 없다. 코카 콜라의 사장은 "내 혈관에 흐르고 있는 것은 내 피가 아니고 코카 콜라다."라고 했다.

공산당은 미친 사람들이다. 오늘의 크리스천들에게는 이런 정열이 없다. 쇼 윈도우 속에 진열해 놓은 마네킹 같은 종교가 무엇을 할 수 있겠는가?

우리가 만일 미쳤어도 하나님을 위한 것이요 만일 정신이 온전하여도 너희를 위한 것이니
(고후 5:13)

나와 그리스도 사건

내 생애에 일어난 최대 사건은 그리스도 사건이다. 그리스도는 나의 생명이요, 사랑이요, 소망이요, 나의 평안이요, 지혜요, 힘이요, 모든 것의 모든 것이다. 그리스도의 절대가 다른 모든 것을 상대화시켰다.

그런고로 내가 내 사랑하는 자녀에게 남기고 싶은 유일의 유산은 예수 그리스도이다. 따라서 사랑하는 내 이웃에게, 내 동족들에게 목숨을 바쳐 드리고 싶은 것도 예수다. 먼저 예수를 구하라. 그리하면 다른 모든 것이 더해진다.

예수는 생기와 같고 거름과 같다. 경제의 나무, 정치의 나무, 교육의 나무, 도덕의 나무, 어떤 예수 거름, 예수 생기가 필요하다. 미움 속에 사랑을, 절망 속에 소망을, 죽음에서 생명을 창조하는 생기이기도 하다.

우리가 살아도 주를 위하여 살고 죽어도 주를 위하여 죽나니 그러므로 사나 죽으나 우리가 주의 것이로대(롬 14:8)

내 가슴에 타는 사랑의 불

내 가슴 한복판에 십자가를 세우고 속죄에의 불타는 사랑을 담자. 이 불로 하나님을 불같이 사랑하고 이 불로 사람을 불같이 사랑하자. 내 가슴에 타오르는 예수님을 사랑하는 불길로 이 더러워진 거리 구석구석을 태우리라.

이것이 나의 종교이다. 나의 종교는 교리가 아니다. 예배가 아니다. 가슴에 타오르는 예수의 사랑의 불길이다. 우리는 십자가의 사랑으로서 하나님께 나아가는 것이지 교리나 의식으로 나아가는 것이 아니다. 사랑 없는 기독교는 울리는 꽹과리이며, 휴지 같이 쓰레기통에 버릴 것들이다(고전 13장).

> 사랑하지 아니하는 자는 하나님을 알지 못하나니 이는 하나님은 사랑이심이라 (요일 4:8)

영점 체험(零點體驗)

죽었다 살아난 체험 다음으로 사형수 체험, 혹은 무일푼의 거지 생활 체험 같은 것은 인생수도(人生修道)에 큰 도움이 된다. 나는 거지 순례 전도를 떠난 학생들의 사도행전 같은 보고를 자주 듣는다. 두메 산골 가난한 집 아이가 죽어가고 있었다. 의사도, 약도, 돈도 없었다. 한 학생이 예수의 이름으로 기도를 했다.

"주여, 돈도, 약도, 의사도 없사오니 주님이 직접 고쳐 주십시오."

그랬더니 주님이 고쳐 주셨다. 시간도, 의지도 온통 주님께 맡기고, 성령의 인도에 전폭을 의지하며 한 끼 밥을 먹여 준 분에게 예수를 전하면 벌거벗은 진실과 진실이 만나졌다고들 했다.

> 베드로가 가로되 은과 금은 내게 없거니와 내게 있는 것으로 네게 주노니 곧 나사렛 예수 그리스도의 이름으로 걸으라 하고(행 3:6)

네 믿음대로 되라

"내가 능히 이 일 할 줄을 믿느냐?"

이 말씀은 고침을 바라는 두 소경에게 예수님이 묻는 말씀이다.

"주여 믿나이다."라고 두 소경이 대답했다.

"네 믿음대로 되라." 하자 곧 눈들이 밝아졌다(마 9:29).

한 유부남과 불륜의 관계를 맺고 괴로워하면서도 너무 정이 들어 헤어지면 죽을 것만 같이 느껴져 숙명처럼 그 속에서 지옥이라도 갈 수밖에 없다던 한 여학생이 있었다. 나는 예수님이 능히 자매의 상황이나 마음을 바꿔서 치료할 수 있다고 믿으라고 권했다.

"주님, 믿음 없는 것을 도와주십시오. 내가 믿나이다."라고 울면서 억지로 기도를 했다.

믿음대로 되라고 예수의 이름으로 말해 주었다. 3주일 후 그 여학생은 믿음대로 완전히 자유를 얻었다.

가라사대 너희 믿음이 적은 연고니라 진실로 너희에게 이르노니 너희가 만일 믿음이 한 겨자씨만큼만 있으면 이 산을 명하여 여기서 저기로 옮기라 하여도 옮길 것이요 또 너희가 못할 것이 없으리라(마 17:20)

한국 크리스천의 죄

"내 이름으로 일컫는 내 백성이 그 악한 길에서 떠나 스스로 겸비하고 기도하여 내 얼굴을 구하면 내가 하늘에서 듣고 그 죄를 사하고 그 땅을 고칠지라"(대하 7:14).

이 엄청나고 가혹한 민족적 비통과 시련의 책임을 일차적으로 우리 크리스천이 져야 하겠다.

"겨레여, 우리를 용서하라."고 외치는 에스더의 구국 기도 같은 것이 일어나야겠다.

여순 반란 사건, 6·25사변, 4·19의거, 5·16혁명, 박 대통령의 서거, 해방 후 국난이 밀어 닥칠 때마다 앞서 한국 교회에 증오와 싸움이 격화되어 교단의 대분열이 선행되었다. 최후의 경고를 듣자. 예루살렘 최후의 날, 러시아 최후의 날, 6·25가 터지던 날을 생각하며 문이 영영 닫히기 전, 해가 지기 전에 에스겔 37장 같은 전도와 성령의 대부흥을 일으켜야겠다. 지금은 사랑과 일치의 배지를 달 때다.

구국 기도의 불침번

다음 글은 성자들의 생활을 흠모하며 거의 모든 밤을 산에서 중보 기도하며 사는 존경하는 친구 목사의 수기의 한 토막이다.

'밤 12시 반, 나는 지팡이 하나 짚고 지척을 분간 못할 우거진 원시림 속을 헤치며 산으로 깊이깊이 혼자 들어간다. 오소리 사는 산, 독사는 득실거리고 간첩도 지나다닌다는 산, 귀신이 우는 소리도… 그래도 나는 깊이깊이 산에 가 엎드려야 한다.'

지금 이 시각은 저 7백만 서울 시민이 죄악과 환락이 절정에 이를 시간, 악귀 잡귀들이 나도는 시각, 바로 이 시각에 나라도 깨어 기도해야 한다. 유럽 천지에 만주족에 쳐들어 올 때 깊은 밤 혼자 서서 기도하던 베네딕트처럼.

너희는 내게 부르짖으며 와서 내게 기도하면 내가 너희를 들을 것이요 너희가 전심으로 나를 찾고 찾으면 나를 만나리라(렘 29:12~13)

영원한 첫사랑

온 우주에 사랑할 사람이라고는 나 하나밖에 없는 것처럼 사랑하는 사랑은 질적으로 세상에는 없는 절대 새 것이며, 영원한 첫사랑이며, 이브의 처녀성 같은 새 것이며, 개봉 안 된 사랑의 편지이며, 주님과 내가 함께 쓰는 일기책이며, 함께 부르는 노래이며, 나는 날마다 새롭게 그의 생명을 잉태하는 신부이다.

신령한 것의 사모

"아비나 어미를 나보다 더 사랑하는 자는 내게 합당치 아니하고"

참 신앙생활은 사랑을 위해 사랑을 버리는 일이다. 에로스 사랑과 아가페 사랑의 대결에서 아가페 사랑이 이겨야 한다. 낮은 데 매였던 사랑은 높은 데로 옮겨야 하고 승화되어야 한다. 이것을 이탈수업(離脫修業)이라 부른다. 땅에 것에서 멀리 몸을 떼면 뗄수록 당신은 하늘의 것에 가까워질 것이다. 더욱 더 신령한 것을 사모하라.

그러므로 너희가 그리스도와 함께 다시 살리심을 받았으면 위엣 것을 찾으라 거기는 그리스도께서 하나님 우편에 앉아 계시느니라(골 3:1)

사형수 시간과 밀월의 시간

제주행 비행기에 나란히 두 청년이 타고 있다. 한 청년은 3년 전 서귀포에서 만나 사랑을 약속했던 처녀가 돌연 변심하여 그곳으로 자살하러 가고, 한 청년은 제주시 처녀와 결혼식을 올리러 간다. 두 사람의 물리적 공간과 시간은 같지만 실존적 시간의 내용과 체험은 하늘과 땅이다.

현대인의 실존 의식과 시간 의식은 '죽음에로의 사형수 의식'이다. 크리스천의 시간은 영원한 밀월의 시간이다. 전자는 무정란 시간, 후자는 생명핵 속에 부활의 영생의 씨가 심어진 유정란 시간 속에 산다. 도스토예프스키의 주인공들은 모두 허무와 하나님 사이에 서 있는 사람들이다.

유일성(唯一性)의 논리

예수님은 나는 유일의 길이요 유일의 진리요 유일의 생명이라고 주장하신다 (요 14:6).

'오직 한 길 예수 외에 구원의 길은 없다.' 이것이 기독교 전도의 대전제이기도 하다. 이것이 기독교 전도의 좁은 문이요 십자가인 것이다. 관용성이 문제가 되고, 다른 종교의 반발을 사는 것도 당연하다.

그러나 사실은 하나밖에 없다. 2+2=4란 진리는 하나뿐이고 그 밖의 모든 수는 사실이 아니다. 최후의 귀한 것도 하나뿐이다. '나'는 온 우주에서 하나밖에 없는 것, 교환도 혼합도 안 된다. 아버지도 어머니도 한 분뿐이어야 하며, 남녀의 사랑의 상징인 처녀성과 동정도 하나뿐이다.

나의 유일성 보다 아버지의 유일성 보다 더 절대적인 나의 하나님과 나의 구속의 길이 하나뿐이라는 사실에 나는 불편을 느끼지 않는다.

예수께서 이르시되 내가 곧 길이요 진리요 생명이니 나로 말미암지 않고는 아버지께로 올 자가 없느니라(요 14:6)

다섯 가지 유형의 지도자상

① 보스형 : 두목이 되고 무리의 앞장에 선다.
② 영웅형 : 그는 매스컴을 타고 바람을 일으키고 북을 치며 나팔을 불어 많은 사업을 남긴다.
③ 천재형 : 머리가 좋고 사상과 이념을 창안하여 특출하나 차갑고 좁다.
④ 배우형 : 위장술과 잔재주로 일시적인 인기를 산다. 매명(賣名)의 속물이고 어딘가 천박해 보인다.
⑤ 성자형 : 많은 수난을 겪고 십자가를 졌으며, 죽은 후에도 뜻있는 사람들이 그의 무덤가에 와서 울고 날이 갈수록 추모의 도가 깊어지는 사람이다. 이 유형의 지도자들이 나와야 하겠다.

사랑의 보수

  미움의 씨앗은 누구를 미워했든지간에 먼저 자신의 몸과 마음과 영혼 속에 심어진다. 사랑의 씨앗도 마찬가지이다. 지식도 폐하고(고전 13:8) 우리가 죽을 때 부모 처자의 자연 관계도, 예술도 폐하지만 예수 안에서 사랑으로 성화된 신앙 인격만은 영원히 가지고 간다.
  사랑은 줄수록 커지고, 사랑의 최대 대가는 증대된 사랑이다. 크리스천이란 서로 사랑하는 사람들이다. 적그리스도의 그림자인 마르크스주의는 미워하는 종교이다. 자연인이란 이기주의(利己主義)가 본성이다. 유식한 이기주의, 문명한 이기주의, 검둥이 이기주의, 미녀(美女) 이기주의, 예술적 이기주의, 속은 마찬가지이다. 크리스천은 사랑의 새 종족이다(고후 5:17).

악을 행하는 자마다 빛을 미워하며 빛으로 오지 아니하나니 이는 그 행위가 드러날까 함이요(요 3:20)

아폴로 13호의 교훈

미국의 영광과 부의 상징이었고 인간 과학의 총화(總和)였으며 고장 확률도 100만 분의 1이라는 만능의 기계는 전 인류가 주시하는 가운데 고장을 일으켰다. 그때 미국의 대통령과 상하 양원을 위시하여 온 국민이 우주선의 무사 귀환을 위해서 기도를 드렸던 것이 기억에 생생하다. 여기에 인간의 한계와 겸허가 있으며, 과학과 신앙의 조화도 엿볼 수 있다.

예수가 들어가면 반드시 미신이 추방된다. 현존하는 세계의 자연과학 분야의 박사 3분의 2가 크리스천이다. 예수는 진리이다. 예수는 빛이다. 괄호 안의 숫자가 무한한 플러스라도 괄호 밖의 숫자가 마이너스이면 그 전체가 마이너스가 된다. 하나님의 기초 위에 세우지 않는 것은 무엇이나 바벨탑이다.

너희는 여호와를 영원히 의뢰하라 주 여호와는 영원한 반석이심이로다(사 26:4)

신념과 신앙

　강한 신념과 불굴의 의지와 꾸준한 노력으로 계발할 잠재적 가능성의 영역은 거의 무한한 것 같다. 무에서 유를 만들어 내고 불가능을 가능케 한다. 오늘의 교육에서 적극적이고 생산적인 사고 방식을 갖게 해 주는 일만큼 중요한 것은 없는 것 같다.
　그러나 인간 능력에는 한계가 있는 것을 우리는 배워야 한다. 돌멩이를 아무리 닦고 깎아도 보석이 될 수 없으며, 처녀가 자력(自力)의 끝까지, 세상 끝까지 다 해도 남자 없이 아이를 가질 수 없듯이 예수의 피 없이 피조물이 하나님의 자녀가 될 수 없다. 신념이 100퍼센트이면 신앙은 무한 퍼센트이다.

예수께서 이르시되 할 수 있거든이 무슨 말이냐 믿는 자에게는 능치 못할 일이 없느니라 하시니 (막 9:23)

영원한 첫사랑

소월은 몇 억 년을 밤마다 뜨는 달에게 "예전엔 미처 몰랐어요."라고 볼 때마다 새로운 달에 대한 그리움을 읊었다.

예수님과 크리스천 사이는 순간마다 호흡마다, 사건마다 영원히 새롭게 체험되는 감탄사가 있다.

"주여, 당신이 그토록 사랑인 줄을 예전엔 미처 몰랐습니다."

온 우주에 사랑할 사람이라고는 나 하나밖에 없는 것처럼 사랑하는 사랑은 질적으로 세상에는 없는 절대 새 것이며, 영원한 첫사랑이며, 이브의 처녀성 같은 새 것이며, 개봉 안 된 사랑의 편지이며, 주님과 내가 함께 쓰는 일기책이며, 함께 부르는 노래이며, 나는 날마다 새롭게 그의 생명을 잉태하는 신부이다.

그러나 너를 책망할 것이 있나니 너의 처음 사랑을 버렸느니라 (계 2:4)

주여 감사합니다

　독일에서 어느 중년 성도가 대학 병원의 한 수술실에서 혀의 암 때문에 혀를 절단하는 수술을 받게 되었다. 마취 주사를 손에 든 의사가 잠시 머뭇거리며 "마지막 남길 말씀은 없습니까?"라고 했다.

　글로 쓸 수는 있겠지만 혀를 사용하는 언어는 이것이 최후이다. 간호원, 조수, 견습 의사들… 둘러선 사람들의 표정과 분위기는 심각했고, 잠시 침묵과 긴장의 시간이 흐르고 있다. 저마다 만일 나라면, 만일 내게 한마디 언어만 남아 있다면 누구의 이름을 부를 것인가 생각해 본다.

　드디어 입이 움직거리고 두 줄기 눈물이 흐르더니 "주 예수여, 감사합니다."라고 세 번 되풀이했다.

　이것이 사랑하는 사람끼리만 아는 비밀인 것이다.

범사에 감사하라 이는 그리스도 예수 안에서 너희를 향하신 하나님의 뜻이니라(살전 5:18)

범사에 여호와를 인정하라

마음을 다하여 여호와를 의뢰하고 범사에 그를 인정하라(잠 3:5~6).

어린 아이가 나의 살 길은 엄마밖에 없다고 생각하듯이, 사랑하는 사람들이 24시간 자나 깨나 앉으나 서나 일편단심 연모하듯이, 내가 아는 집사와 같이 자 보면 꿈에 자주 찬송을 부르며 주님을 사랑한다고 고백하는 것을 듣는다. 무의식과 꿈속까지, 피 속까지 내 의식이 예수 의식으로 꽉 차 있다.

조지 뮬러는 일생 5만 번 이상 기도의 응답을 받았다고 한다. 그가 산 것이 아니다. 그 속에 예수가 산 것이다(빌 1:21). 그의 일이 아니다. 예수의 일이다.

주님과 나, 둘이 치는 피아노, 둘이 그린 그림, 그는 내 속에, 나는 그 속에, 결혼보다 짙은 피의 인격적 연합, 그것이 세례의 뜻이기도 하다.

이는 내게 사는 것이 그리스도니 죽는 것도 유익함이니라(빌 1:21)

너희 모든 쓸 것을 채우시리라

내 친구가 캄보디아에서 학생 전도를 하다가 미처 피난을 못하고 공산치하에 갇히고 말았다. 3년 동안에 350만 명이 학살되거나 병사, 혹은 아사했다고 한다. 그가 피난했던 곳에서도 300명 중에서 불과 30여 명이 생존했을 뿐이었다. 그와 그의 부인은 숙청당할 여섯 가지 조건을 다 갖추고 있었다. 대학 교육 받은 것, 영어하는 것, 미국인과 동역한 것, 예수 믿은 것 등등이다.

이런 극한 상황 속에서 그들은 세 가지 필요를 주님께 구했다. 거짓말 말 것, 기쁘게 주의 이름으로 죽을 수 있는 신앙의 용기, 살아야 한다면 먹을 것을 주실 것.

주님은 이 세 가지 필요를 넘치도록 채워 주셨다. 그의 일생이 그렇게 풍성하고 은혜가 차고 넘칠 수가 없었다. 우연히 발견한 큰 저수지에서 물고기를 낚아다 8개월을 연명했고, 지금은 태국을 거쳐 미국에 와서 전도하고 있다.

나의 하나님이 그리스도 예수 안에서 영광 가운데 그 풍성한 대로 너희 모든 쓸 것을 채우시리라(빌 4:19)

뜻대로 구하면 들으심이라

1973년, 나는 당시의 기독교 인구수의 10분의 1인 30만 명을 합숙 전도 훈련시킬 것을 위해 기도하고 그것이 하나님의 기뻐하시는 뜻임을 확신했다. 그 계획은 엑스플로 '74라는 이름으로 추진되고 있었다.

1973년 8월 말 70명의 간사들과 3일간 기도원에서 기획 회의를 가졌다. 예상되는 난관들과 문제점 등은 모두 이스라엘 앞의 골리앗처럼 불가능하게 보였다. 재정, 동원, 교육, 숙식, 수송 등 74가지 골리앗이 모두의 입에서 제시되었다. 악마는 우리에게 그 계획을 포기하도록 강요했다.

그러나 나는 주의 말씀을 기억하며 물었다.

"여러분, 30만 명 합숙 전도 훈련이 주의 뜻입니까? 아닙니까?"

모두 주의 뜻이라고 대답했다. 뜻대로 기도했다. 74가지 기도가 다 응답되었다.

그를 향하여 우리의 가진 바 담대한 것이 이것이니 그의 뜻대로 무엇을 구하면 들으심이라
(요일 5:14~15)

요엘서의 금식 기도

페르시아의 수도 수산 성에서 하만의 음모로 유대인 전멸의 위기가 백척간두에 있을 때, 에스더와 유대인들은 3일간의 결사적 금식 기도로 멸망을 모면했다. 니느웨 성도 회개와 금식 기도로 멸망과 심판을 면했다. 사무엘도 민족의 위기를 당했을 때 온 이스라엘을 미스바로 모이게 하여 금식 기도를 한 일이 있고, 에스라, 느헤미야, 여호사밧 왕도 민족적 위기에 금식 기도를 했다.

특히 요엘서의 금식 기도 명령은 한국 크리스천에게 뜻깊은 시사(示唆)를 던지고 있다. 이스라엘 백성이 금식 성회를 선포하고 예루살렘에 모여 회개하며 금식 기도하면 하나님의 마음이 뜨거워지며 그 백성을 긍휼히 여겨 북편 군대를 멀리 떠나게 하여 메마르고 적막한 땅으로 쫓아내며 전군은 동해로 후군은 서해로 들어갈 것이라(욜 2:20).

신앙적 사고 방식

사람은 늘 된다고 생각하고 되려고 노력하면 노력하는 대로 되는 경우가 많다.

'아이고 죽겠다'

'다 틀렸다'

'나는 죽었다'

하는 식의 부정적 사고방식과 언어 습성부터 고쳐야 우리 민족의 의식 혁명이 이루어질 것 같다.

민수기 13장의 열두 정탐 가운데 열 명은, 자신들은 가나안 족속의 눈에 메뚜기로 보이고 자신들 눈에도 자신들이 거인 앞의 메뚜기처럼 보이더라고 했다. 그러나 여호수아와 갈렙은 그들이 우리의 밥이라고 했다. 전자는 불신앙적 사고를 했고, 후자는 신앙적 사고를 했다. 전 이스라엘군은 블레셋의 골리앗 앞에서 고양이 앞의 쥐처럼 떨었으나 소년 다윗은 골리앗을 신앙의 눈으로 볼 때 그의 밥이었다. 신앙적 시야, 신앙적 사고의 습성을 길러야겠다.

오직 여호와를 거역하지 말라 또 그 땅 백성을 두려워하지 말라 그들은 우리 밥이라 그들의 보호자 그들에게서 떠났고 여호와는 우리와 함께 하시느니라 그들을 두려워 말라 (민 14:9)

악령들린 현대인의 상징

마가복음 5장에는 사납고 더러운 귀신들린 거라사 청년의 이야기가 있다.

밤낮 무덤 사이에서 홀로 소리를 질렀으며 "네 이름이 무엇이냐?"고 예수님이 물었더니 "우리는 군대"라고 복수를 썼다.

현대 문화를 광기 문화 혹은 마약 문화라고도 하고 악령 문화라고도 한다. 섹스 귀신(더러운 귀신), 공산당 귀신(사나운 귀신), 허무 귀신이 들려 무덤에서 소리 지르는 비인격화된 소외 인간은 시장과 거리와 극장가에서 자신을 잊어버리고 소음과 집단과 대중 속에 자신을 묻어 버리는 까뮈의 이방인이다.

"귀신아, 나가라."고 예수님의 일갈(一喝)로 현대 귀신을 몰아내야겠다.

냉수 한 잔, 미소 하나의 사랑

　오른손이 하는 것을 왼손이 모를 정도로 사소하고 겸허한 작은 친절이 모아지면 인정있는 따사로운 사회가 될 수 있다.

　길에서 거지가 구걸하고 있다. 돈 한푼을 쥐어 주는 여학생이 있는가 하면, 거지 근성을 키워 주는 얄팍한 감상적인 동정심 따위는 사회 혁명의 적이라고 기염을 토하는 젊은 학생이 있다. 그런 동정으로 사회 문제가 해결되는 것은 물론 아니다. 그 여학생에게 그녀의 사소한 동정심이 사회 문제 해결이라는 과잉 의식 따위는 추호도 없다. 그러나 공산주의 사회에도, GNP가 2만 달러를 넘어서는 사회에도 그 여학생의 인정 같은 것이 메마르면 사람 사는 맛이 없어진다.

　사랑이 필요하지 않을 만큼 부유한 사람도 없고 사랑을 줄 수 없을 만큼 빈곤한 사람도 없다. 외로운 사람 옆에 한 시간 앉아 주는 인정이 그립다.

우리 각 사람이 이웃을 기쁘게 하되 선을 이루고 덕을 세우도록 할지니라(롬 15:2)

영(靈)의 시대가 도래하고 있다

무신론을 국책(國策)으로 삼는 소련권에 영의 르네상스가 일어나고 있다고 한다. 〈붉은 나라의 영적(靈的)혁명, 소련권의 4차원 과학〉이라는 책이 나와 있다. 물질 개념도 달라지고 있다. 미신업자의 수가 세계적으로 과거 15년간에 3배로 불어났고 합리주의를 지나 신비주의가 휩쓸고 초과학·초자연·초인간 등 심령 과학의 홍수가 터진 느낌이다. 세계의 대서점에서 베스트셀러는 심령 과학 내지 귀신 이야기이다. 텔레비전이나 영화도 마찬가지다. 무당(엑소시스트) 이야기가 영화의 기록을 깼고, 정신술·강신술·마술·주술이 풍미하고, 신흥 종교가 날마다 생기고 있다.

사람은 영(靈)이기 때문이다. 사람의 영(靈)은 악령이 아니면 성령(聖靈)을 접하고 있다.

초자연적인 삶

크리스천의 삶은 초자연적인 삶이다. 기도는 저절로 되거나 인간이 힘쓰면 될 수 있는 일이 아니라, 기도를 통해서 그 응답으로써 하나님이 초자연적으로 이루어 주시는 일이다. 성령은 인간의 지, 정, 의나 진, 선, 미를 닦고 키우고 승화시키고 연장시킨 것과 질적으로 다르다. 인간의 한 끝까지 다하고 영원을 다해도 획득될 수 없는 절대타자(絕對他者), 절대타력(絕對他力)이다. 차력이니 신통술이니 정신술이니 하는 말이 있다. 성령은 이런 것과도 전혀 다르다. 하나님의 영이 예수를 믿는 사람에게 기도와 믿음을 통해서 초자연적으로 살게 하시는 것이다.

오직 하나님이 성령으로 이것을 우리에게 보이셨으니 성령은 모든 것 곧 하나님의 깊은 것이라도 통달하시느니라 사람의 사정을 사람의 속에 있는 영 외에는 누가 알리요 이와 같이 하나님의 사정도 하나님의 영 외에는 아무도 알지 못하느니라(고전 2:10~11)

사도행전의 크리스천 액션

기원 1세기 유대인의 사회 현실은 우선 로마의 속국이었기 때문에 사는 것이 엉망이었다. 그러나 사도들은 기도하는 것과 말씀 전하는 것을 전무하기로 결심했고(행 6:4) 구제와 봉사는 일곱 집사에게 맡겼으나 그들도 전도하다 순교했다. 사도행전은 기도 행전, 전도 행전, 성령 행전의 액션 기록이다. 구걸하는 앉은뱅이에게도 내게 은과 금은 없으나 나사렛 예수의 이름으로 일어나라고 말했던 것과 같이 예수의 이름으로 일으켜 전인을 구했다(행 3:1~10).

크리스천의 현실관은 영육을 포함한 현재와 미래의 전폭을 보는 눈이며, 그의 현실 감각은 성령의 감각에 주파수가 통하며, 그의 액션은 하나님의 명령과 뜻에 순종하는 액션이다. 에스더의 결사적인 기도가 구국과 현실 구원의 최대 액션이었으며, 전도자 바울을 싣고 가는 배가 오늘의 유럽을 싣고 가는 배였다(토인비).

일곱 번씩 일흔 번이라도 일어나라

　예수님은 일곱 번씩 일흔 번이라도 용서하라고 제자들에게 교훈하셨다. 주님은 적어도 490번 나를 용서하실 수 있다는 보증이 되는 셈이다. 주님의 사랑은 무한하시며 절대적이다. 형제여, 자매여, 혹시 연약하여 세 번 범죄했으면 네 번 일어나라. 일곱 번 넘어졌으면 여덟 번 일어나라. 혹시 99번 넘어졌으면 100번 일어나라. 무슨 일이 있어도 포기하지 말라. 세상의 어느 교사도 선한 스승이면 칠전팔기를 가르친다. 너는 이제 틀렸다고 자포자기하도록 유도하는 자는 사단인 것이다. 아이는 걸음마를 배울 때 수없이 넘어졌다 일어난다. 도망가지 말라. 주님의 품은 항상 열려 있다. 임종 때에라도 회개하고 돌아오라.

그때에 베드로가 나아와 가로되 주여 형제가 내게 죄를 범하면 몇 번이나 용서하여 주리이까 일곱 번까지 하오리이까 예수께서 가라사대 네게 이르노니 일곱 번 뿐 아니라 일흔 번씩 일곱 번이라도 할지니라(마 18 ~ 21:22)

만민에게 미칠 큰 기쁨의 좋은 소식

사람들은 24시간 360날 요행과 행운, 그리고 희소식을 기다린다. 돼지 꿈, 용 꿈에 가슴이 설레고 배달부가 전해 주는 편지나 매스컴의 뉴스에 마음을 죈다. 그런데 하나님이 일찍이 인류에게 전해 준 가장 급하고 가장 귀중한 기쁨의 복된 소식은 예수이다. 침몰하는 여객선에서 자기의 구명대를 남에게 양보하고 파도 속에서 부르던 찬송, 60명의 흉악범 사형수의 최후를 지켜본 어느 목사의 증언을 보면 그들은 마치 신랑을 맞는 신부처럼 공포 속에서도 황홀한 사랑으로 꽉 차 있는 모습을 볼 수 있었다 한다.

가난한 자에게, 병든 자에게, 사형수에게, 외아들을 잃은 어머니에게, 파산당한 사람에 예수는 최대 최고의 현실적 구원이요, 사랑이요, 큰 기쁨의 소식이다.

그대가 죽지 않은 궁극의 이유

　우리의 머리털 하나까지 세인 바 되었고 참새 한 마리도 주의 허락 없이 떨어지지 않는다는 말씀이 생각난다. 나는 1,300명의 나환자 성도들이 사는 곳에서 신학을 가르친 일이 있었다. 내 피부를 보고 기적같이만 느껴졌다. 어느 소경의 이야기를 들은 적이 있다. 단 3분 동안만이라도 하늘과 초원과 꽃을 보고, 아내의 얼굴과 아기의 미소를 본다면 죽어도 한이 없겠다고 했다. 내가 소경이 아닌 것 하나만으로도 평생 못다 감사하겠다고 생각했다.
　하루에도 30만 명이 지구상에서 죽어가는데 내가 죽지 않는 것이 30만분의 1의 기적이며, 궁극의 이유는 하나님이 죽지 않게 한 것이다. 내가 소경이 아닌 궁극의 이유도 하나님이 그렇게 하신 것이다. 내가 예수를 주라 부르고 하나님을 아버지라 불러 그의 자녀가 된 것이 내가 태어난 일보다 더 큰 기적 중의 기적같이만 느껴진다.

그들을 주신 내 아버지는 만물보다 크시매 아무도 아버지 손에서 빼앗을 수 없느니라(요 10:29)

하늘이여 들으라 땅이여 귀를 기울이라

"소는 그 임자를 알고 나귀는 주인의 구유를 알건마는 이스라엘은 알지 못하고 나의 백성은 깨닫지 못하는도다"(사 1:3).

하나님 모르는 사람은 소나 나귀만도 못하다는 탄식이다. 천하에 이럴 수가 있는가. 인간 부패와 타락과 어두움의 심도(深度)를 재 보는 척도는 인간의 무신성(無神性)이다. 수천 마리 원숭이들이 서울시에 와서 1년 동안 돌아보고 난 후 이 모든 것이 우연일까, 아니면 지성의 창조일까를 논쟁하다가 그들의 교과서에 서울시에서 우리가 본 모든 것은 우연히 된 것이라고 썼다면 얼마나 우스꽝스러운 일일까.

20세기, 초지성인임을 자랑하는 인간들의 초·중·고·대학의 과학 교과서에 인간은 우연히 나서 진화한 것이라고 가르치고 있다. 기가 막힐 일이다. 하나님을 경외함이 지식의 근본이다(잠 1:7). 어리석은 자는 그 중심에 하나님이 없다 하도다(시 14:1).

하늘이여 들으라 땅이여 귀를 기울이라 여호와께서 말씀하시기를 내가 자식을 양육하였거늘 그들이 나를 거역하였도다(사 1:2)

깨끗한 세상을 위한 최초 최고의 행위

어둠을 탓하지 말고 네가 작은 촛불이 되라고 누군가가 한 말이 기억난다. 그러나 빛과 소금이 된다는 것이 중생하지 못한 사람에게 가능할 것인가?

만물 중에 가장 거짓되고 심히 부패한 것이 사람의 마음이다(렘 17:9). 내가 아는 사람 가운데 성령의 법으로 사는 사람(롬 8:2) 외에는 거짓되지 않은 사람을 한 사람도 본 일이 없다. 자신의 몸을 태워 촛불이 되고 몸을 녹여 소금이 된다는 것은, 나의 옛 사람은 십자가에 못 박고 이제는 내가 사는 것이 아니라 내 안에 그리스도가 사시는 것이다.

깨끗한 세상을 만드는 최초 최고의 행위는 내가 깨끗해지는 것이다. 민주주의 사회를 만드는 최초 최고의 행위는 나와 다른 사람, 내가 미워하는 사람을 용납하고 이해하고 존중히 여길 줄 아는 사람이 되는 것이다. 예수 안에 이 빛이 있고 이 사랑이 있다.

내가 그리스도와 함께 십자가에 못박혔나니 그런즉 이제는 내가 산 것이 아니요 오직 내 안에 그리스도께서 사신 것이라(갈 2:20)

죽음의 영점(零點)에 서 보라

죽음의 철학자 하이데커의 말을 빌리지 않더라도 삶이란 죽음과 얼굴을 맞대고 있다.

① 반드시 죽는다.
② 언제 죽을지 아무도 모른다. 삶의 길이는 하나님의 절대 비밀인 것이다.
③ 인생은 이 세상에 홀로 왔다 홀로 죽어 간다. 누구도 대신 할 수가 없고, 집단 자살을 하더라도 각자의 죽음이 따로 따로다.
④ 살고 있는 사람은 한 사람도 예외없이 다 죽음이란 종점을 향해 가고 있다.
⑤ 삶이 절대 나의 것이듯이 죽음도 먼 남의 것이 아닌 절대 나의 것이다.

나는 나의 장례식 꿈을 꾼 일이 있다. 하관식이 끝나고 식구들이 헌토를 할 때 깨났다. 관 속에 있던 나, 그때 나는 가장 가난한 마음의 0점에서 내 양심과 내세와 하나님 앞에 피묻은 예수의 십자가를 붙잡았다.

누가 살아서 죽음을 보지 아니하고 그 영혼을 음부의 권세에서 건지리이까(시 89:48)

피조물의 논리(論理)

　파스칼이 사람은 유신(有神)과 무신(無神) 사이에서 택일을 내기해 보라고 한 바 있거니와 인생관이니 우주관이니 하지만 따지고 보면 허무냐 신이냐, 우연이냐 창조자냐의 양자택일 외에 제3의 입장은 있을 수 없다. 티끌 위에 덧붙이기 정도로 인생이 무의미·무목적한 것이라는 허무적 인생관을 말하는 사람도 이치에 안맞는 것이 아니다.

① 우리는 남자이든가 여자이든가 성을 타고난다. 자신이 지망한 것도, 만든 것도 아닌 피조성이다.

② 인간 조건이 피조성이다. 출생 시간과 장소, 부모와 조국, 신체 조건, 성격, 심리 구조, 머리털 하나도 내가 만든 것이 없다.

③ 삶의 길이와 죽음의 시간은 나와 의논이 없다. 나를 만드신 하나님을 예수를 통해 아버지라고 부를 때까지 나는 허무주의자일 수밖에 없다.

불 신자(信者)와 연기 신자(信者)

성령의 상징 가운데 새벽 이슬이나 기름처럼 정적인 면도 있지만 강한 바람처럼, 활활타는 역동적인 것도 있다. 크리스천 가운데 생명의 성령의 법으로 사는 성령 충만한 사람을 불 신자라 한다면 성령 충만을 모르고 자력 자원으로만 살고 고백하지 않은 죄를 지니고 다니는 신자는 연기 신자라 할 수 있다.

불 신자를 바람이 팽팽한 돛단배 타고 항해하는 사람에 비한다면 연기 신자는 헤엄쳐 가는 사람과 같다. 연기는 불에 가장 가깝다고 생각하겠지만 실은 너무 다르다. 연기 신자가 사랑을 설교하면 미움이 생기고, 연기 신자가 하나되자고 떠들면 하나였던 교회가 둘이 되고, 연기 신자가 사회 정의를 외치면 사회적 분노와 증오의 연기만 난다. 시한폭탄처럼 언제 터질지 모르는 무서운 존재는 크리스천이다. 설익은 감은 떫다. 술취하지 말고 성령에 충만하라(엡 5:18).

술 취하지 말라 이는 방탕한 것이니 오직 성령으로 충만함을 받으라(엡 5:18)

사랑의 수(數)

하나님이 나를 사랑하실 때 온 세상에서 나 한 사람밖에 없는 것처럼 사랑하신다. 어느 남녀의 사랑보다도, 어느 모자의 사랑보다도 단수로 나를 사랑하신다. 나를 찾아오는 길이 그리도 멀고 좁고 험했다. 조물주가 사람되어 마리아의 복(腹) 중에 열 달 동안 잉태되었다가 말구유에 나셨다. 문이 모두 잠겨져 역사의 수채 구멍으로 들어와 내 문 밖에서 근 2,000년을 노크하며 기다렸다. 한 아들은 일곱 아들의 7분의 1이 아니며, 일곱 아들은 한 아들의 7배가 아니다. 사랑의 수는 하나가 전체이며 전체가 하나이다. 나와 하나님은 전체와 전체, 하나와 하나만의 사랑의 만남이다.

이는 너희가 나를 사랑하고 또 내가 하나님께로부터 온 줄 믿었으므로 아버지께서 친히 너희를 사랑하심이라(요 16:27)

산 예수와 신학적 예수

키에르케고르의 저서 속에 다음과 같은 풍자적인 이야기가 있다. 어떤 젊은 신학자가 에로스와 아가페를 포함한 사랑의 책을 썼다. 거의 학적으로 완벽하고 해박(該博)하며 논리와 문체도 세련된 책이어서 목사들 사이에 서로 사랑의 표준 교과서처럼 사용되었다.

그런데 어느날 젊은 신학자는 하나님의 사랑에 대한 깊은 회의에 빠졌다. 신령한 목사의 도움을 받고 싶어서 존경하는 목사를 찾아 상담했더니 사랑의 책을 권하면서 그 이상 말해 줄 사람은 없다고 했다.

그 청년은 "목사님, 내가 바로 그 책의 저자입니다."라고 했다.

학자는 체계(體系)라는 집을 짓지만 자신은 그 집에 살지 않는다. 산 예수를 믿자. 아브라함과 이삭과 야곱의 하나님을 믿자.

전심(全心)의 신앙 생활

"너는 마음을 다하고 성품을 다하고 힘을 다하여 네 하나님 여호와를 사랑하라"(신 6:5)

"여호와의 눈은 온 땅을 두루 감찰하사 전심으로 자기에게 향하는 자를 위하여 능력을 베푸시나니"(대하 16:9)

"너희가 전심으로 나를 찾고 찾으면 나를 만나리라"(렘 29:13)

히스기야 왕은 병들어 꼭 죽게 됐을 때 평소에도 진실과 전심으로 주 앞에 행하던 그는 전심으로 기도하여 15년을 더 사는 축복을 받았다(사 38장). 솔로몬은 전심으로 지혜를 구했다. 성경의 간구들은 전심으로 생명을 건다. 야곱의 기도, 모세의 기도, 엘리야의 기도, 에스더의 기도, 사도행전의 인물들은 전심 전념 지성을 다했다. 누가복음 18장의 과부의 기도도 한 맺힌 기도였다. 철저히 믿자. 산 순교자가 되자.

주 나의 하나님이여 내가 전심으로 주를 찬송하고 영영토록 주의 이름에 영화를 돌리오리니 (시 86:12)

개구리 회의

인간의 전 역사와 전 지성과 전 경험을 다 합해 놓아도 이 우물 안 개구리 지식 같은 것, 아니 모래알 하나 속에서 된 일에 불과하다. 사람이 자신을 아는 것과 하나님을 아는 것이 지혜이다.

은혜라는 말의 이해

성경의 독특한 사상 가운데 은혜로 사죄(赦罪)와 칭의(稱義)와 영생을 얻는다고 거듭거듭 힘주어 말하고 있다.

고시에 합격하듯이, 시험에도 금메달을 따듯이, 학위를 취득하고 도를 닦아 도통을 하듯이, 돈 주고 사듯이 자기가 성취하거나 획득하지 않은 것은 어쩐지 실감이 안 난다.

그러나 참으로 귀한 것, 가장 귀한 것은 선물로, 공짜로, 은혜로 얻어져야 한다. 내 심장, 내 눈, 내 몸, 마음, 시간, 존재, 부모, 형제, 처자, 조국, 자연, 태양, 공기, 물. 너무도 소중해서 거저 얻을 수밖에 없다. 돈 주고 산 아내보다 거저 얻은 아내가 더 소중하다. 성령도, 영생도, 예수를 통해 은혜로 받을 수밖에 없다.

너희가 그 은혜를 인하여 믿음으로 말미암아 구원을 얻었나니 이것이 너희에게서 난 것이 아니요 하나님의 선물이라(엡 2:8)

만능의 인생묘약(人生妙藥)

　만병통치 약이라는 말이 있다. 진시황은 영생불노초(永生不老草)를 구했다. 모든 것이 뜻대로 된다는 여의주(如意珠)나 마법의 지팡이도 공상 소설이나 신화에 나온다.

　예수는 "나는 영생의 생수다(요 4:14). 생명의 떡이다(요 6:48). 나는 빛이다. 나는 생명이다. 평안을 주겠노라. 성령을 주고 풍성한 생명을 주겠노라."고 약속했다.

　실효를 본 증인들의 수나 질로 볼 때 예수가 인생의 만병통치 여의주인 사실이 임상학적 통계적 진리인 듯하다.
　약한 자가 강해지고, 악한 자는 선해지고, 슬프고 외로운 사람에게 위로와 기쁨을 주고, 미움을 사랑으로 바꾸고, 어둠에서 빛을, 죽음에서 생명을 만드는 예수를 누구에게나 권하고 싶다.

도적이 오는 것은 도적질하고 죽이고 멸망시키려는 것 뿐이요 내가 온 것은 양으로 생명을 얻게 하고 더 풍성히 얻게 하려는 것이라(요 10:10)

찬송 생활의 축복

성령 충만의 영은 감사와 찬송이 충만하다. 바울과 실라는 빌립보 옥중 심야에 그 발은 착고에 채워져 있었으나 기도하고 찬송을 했다. 그러나 홀연히 큰 지진이 나서 옥터가 움직이고 문이 다 열렸다(행 16:25~26).

찬송의 영, 사랑의 영, 평안의 영, 기쁨의 영. 저녁 내내 찬송하고 40일 금식하며 찬송만 부르고 싶었던 경험이 있다. 평생 드리는 기도가 있다. '병들 때, 고통받을 때, 욕 먹을 때, 외로울 때, 그리고 내가 죽을 때, 목숨이 다한 후에라도 주를 찬송하게 하소서.'

호흡이 있는 자마다 여호와를 찬양할지어다 할렐루야(시 150:6)

할렐루야 우리 하나님께 찬양함이 선함이여 찬송함이 아름답고 마땅하도다(시 147:1)

섭리의 만남

아브라함의 종이 이삭의 신부 리브가를 나홀의 성 어느 우물가에서 만난 일, 요셉이 노예 생활, 옥중 생활 가운데 꿈 해몽하는 일로 애굽 왕 바로를 만나 총리대신이 된 일, 그리고 다니엘과 바벨론 왕과의 만남은 하나님이 예비하신 섭리의 만남이었다.

나는 처음 만나 25분 이야기한 사람에게서 35만 달러의 헌금을 얻은 일도 있다. 부산으로 출장간 청년이 일주일간 여관 근처 교회에서 새벽 기도하다가 맨 늦게까지 남아 기도하던 처녀와 결혼하게 된 만남, 앞 버스를 놓치고 다음 버스를 기다리다 만난 친구의 권유로 CCC 수련회에 와서 만난 학생과 부부되는 만남 등 촌분(寸分)마다 섭리의 손길은 우리를 인도하신다.

문지기는 그를 위하여 문을 열고 양은 그의 음성을 듣나니 그가 자기 양의 이름을 각각 불러 인도하여 내느니라(요 10:3)

천사가 밭을 가는 명화

누가 그린 그림인지 모르지만 인상 깊은 명화를 본 일이 있다. 한 농부가 밭을 갈다가 쟁기를 밭 한가운데에 박아 놓고 밭 가에 무릎을 꿇고 기도를 드리는데 천사가 기도하는 농부 대신 밭을 갈아 주고 있다.

성도여, 그대는 지금 무슨 밭을 갈고 있는 중인가? 시험 공부 중인가? 사업의 밭을 가는 중인가? 결혼 준비에 바쁜가? 잠시 놓아 두고 기도하러 가든지 주님을 위한 중대한 회합에 간다면 그 일을 천사가 보충해 줄 것이다. 먼저 그의 나라와 그의 의를 구하라, 그리하면 모든 것을 더하시리라.

너희는 먼저 그의 나라와 그의 의를 구하라 그리하면 이 모든 것을 너희에게 더하시리라(마 6:33)

정신 위생의 묘약

미움은 정신 위생의 사약(死藥), 사랑은 정신 위생의 묘약이라는 사실은 심리학자의 설명을 들을 필요도 없다. 빌리 그래함의 책에 미국의 600개 대학을 대상으로 조사한 결과 30퍼센트가 정신과 의사의 치료를 받아야 하며 사망자의 54퍼센트가 비만성 심장 계통 병이라 한다. 비만증이란 먹은 것을 신진대사 못 시키는 병이다. 정신 위생의 건강을 위한 절대 조건은 남을 위해 마음을 써 주고 시간과 돈과 몸을 써 주는 일이다.

시편 23편

다윗 왕의 기도요, 찬송이요, 신앙의 고백이요, 인생 시이다. 크리스천이면 누구나 주기도처럼 외우는 영혼의 시, 만인의 시, 영원한 시 중의 시이다.

나의 목자이신 하나님, 나는 그의 먹이시는 어린 양. 아브라함의 하나님, 이삭의 하나님, 야곱의 하나님, 그리고 다윗의 목자이신 하나님, 잔잔한 물가, 푸른 초장, 죽음의 골짜기, 원수의 목전에서…

결혼식 때, 장례식 때, 언제, 어디서 하루 100번 되새겨도 밤에는 달밤 같은 시, 낮에는 햇볕 같은 시, 내 인생은 그의 푸른 목장의 목가, 한 폭의 그림같이 마음의 화판에 펼쳐진다. 혹시 암송 못한 성도가 있으면 길을 가면서도 눈을 감고 주기도문과 함께 암송해 보라.

> 여호와는 나의 목자시니 내가 부족함이 없으리로다 그가 나를 푸른 초장에 누이시며 쉴 만한 물가으로 인도하시는도다(시 23:1~2)

샬 롬

히브리인의 언어, 성경의 언어 가운데 독특한 언어가 있다. 샬롬이라는 인사 말이다. 평안이나 안녕을 뜻하는 말이지만 임마누엘이요, 평강의 주, 메시아 예수에의 약속이요, 기도요, 축언이다.

그들이 조석으로 나누는 인사, 병석의 애인에게도, 마지막 숨을 거두는 임종의 아버지에게도, 멀리 떠나는 친구에게도, 태어나는 아기에게도, 몇 분 후에 의학 생체 실험 도구로 쓰기 위해 독일의 나치당원들에 의한 유대인 수용소 어머니의 품에서 끌려가는 어린 딸에게도 샬롬을 빌어 준다.

예수가 바로 이 샬롬이다. 샬롬의 계절, 성탄이 오고 있다. 순(筍)을 아는 모든 사랑하는 이들에게 마음 속의 마음으로 샬롬!

주 안에서 항상 기뻐하라. 내가 다시 말하노니 기뻐하라. 너희 관용을 모든 사람에게 알게 하라. 주께서 가까우시니라. 아무 것도 염려하지 말고 오직 모든 일에 기도와 간구로, 너희 구할 것을 감사함으로 하나님께 아뢰라. 그리하면 모든 지각에 뛰어난 하나님의 평강이 그리스도 예수 안에서 너희 마음과 생각을 지키시리라(빌 4:4~7).

만민에게 미칠 큰 기쁨의 좋은 소식

희소식이라는 광고를 자주 볼 수 있다. 어디서 석유가 펑펑 쏟아져 나오거나 남북 통일이 되거나 회춘(回春)의 묘약(妙藥)이 발명되거나 암을 고친다는 약이 발견되거나 무한 동력의 신비로운 에너지가 발견되는 소식 같은 것이 있다면 얼마나 좋겠는가!

예수는 어떠한 처지에 있는 사람에게나 더 이상 바랄 것이 없는 충족한 희소식, 복음인 것이다. 초막이나 궁궐이나 병원이나 감옥이나 그 어디나 내 주 예수 모신 곳이 곧 천국인 것이다. 이 기쁜 복음, 이 천국 복음을 속히 전해야 하겠다.

천사가 이르되 무서워 말라 보라 내가 온 백성에게 미칠 큰 기쁨의 좋은 소식을 너희에게 전하노라 (눅 2:10).

내일(來日) 마귀

악마와 그의 막료들이 신도들의 신앙 생활 방해 공작을 위한 전략 회의를 열었다. 젊은 엘리트 출신의 마귀가 크리스천을 죽이자고 했다. 늙은 마귀가 순교는 교회의 씨가 된다고 경고했다. 누군가가 매를 때리자고 했다. 매 한 대에 예수에 대한 열심은 더 생긴다고 경고했다. 가두자는 제안도 있었다. 가두면 열심히 기도하여 성령의 역사를 크게 일으키므로 손해라고 했다. 죄를 범하게 하자고 했다. 그것이 가장 성공적인 방법이기는 하지만 그보다 더 좋은 전략을 모색하자고 했다. 가장 나이 많은 마귀가 지혜를 짜냈다. 열심히 전도도 하고 기도도 하고 사랑도 하자. 그러나 내일부터 하자고 속삭이는 전략이었다. 이 전략이 마귀의 최대 성공 전략이었다. 결단의 시기는 언제나 지금 여기서부터이다.

사랑을 나눠 주자

 예수에게서 순수한 사랑을 배우고 예수가 보낸 성령을 받아 사랑이 절대타자(絕對他者)로, 절대타력(絕對他力)으로 선물받는다는 사실은(롬 5:5) 마이신 항생제의 효과만큼 통계적 임상학적 권위를 가진 크리스천들의 경험이다. 이데올로기의 종말인 현대에 우리가 일으킬 인류 최대의 혁명은 성령에 의한 사랑의 혁명일 것 같다. 그 밖에 다른 메시지가 남아 있지는 않다.
 사랑은 주면 줄수록 커진다. 사랑은 설날처럼 모두 함께 행복을 나눠 갖는다. 이 세상에는 사랑을 줄 수 없을 만큼 가난한 사람도 없고 사랑을 받을 필요가 없을 만큼 부요한 사람도 없다. 사랑은 반드시 물질만은 아니다. 남의 고통과 상처에 내 피부를 맞대주고 곁에 있어 주는 사랑을 베풀자.

> 새 계명을 너희에게 주노니 서로 사랑하라 내가 너희를 사랑한 것 같이 너희도 서로 사랑하라 너희가 서로 사랑하면 이로써 모든 사람이 너희가 내 제자인 줄 알리라(요 13:34~35)

나의 최대의 크리스천 체험

나의 사랑하는 두 살짜리 막내딸이 큰 화상을 입어 병원 응급실에서 뜨겁고 아프고 숨이 막혀 눈이 뒤집히고 혀가 타고 소리를 지르고 있었다. 20퍼센트밖에 살 가망이 없다고 했다. 내가 대신 할 수만 있다면 열 배 뜨거운 물이라도 뛰어들 수 있었다. 목숨이 열이라도 대신 주고, 못할 일이 없을 것 같았다.

눈을 만든 자가 보지 않으랴, 귀를 만든 자가 듣지 않으랴, 아버지를 만든 자가 하나님 아버지가 아니랴, 내게 이 아버지 마음을 주신 하나님 아버지가 나를 위해 대신 죽으셨다는 말이 실감이 났다. 우리는 모두 누군가의 자녀이든가, 부모이다. 위해서 대신 죽어 줄 사람을 모두 가지고 있는 셈이다. 하나님이 나를 사랑하신다. 이보다 더 놀라운 사실과 체험이 어디 있을까!

고난은 제3의 성례(聖禮)

"나의 가는 길을 오직 그가 아시나니 그가 나를 단련하신 후에는 내가 정금 같이 나오리라"(욥 23:10).

크리스천은 그리스도의 고난에 참여하는 사람이다(빌 3:10). 열매는 가을에 익고 뿌리는 겨울에 굳어지는 법. 온실에서 팔자 좋게만 산 사람에게는 깊이와 무르익음이 없다. 낮에도 깊은 웅덩이에서는 별이 보인다고 한다.

하나님은 그가 크게 쓰실 사람을 고난의 학교에서 연단시킨다. 겸손, 온유, 자비, 절제, 인내, 박애, 인간성, 동정심, 강인한 의지, 신앙과 꿈과 소망과 용기. 이런 것들은 모두 가난과 고난의 산물이었다. 음란, 게으름, 무감각, 허무주의, 도박, 극도의 이기주의, 쾌락주의 인생은 고난을 모르는 인생의 산물이다. 편하게만 살다 죽는 인생은 창피한 인생이다.

내가 그리스도와 그 부활의 권능과 그 고난에 참예함을 알려 하여 그의 죽으심을 본받아(빌 3:10)

배에서 생수의 강이

크리스천은 영원한 소년, 젊은 독수리의 비상(飛翔), 날마다 새 것을 잉태하는 처녀성, 다함 없는 생수의 샘터를 영혼 속 깊이 지녔다.

병들고 가난한들 어떠랴. 장미가 쓰레기에서 피고, 최악을 최선으로 바꾸며, 역경에서, 고통에서 모세가 광야의 반석을 쳐서 생수가 터지게 했듯이 전혀 그럴 수 없을 때 그럴 수 없는 곳에서, 사막의 반석 같은 처지와 환경 속에서 쿨쿨쿨 생수의 강이 터지는 것을 세상이 알게 하라. 생수의 강, 성령의 강이 죽음 같이 깊은 곳에서 터지게 하라.

나를 믿는 자는 성경에 이름과 같이 그 배에서 생수의 강이 흘러 나리라 하시니(요 7:38)

나사로야, 무덤에서 나오라

죽어 나흘이나 되어 썩은 냄새가 나는 나사로의 무덤 앞에서 예수께서 큰 소리로 나사로야 그곳에서 나오라 하자 죽은 자가 수족을 베로 동인채로 나왔다(요 11:44). 우리가 처해 있는 곳이 어디냐? 어느 무덤 속에 자고 있는가 살펴보자. 회의의 무덤인가? 큰 죄의 무덤인가? 요나의 무덤인가? 세상 허욕과 근심의 무덤인가? 일 속에 공부 속에 파묻혀 못 나오는 무덤인가? 무슨 시험의 무덤인가?

무덤에 있는 자들아, 부활하신 주님의 명령을 듣자. 아무개여, 네 무덤에서 나오라. 지금 그대가 처해 있는 무덤에서 나오라.

이 말씀을 하시고 큰 소리로 나사로야 나오라 부르시니 죽은 자가 수족을 베로 동인 채로 나오는데 그 얼굴은 수건에 싸였더라 예수께서 가라사대 풀어 놓아 다니게 하라 하시니라(요 11:43~44)

기도 응답의 기쁨

"구하라 그리하면 받으리니 너희 기쁨이 충만하리라"(요 16:24).

기도와 간구는 하나님의 명령이다. 기도 응답은 하나님께 영광 돌리는 일이다(요 14:13). 식욕이 왕성할수록 건강의 청신호다. 기도 식욕이 왕성해야겠다. 조지 뮬러는 5만 번 기도 응답을 받았다고 한다. 기도는 무에서 유를 창조하고, 쓰레기에서 장미가 피게 하며, 죽음에서 생명을 만들어 내는 능력이며, 닫혀진 문을 여는 열쇠다. 기도는 우리 손에 쥐어 준 신령한 여의주이다. 기도와 믿음 불사용 죄를 짓지 말자.

너희가 내 이름으로 무엇을 구하든지 내가 시행하리니 이는 아버지로 하여금 아들을 인하여 영광을 얻으시게 하려 함이라(요 14:13)

베드로의 옥문을 무엇이 열었는가?

혜롯은 기독교인을 미워하는 유대인들의 환심을 사기 위해 야고보를 죽이고 베드로를 옥에 가두었다. 당시 가장 강한 군대가 네 교대로 네 명씩 불침번을 서고 죄수의 좌우 손목은 두 경비병의 손목과 같이 쇠사슬로 채워지고 독감방 철문엔 파수가 서고 밖에는 제1초소, 제2초소가 있고 그것을 지나 형무소 본 철문이 있다.

크리스천이 취한 행동은 기습 공작을 하거나, 모금, 뇌물 공작을 하거나, 정치 데모 시위 공작을 하지 않았다. 베드로는 옥에 갇혔고 교회는 그를 위해 간절히 기도했다(행 12:5).

예수, 그가 문을 열면 닫을 자가 없고 그가 닫으면 열 자가 없다(계 3:8). 그가 옥문을 열었다. 북한의 문도 우리의 기도로 예수가 열게 해야겠다.

볼지어다 내가 네 앞에 열린 문을 두었으되 능히 닫을 사람이 없으리라 내가 네 행위를 아노니 네가 적은 능력을 가지고도 내 말을 지키며 내 이름을 배반치 아니하였도다(계 3:8)

개구리 회의

이런 우화가 있다. 수만 마리의 봄에 깐 개구리 새끼들이 큰 방죽 안에서 마음껏 생을 즐겼다. 하루는 신비주의 개구리가 묵시 같은 이야기를 했다. 얼마 있으면 저 푸른 나뭇잎이 다 떨어지고 이 방죽은 돌멩이 같이 차갑고 굳은 얼음이 덮이게 된다고.

개구리 사회는 학회가 모이고 언론이 떠들고 안전 보장 이사회도 모였다. 그 결과 이 터무니없는 비과학적·반사회적·반문명의 신비 발언자를 광신분열증 환자로 낙인을 찍었다. 인간의 전 역사와 전 지성과 전 경험을 다 합해 놓아도 이 우물 안 개구리 지식 같은 것, 아니 모래알 하나 속에서 된 일에 불과하다. 사람이 자신을 아는 것과 하나님을 아는 것이 지혜이다.

죽음에 이르는 병

키에르케고르는 그의 〈죽음에 이르는 병〉이란 책에서 사람은 꼭 죽을 수밖에 없는 병, 즉 절망이라는 병에 걸려 있으면서 죽어 버리면 해결이 날 수도 있을텐데 죽을 희망도 없는 것이 그 병의 병리(病理)라고 말했다.

선지자 이사야는 그의 예언서 66장 마지막 절에서 '그 벌레가 죽지 아니하며 그 불이 꺼지지 아니하여'란 말을 했다. 이것이 지옥고의 상징이다. 지옥은 꺼지지 않는 영원한 고통의 불, 그리고 죽을 수 없는 인간, 그것이 지옥이다.

휴머니스트의 세계에도 감옥은 존재하듯이 지옥은 존재한다. 지옥은 망각이 아니라 기억이며 흑백 사진 같은 악업(惡業)이 총천연색 입체로 재생되는 것이다.

인간 타락과 부패의 보편성

성경은 의인은 한 사람도 없다 했다(롬 3:10). 홍수 전야의 세상에 '사람의 죄악이 세상에 관영함과 그 마음의 생각의 모든 계획이 항상 악할 뿐' 이었다고 했다(창 6:5).

"만물보다 거짓되고 심히 부패한 것은 사람의 마음이라"(렘17:9)

인생의 마음에 악이 가득하여(전 9:3) 에덴의 인류 역사의 벽두에 죄가 들어왔다. 다윗은 자신이 죄악 중에 잉태되고 출생하였다고 했다(시 51:5).

세익스피어는 맥베드의 입을 통해 "오! 아라비아의 향수를 다 가지고도 이 피묻은 손 하나 깨끗이 할 수 없단 말인가."라고 외친다.

카프카의 심판의 주인공은 실존적 인간의 상징인데 죄 값으로 끌려온 사형수이다. 인간의 언어와 문자와 종교와 문화가 있는 곳에는 반드시 나와 하나님과 죄의 문제가 있었다.

기록한 바 의인은 없나니 하나도 없으며 깨닫는 자도 없고 하나님을 찾는 자도 없고(롬 3:10~11)

죄 없는 자가 먼저 돌로 치라

이 말씀은 간음한 현장에서 잡혀 온 여인을 종교적 처형으로 돌로 쳐 죽이려는 유대 종교 지도자들에게 예수님이 하신 말씀이다. 이 말을 들은 종교와 도덕의 심판자들은 하나씩 하나씩 그 자리를 떠났다.

종교와 도덕의 법정에서 감히 누가 돌을 던질 자격이 있단 말인가. 예수만이 그 심판자가 될 수 있었으나 그의 정의는 사랑이요 용서였다. 그는 그 여인의 죄와 죽음을 대신 짊어지는 속죄자였다.

최악(最惡)한 자는 죄의식이 없다. 적당히 악한 자는 자신은 선하지는 않다고 생각한다. 최대의 성자들은 자신은 큰 죄인이라고 참회록을 쓴다. 크리스천의 겸손의 자각은 바로 이 도덕적 자각의 겸손인 것이다. 잘한 일이 별로 기억에 남아 있지 않다. 아무리 갚아도 못다 갚을 영원한 사랑의 빚진 자, 그래서 주의 발을 눈물로 씻는다.

> 저희가 묻기를 마지 아니하는지라 이에 일어나 가라사대 너희 중에 죄 없는 자가 먼저 돌로 치라 하시고(요 8:7)

3단계 인생

키에르케고르는 3단계 인생을 첫째는 감정적 인생의 단계, 즉 쾌불쾌(快不快), 호불호(好不好), 미추(美醜) 등이 기준이 되는 생물학적 인생, 둘째는 도덕적 실존, 셋째는 신에 눈뜨는 종교적 실존으로 설명하고 있다. 소박하게 보아서 뱃속의 태생(胎生), 현생(現生), 그리고 내세의 생으로 이어질 3단계 사이에는 연속되어 있기는 하지만 죽음 같은 강을 건너야 한다. 성경적으로 볼 때 중생(重生), 성화(聖化), 영화(榮化), 이 세 단계 삶을 우리가 살고 있는 셈이다. 부활 때 영광스런 몸을 입는다.

죽는 것도 세 가지 죽음이 있다. 첫째는 육체의 사망, 둘째는 영의 사망. 하나님의 영이 인간을 떠난 상태, 즉 자연인의 모두가 영으로 죽은 상태이다. 셋째는 제2의 사망. 큰 죽음이 앞으로 있을 것이다(계 20:13~15).

바다가 그 가운데에서 죽은 자들을 내주고 또 사망과 음부도 그 가운데에서 죽은 자들을 내주매 각 사람이 자기의 행위대로 심판을 받고 사망과 음부도 불못에 던져지니 이것은 둘째 사망 곧 불못이라 누구든지 생명책에 기록되지 못한 자는 불못에 던져지더라(계 20:13~15)

중성인간(中性人間) 중간지옥(中間地獄)

라오디게아 교회에서

"네가 이같이 미지근하여 더웁지도 아니하고 차지도 아니하니 내 입에서 너를 토하여 내치리라"(계 3:16)고 경고했다.

예수님은 강도와 창녀는 생포할 수 있었지만 회색의 선인(善人) 부자 청년은 붙잡지 못했다. 미온성(微溫性)은 타기(唾棄)와 구토(嘔吐)의 조건이 된다. 게으른 사람은 공부도, 살림도, 기도도 안 된다. 죄 가운데 믿지 않는 죄, 하지 않는 죄, 사랑하지 않는 죄가 크다. 담배도 술도 안 하고 거짓말도 간음도 안 하고 안 한 것이 수백 가지, 주지도 꾸지도 안 하고 플러스 마이너스 제로의 중성 인간은 단테의 중간 지옥의 주민들의 특성이다. 미쳤다고 할 만큼 뜨겁게 믿자.

전쟁 책임 고백서(戰爭 責任 告白書)

나치 히틀러 치하에서 정치 투쟁을 하다가 8년간 옥고(獄苦)를 치른 독일 고백 교회의 지도자 말틴 니묄러(Martin Niemöller) 목사는 전쟁 고발 대신 이색적인 전쟁 책임 고백서를 써서 이목을 끌었다.

일곱 밤을 매일 밤 똑같은 꿈을 꾸었다. 모든 사람들이 앞만 보고 한줄로 서서 심판을 받는데 누구도 뒤를 돌아보지 못한다.

자기 등뒤 사람이 "아무도 내게 복음을 전해 준 사람이 없었습니다. 그래서 믿지 못했습니다."라고 심판주의 추궁에 답변하는 소리에 니묄러 목사는 눈이 아찔했다.

소리의 주인공은 다름 아닌 아돌프 히틀러였기 때문이다. 그를 미워하고 투쟁은 했지만 위해서 기도하고 사랑하며 전도 못한 책임, 그것이 자신의 전쟁 책임이라고 생각했다.

그런즉 저희가 믿지 아니하는 이를 어찌 부르리요 듣지도 못한 이를 어찌 믿으리요 전파하는 자가 없이 어찌 들으리요(롬 10:14)

모든 발명은 하나님의 계시

미국의 유명한 전산 기계 발명가 사무엘 F. 모리스 박사는 위대한 전신기를 연구하는 과정에서 절망적인 벽에 부딪칠 때마다 하나님께 기도하면 빛을 보여 주었다고 고백하면서 "모든 발명은 하나님의 계시입니다."라고 말했다.

발명품이 완성되는 순간 발명자의 최초의 메시지는 "하나님의 역사는 놀랍다."였다.

출애굽기 31장에 보면 하나님이 브살렐을 지명하여 부르고 하나님의 신을 그에게 충만하게 하여 지혜와 총명과 지식과 여러 가지 재주로 공교한 일을 연구하여 금과 은과 놋으로 만들게 하며(출 31:1~11) 그 밖에 목공, 보석 공업, 금속 공학적인 지식을 계시해 주었다.

사랑의 약탈자

사람 같은 하나님, 하나님 같은 사람, 예수는 목마른 사람에게 생수를, 굶주린 사람에게 생명의 떡을, 고달픈 사람에게 안식을, 불안한 사람에게 평안을, 가난한 사람에게 복음을, 병든 사람에게 치료를, 어둠이 있는 곳에 빛을, 싸움이 있는 곳에 화해를, 미움이 있는 곳에 사랑을, 절망이 있는 곳에 소망을, 죽음이 있는 곳에 부활을 심어 준다.

나는 길이요 진리요 생명이라고 주장했던 그에게 인류의 존경받는 수많은 사람들이 사랑과 헌신을 다해 "당신은 나의 주, 나의 하나님, 모든 것의 모든 것입니다."라고 고백했다.

그래서 그는 사랑의 약탈자, 생명의 약탈자라는 평도 받는다.

예수께서 가라사대 내가 곧 길이요 진리요 생명이니 나로 말미암지 않고는 아버지께로 올 자가 없느니라(요 14:6)

삼위일체의 유추(類推)

아버지 하나님, 아들 하나님, 성령 하나님, 사랑하는 주체(主體), 사랑 받는 주체(主體), 사랑이신 주체(主體), 세 분이 한 분이신 하나님을 우리는 믿고 있다. 믿음을 요하는 사실이지 이해되는 사실은 아니다. 인간에게 그 유추(類推)가 없는 것은 아니다. 지·정·의가 셋이 하나요, 나는 누구의 아버지요, 아들이요, 남편이다. 즉 셋이 하나인 셈이다. 액체·수증기·얼음, 이 셋이 한 가지 물이며, 태양에 열과 빛과 색이 있다. 삼각(三角)의 각기 셋이지만 하나인 것도 있다. 그러나 이런 것은 모두 불안전한 유추(類推)일 따름이다.

무한 절대자이신 하나님은 유한하고 상대적인 인간에겐 영원히 신앙의 대상인 것이다.

주 예수 그리스도의 은혜와 하나님의 사랑과 성령의 교통하심이 너희 무리와 함께 있을지어다(고후 13:13)

나의 작은 겟세마네

"아버지여 만일 아버지의 뜻이어든 이 잔을 내게서 옮기옵소서 그러나 내 원대로 마옵시고 아버지의 원대로 되기를 원하나이다 하시니 사자가 하늘로부터 예수께 나타나 힘을 돕더라"(눅 22:42).

우리는 모두 자기 몫의 십자가를 지고 주님을 따르고 있다. 십자가를 벗어 버리는 사람은 주의 제자가 될 수 없다. 우리의 많은 기도는 십자가를 지기 위한 겟세마네의 기도여야 하겠다. 크리스천의 참 맛은 주님 위한 십자가를 지는 데 있다. 나의 작은 겟세마네 밤에 천사가 내게 힘을 주시고 성령이 능력을 부어 주실 때 피 묻은 주의 손이 내 머리를 쓰다듬어 주신다. 나는 손양원 목사님의 옥중 기도를 알고 있다.

가난한 심령

　심령이 가난한 자의 복은 천국을 소유하는 것이다. 천국이란 하나님의 뜻이 이루어지는 곳이다. 내가 시인 앞에 백지(白紙)가 되고, 대조각가 앞에 벌거벗은 대리석이 되며, 대피아니스트의 손에 설레는 가슴으로 기다리는 피아노의 건반처럼 되고, 사랑하는 남자의 사랑의 손길이 닿아 아기를 수태하는 처녀의 밤처럼 되는 것.

　성모 마리아가 "주의 계집종이오니 말씀대로 이루어지이다"(눅 1:38)라고 할 때 비로소 천국의 씨가 뿌리를 내리고 하나님의 뜻이 창조의 역사를 하실 수 있게 된다. 가난한 심령은 양심보다, 종교심보다, 어느 사상보다 예수 만나기 위한 전제 조건이 되는 것 같다.

심령이 가난한 자는 복이 있나니 천국이 저희 것임이요(마 5:3)

기도 응답의 두 가지 방법

모든 필요한 소원을 주께 간구하면 구한 대로 주시든지 평안을 주시든지 주님이 최선의 것으로 응답해 주신다.

나는 애정 문제로 몹시 상심(傷心)하여 공부도 못하고 잠도 못자는 학생을 상담한 일이 있다. 교제하는 여자가 수 개월 동안 만남을 거부했다. 짝사랑같이 되어 버리고 회복은 거의 절망적이었다. 그런데 이 학생은 이 상담 끝에 그의 고통을 주님께 구하는 일은 너무 속되다고 생각했다.

상담 끝에 그의 고통을 주님께 아뢰고 치료를 간구했다. 사랑이 돌아오게 해 주시든지 상처를 극복하게 해 주시든지 애정심을 지워 버리시든지, 주님께 완전히 맡겼을 때 주님은 은총으로 애정심을 지워 버리시는 해결을 주셨다. 자주 평안이라는 응답을 주시는 경우가 많다.

아무 것도 염려하지 말고 오직 모든 일에 기도와 간구로 너희 구할 것을 감사함으로 하나님께 아뢰라 그리하면 모든 지각에 뛰어난 하나님의 평강이 그리스도 예수 안에서 너희 마음과 생각을 지키시리라(빌 4:6~7)

파스칼의 내기

하나님은 계시든가 안 계시든가 양자택일이지 제3의 입장은 없다. 하나님 없는 우주의 절대 고아는 죽음이 종점인 절대 절망 속에 꿈 속의 망령같은 삶을 헤매다 무(無)가 되어 버리는 허무, 그것 이상 무엇이 있을까.

모세의 지팡이

　모세의 손에 들려졌던 지팡이가 이스라엘 민족 해방의 출애굽 역사에 있어서 원자 무기처럼 만능의 기구로 쓰여 졌던 사실을 우리는 읽고 있다. 애굽에 내렸던 열 가지 재앙이 모두 이 지팡이를 칠 때마다 내렸고, 홍해를 갈라지게 했던 것도 이 지팡이였으며, 백성들이 광야에서 목이 탈 때 반석을 쳐서 생수가 터지게 했던 것도 이 지팡이였다(민 20:10~11).
　이 지팡이는 믿음의 상징이다. 우리는 모두 이것을 가졌다. 믿음의 지팡이로 사랑 없는 반석을 치라. 성령의 생수가 터질 것이다. 예수의 이름으로 우리에게 접근하는 사단의 머리를 치라. 믿음 없는 반석을 믿음의 지팡이로 치라. 홍해를 치라. 성령의 생수가 터지게 하라.

지팡이를 가지고 네 형 아론과 함께 회중을 모으고 그들의 목전에서 반석에게 명하여 물을 내라 (민 20:8)

하나님의 시한, 하나님의 저울

B.C. 7세기 고대 최대 강철 제국 바벨론 전성기의 느부갓네살 왕이 하나님 보시기에 교만하므로 하나님이 인간 나라를 다스리시고 그것을 누구에게든지 원하는 대로 주신다는 사실을 가르치기 위하여 느부갓네살 왕을 7년 동안 소처럼 풀을 먹고 들짐승과 함께 거하는 정신병에 걸리게 한 일이 있었다. 그 아들 벨사살이 성전기명(聖殿器皿)으로 술을 마시며 하나님을 모독할 때 벽에 손가락이 나타나 '메네 메네 데겔 우바르신'이라 썼다. 해석하면 '네 시한(時限)이 끝났다. 너는 하나님의 저울에 달아보니 모자란 놈이다. 네 나라는 메대 바사에게 준다'하는 것이다. 그날 밤으로 벨사살은 살해당했다.

그대를 다는 하나님의 저울이 있다는 것과 그대 시한(時限)이 하나님께 있다는 사실을 잊지 말아야 한다.

기록한 글자는 이것이니 곧 메네 메네 데겔 우바르신이라 그 뜻을 해석하건대 메네는 하나님이 이미 왕의 나라의 시대를 세어서 그것을 끝나게 하셨다 함이요(단 5:25~26)

상사병

지금도 이런 병이 있는지 모르지만 옛날 시골서 듣던 원시적인 병명인데, 복돌이가 복순이를 몹시 짝사랑하다 뜻이 이루어지지 못할 때 걸리는 병이다. 그 병에 걸리면 백약이 무효이고, 한 가지 살 길은 한 맺힌 사랑을 통하게 해 주는 것뿐이다. 인간은 하나님이 자기의 형상을 따라 사랑의 대상으로 지음을 받았다.

하나님은 죄책과 불안 때문에 하나님의 낯을 피해 숨은 인간을 추적하며 "아담아, 네가 어디 있느냐"(창 3:9)고 끊임없이 우리들 문 밖에서 부르고 있다(계 3:20).

불러도 대답 없는 이름, 부르다가 죽은 이름, 십자가에서 엘리를 부르던 주님의 그 음성, 나를 부르는 소리이다. 예수 안에서 하나님과 사랑이 통해질 때까지 인간은 모두 무의식 중에 불치의 상사병을 앓고 있다.

> 볼지어다 내가 문 밖에 서서 두드리노니 누구든지 내 음성을 듣고 문을 열면 내가 그에게로 들어가 그로 더불어 먹고 그는 나로 더불어 먹으리라(계 3:20)

비련의 호세아와 하나님

하나님은 호세아에게 고멜이라는 창녀형의 여자와 결혼하여 그를 사랑하고 자녀를 낳게 했다. 세 번씩이나 집을 나가 다른 남자와 눈이 맞아 바람을 피우다가 마침내 걸레처럼 버려져 노예 시장에 팔려 오면 은 15개와 보리 한 가마를 주고 사온다. 그러면 얼마있다 또 다시 호세아가 사 준 귀금속과 털옷을 가지고 다른 남자와 연애하다 또 팔리게 되면 다시 사오고, 세 번 나갈 때마다 다른 남자 자식을 임신해서 낳고, 자녀들을 호세아가 맡아 키운다.

하나님은 호세아에게 "네 처지와 내 처지가 같다. 내가 만든 백성, 내가 먹여 살리고 사랑하는데 그들이 나 외에 다른 신을 섬기니 내 마음이 오죽하겠느냐."고 하신다.

사람은 모두 참 하나님을 섬기지 않을 때는 종교적 간음인 우상을 섬기고 있다. 그 무엇인가를 신화(神化)시키고 있다.

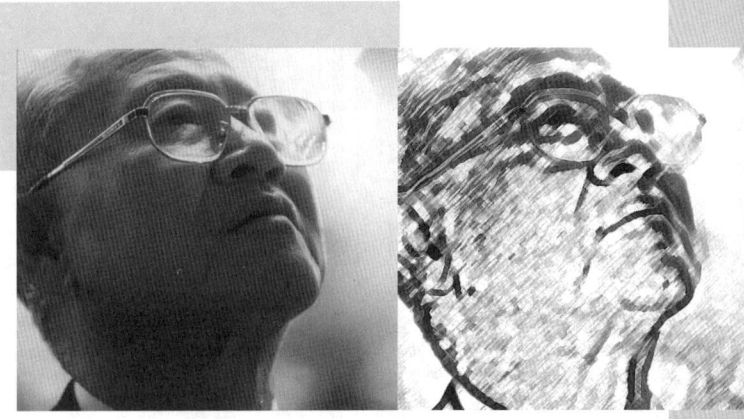

솔제니친의 경고

　소련의 반체제 문인 솔제니친은 20세기의 예언자로 알려져 있다. 그가 그렇게 갈망하던 자유를 찾아 서유럽의 자유 세계로 망명와서 발견한 것은 소련보다 깊은 절망이었다.

　특히 서유럽 청소년들이 육체의 환락과 자유, 물질과 돈의 가치관으로 키워진 생활양식을 보고 개탄하면서 "만일 오늘날의 서방 자유세계가 내 조국 소련의 모델이 될 수 있느냐고 묻는다면 솔직히 말해서 그 대답은 부정적이다. 이대로의 서유럽 사회는 급격히 몰락할 것이다."라고 했다.

　우리는 이 솔제니친이 개탄한 서유럽 쓰레기를 자유라는 컨테이너에 넣어 무비판으로 들여오고 있다. 나는 크리스천 청소년만이라도 일정 기간 중세 수도원적(修道院的) 수련을 시켰으면 좋겠다.

영혼의 호흡

CCC에서는 영혼의 호흡이라는 신앙 개념을 가르치고 있다. 죄를 즉시 자백하는 생활과 성령의 계속적 충만을(엡 5:18) 호흡처럼 실생활화(實生活化)하는 순종 생활이다.

죄의 자백은 하나님께 동의한다는 뜻인데, 죄 지은 사실을 하나님께 동의하고, 과거와 현재와 미래의 모든 죄를 주님의 십자가로 단번에 속죄해 주셨다는 사실에 동의하고, 태도와 행동을 바꾸어 그 죄를 회개 보상하는 것이 동의이다. 이것을 숨을 토하는 데 비유한다면, 내가 모시고 사는 내 속의 성령에게 내 삶의 지배권을 재고백하는 일이 숨을 들여 마시는 일에 비유할 수 있다. 한 시간 이상 죄 속에 머물지 말자. 죄 자백, 성령 충만, 이 두 가지가 확인되지 않을 때 숨통이 막힌다.

술 취하지 말라 이는 방탕한 것이니 오직 성령의 충만을 받으라(엡 5:18)

원숭이의 보고서

원숭이 1,000마리가 서울시에 와서 한 달간 시찰을 하고 조사를 했다. 도서관, 음악회, 전신 전화국, 시장, 음식점, 각 가정들, 남녀의 침실, 자동차, 신문사, 병원 등등 온갖 것을 다 돌아보고 사진을 찍고 원숭이 왕국에 돌아가서 격렬한 논쟁 끝에 그들의 과학 교과서에 서울시의 모든 것은 지성의 창조가 아니라 우연히 된 것이라고 썼다. 인류의 초·중·고·대학 교과서는 인간도, 자연도, 우연히 진화한 것이라고 가르친다. 육안으로는 보이지도 않을 만큼 작은 정자나 생명 인자 속에 인간의 전지정(全知情)과 그 문화가 프로그래밍(Programing) 되어 있다고 생각해 보라. 누가 심장에 펌프질을 하고 수백 수십조의 신체 세포들을 통일 주관하는가. 하나님 존재 의식은 인간 본능이라 했다(롬 1장).

신령한 것의 의미

성경의 육과 육신이라는 개념은 동양의 물질이나 육체는 본질적으로 악하다는 생각과 구별해야 한다. 고행주의·금욕주의가 그런 육체관에서 나왔다.

육이니 육신이니 하는 개념은 영적 개념이어서 예수의 십자가로 구속받아 중생한 영으로 새로 태어나 성령의 지배를 받지 않은 옛 사람 아담에게 속한 자아의 영과 혼과 육이 하는 모든 일이 육이다. 그의 지정의와 그가 생산하는 진선미, 그의 종교 전체가 육에서 난 것은 육이며, 육은 하나님과 원수 되었고 하나님의 법에 굴복치 않으며 할 수도 없다. 하나님을 기쁘시게 할 수 없으며 하나님의 진노와 정죄와 죄와 사망의 법 아래 살고 있다(롬 8장).

만일 너희 속에 하나님의 영이 거하시면 너희가 육신에 있지 아니하고 영에 있나니 누구든지 그리스도의 영이 없으면 그리스도의 사람이 아니라(롬 8:9)

욥의 고난

인간고악(人間苦惡)의 문제 배후에는 단순한 도덕적 인과율(因果律) 이외의 하나님과 악마 사이의 사정(욥기), 심오한 구속의 섭리와 영혼 교육과 연단의 목적 등이 있다. 지금까지 인간이 알고 있는 악을 고치는 최선의 묘약은 고통이라는 방법이었으며, 하나님이 하나님의 사람들을 훈련하는 최고의 교육은 고난이라는 신학교를 통해서였다.

욥의 고난 전과 후를 비교하면 풋감과 홍시같이 성숙 감촉이 다르다. 욥이 고난을 정점(頂點)에서 발견한 것은 살아 계신 구속주 예수였다(욥 19:25). 고난을 모르고 산 사람은 어딘가 평면적이고 천박하고 설익었다. 골고다 십자가 상에서 엘리 엘리를 부르시던 주님, 천지가 어두워지고 찢어진 심장의 의미를 알고 싶다.

나의 가는 길을 오직 그가 아시나니 그가 나를 단련하신 후에는 내가 정금같이 나오리라(욥 23:10)

신약적 예언자

예언자란 앞으로 될 일을 예언하는 일도 있지만 더 중요한 임무는 하나님의 뜻을 전하는 일이다. 구약 예언자들이 책망한 가장 큰 3대 죄악은 우상숭배 죄, 음란 죄, 사회 부정이었다. 노아에게는 홍수 멸망을 예언케 했고, 예레미야에게는 바벨론 포수를 전하게 했고, 요나에게는 니느웨의 멸망을 전하게 했다. 지금 신약의 크리스천들에게 주님이 위탁하신 절대적인 지상명령의 메시지는 무엇인가? 사도행전의 사도들과 집사들과 평신도가 그것을 전하다 순교한 그 메시지는 예수의 복음이다. 내게 은과 금은 없으나 나사렛 예수의 이름으로 일어나라(행 3:1~10). 전도자가 신약적 예언자이다.

> 베드로가 가로되 은과 금은 내게 없거니와 내게 있는 것으로 네게 주노니 곧 나사렛 예수 그리스도의 이름으로 걸으라 하고(행 3:6)

영적 자유 문제

신학적으로 볼 때 인간은 죄와 사망의 법 아래 매여 있는 숙명적 노예이다(롬 8:2) 예수님은 사람이 단 한 번이라도 죄를 범하면 죄의 종이라고 말씀하신다(요 8:34). 그것은 마치 단 한 번 흑인 남자에게 간통당한 백인 여인이 영원한 숙명의 씨를 낳는 것과 같다. 인간은 예외 없이 아담족이거나 예수족이다. 아담족은 싫건 좋건 그 아비 마귀에게 속했다(요 8:44). 예수만이 우리를 자유케 할 수 있다(요 8:36). 주의 영이 계신 곳에만 자유함이 있다(고후 3:17).

현대인은 자유라는 이름의 신을 숭배하고 있다. 자유를 위하여 도덕과 신마저도 죽이는 시대이다. 육의 자유를 위해 영을 죽이는 자유의 도착증 환자다. 참 자유는 하나님을 순종하는 하나님에게로의 자유이지 그 반대의 자유는 모두 죽음에로의 자유이다.

그러므로 아들이 너희를 자유케 하면 너희가 참으로 자유하리라(요 8:36)

지금은 초비상 구국 금식 기도할 때

　미스바, 에스더, 니느웨, 그리고 요엘서(2:15~23)의 민족적 참회와 거족적 비상 구국 금식 기도를 할 때가 왔다. 남으로 기울어진 끓는 가마(렘 1:13)를 보고 나팔 소리와 전쟁의 경보(렘 4:19)를 듣는다. 이 땅의 700만 성도는 민족의 제사장이요, 중보자이다. 재난의 책임을 전적으로 져야 하겠다. 남의 죄 말고 우리 각자의 미워한 죄, 음란 죄, 부정한 죄, 거짓되고 탐욕하며 정신적 우상을 섬긴 죄들을 철저히 통회 자복하여 하나님의 긍휼을 구하자.

　캄보디아보다 잔혹한 김일성 도끼가 이미 나무뿌리에 놓였다. 6·25사변과 월남 패망을 생각하자. 너무 늦기 전에, 문이 닫히기 전에, 해가 지기 전에, 비상 금식 기도 운동으로 제2의 3·1구국 운동을 일으키자. 그리하면 북편 군대를 메마르고 적막한 시베리아 땅으로 쫓아내고(욜 2:20) 신명기 28장의 축복의 계절이 올 것이다.

> 그때에 여호와께서 자기 땅을 위하여 중심이 뜨거우시며 그 백성을 긍휼히 여기실 것이라 (요엘 2:18)

수도 생활

크리스천은 세속 속에 있으면서도 거룩하게 성별(聖別)된 성민(聖民)들이다. 존 번연의 (천로역정)에 나오는 기독도는 장망성을 떠나서 천성까지 가는 한 순례자의 역정을 묘사했다. 누구보다 이 세상의 빛이요, 소금이요, 활력소 노릇을 하지만 세속의 쓰레기를 파먹는 굼벵이는 아니다.

일본의 1급 크리스천 우찌무라 간조(內寸鑑三)는 자신의 신앙은 성경적·속죄적·상식적이며 내세적이라 했는데 나는 하나 더해서 수도사적이라 했으면 좋겠다. 중세가 다 나쁜 것은 아니다. 개신교는 수도원적 수도사 생활을 세속 생활의 한복판에서 다시 찾아야 하겠다.

오직 너희를 부르신 거룩한 자처럼 너희도 모든 행실에 거룩한 자가 되라(벧전 1:15)

평강의 하나님이 친히 너희로 온전히 거룩하게 하시고 또 너희 온 영과 혼과 몸이 우리 주 예수 그리스도 강림하실 때에 흠 없게 보전되기를 원하노라(살전 5:23)

3종의 인간

성경 속에 3종의 인간이 기록되어 있다.

① **육에 속한 자연인** : 이 사람은 아담족으로서 그 영이 죽은 사람이며 신령한 일에 대해서는 영치(靈痴)에 속한다.
② **육신에 속한 사람** : 이 사람은 예수를 영접했지만 옛 사람이 아직도 자신을 지배하므로 로마서 7장을 살고 있다. 이 사람은 자력으로만 살고 성령으로 사는 법을 몰라 생지옥을 사는 경우가 많다. 연기만 나는 신자, 간혹 불이 타다 곧 꺼진다.
③ **신령한 사람** : 성령 안에서 순간순간 성령을 인정하며 말씀 안에서 기도와 믿음의 두 날개를 치며 성령이 생수의 강처럼 역사하고 있다. 예수의 신부같은 생활, 청춘이 젊은 독수리 같다. 남 모르는 깊은 평화와 기쁨과 사랑이 있다. 열매가 있다.

육에 속한 사람은 하나님의 성령의 일을 받지 아니하나니 저희에게는 미련하게 보임이요 또 깨닫지 못하나니 이런 일은 영적으로라야 분변함이니라 신령한 자는 모든 것을 판단하나 자기는 아무에게도 판단을 받지 아니하느니라(고전 2:14~15)

심령감응술(텔레파시)이 암시하는 것

소련 과학자들은 4차원 과학이라는 이름 아래 특수 고주파 사진기로 마음의 상태에 따라 달라지는 소위 총천연색 심사술(心寫術)을 개발했다고 한다.

그것을 보면 옛날 성자들의 후광(後光)도 사실이고 제2의 신체 에너지 분신(分身)인 유령체의 실존도 있는지 모른다. 이 우주에는 각종 파동이 교차되고 있다. 텔레비전, 라디오의 주파들과 심파(心波), 뇌파, 영계의 실재들이 영파 등 그것들의 동조하는 각종 주파를 프로그래밍하여 44억에 반하는 사람들은 마음의 주파의 동조성일 수도 있다. 성령이 내 속에 내주하면서부터 나는 믿음으로 하나님과 통하는 영적 감각이 생기는 것도 이 때문인 것 같다.

신(身)·혼(魂)·영(靈)의 구속

하나님이 삼위일체이듯이 본래 그의 형상으로 지은 바 된 인간도 신체적 자아, 정신적 자아, 영적 자아가 동일성을 유지하고 있다.

본래 인간의 영은 에덴의 타락 이전에는 하나님과 직관으로 영각(靈覺)이 통했다. 영적 자아가 지·정·의의 정신적 자아를 다스리고 정신적 자아는 육체적 오관을 종처럼 다스렸다. 그런데 영이 악마와 통한 순간부터 말씀대로 그의 후손까지 반드시 죽는다. 하나님의 영이 떠난 육체 인간이 되었다(창 6:3)

예수를 영접할 때 하나님의 영이 내 죽은 영을 살리고 새 영, 즉 양자의 영을 주사 그 영 속에 성전삼아 성령이 내주하신다. 궁극적으로는 우리의 육체까지 구속, 영화(榮化)시킨다.

피의 종교

기독교는 피의 종교이다. 구약의 아벨의 피로 시작해서 유월절 양의 피, 구약 종교의 대표적 의식은 사람대신 짐승의 피를 흘려 속죄 제사를 드린 것이다. 피 흘림이 없이는 죄 사함이 없다(히 9:22) 신약의 뜻도 예수의 피로 새 언약을 맺은 것이다(고전 11:25).

피는 함축성이 깊다. 예수의 성혈(聖血), 유다의 악혈(惡血), 생(生)과 사(死)의 개념이 함축되어 있다. 피는 현실성의 상징이기도 하다. 사상이나 소설, 신화, 시 같은 추상적인 것과 구별되어 피 흘린 사건은 현실성의 상징이다. 피는 관련성의 상징이기도 하다. 혈연의 관계란 끊을 수가 없다. 예수의 피의 사건은 나의 생명과 죽음, 속죄와 정죄, 나와 혈연의 관련성, 그것을 먹고 살 실존적 현실성을 지니고 있다.

식후에 또한 이와 같이 잔을 가지시고 가라사대 이 잔은 내 피로 세운 새 언약이니 이것을 행하여 마실 때마다 나를 기념하라 하셨으니(고전 11:25)

기복신앙(祈福信仰) 시비

요새 한국에는 헌금 많이 하고 교회 섬기는 일과 신앙 생활, 기도 생활 열심히 해서 물질 축복, 건강 축복, 자녀와 가정 축복, 출세 축복, 심령 축복 받았다는 간증들이 부지기수이다. 그런가 하면 한편으로 십자가와 그 고난 참여를 강조하는 분들은 축복 추구는 샤머니즘이나 신흥 종교의 기복 신앙이라고 내리치고 있다. 이교적인 것을 경계해야겠지만 신구약 성경에는 하나님이 그 순종하는 자녀들에게 특별한 은총과 축복을 약속했고, 또한 그 자녀들은 그런 축복을 간구하기도 하고 받기도 했다.

축복의 영역은 전인적이며 전폭적이다. 성령으로 사는 사람에게는 돈도 밥도 신령한 것이다. 한 가지 분명한 사실은 축복의 주체성을 강조하는 목사의 교인들은 물질적으로나 영적으로 훨씬 싱싱하다는 사실이다.

파스칼의 내기

파스칼은 예수 믿는 일을 내기의 경우처럼 유신(有信)과 무신(無信), 예수 긍정과 예수 부정, 양자 택일을 해 보라고 한다. 하나님은 계시든가 안 계시든가 양자택일이지 제3의 입장은 없다. 예수를 받아들이면 죄 사함이 있고, 영생이 있고, 사랑과 기쁨이 있고, 성령 받는 일, 하나님 자녀되는 일, 생기에 찬 생활, 기도의 응답, 온갖 소망이 다 나의 것이다. 그러나 그 반대를 택하면 실(失)뿐이고 득(得)은 아무 것도 없다. 하나님 없는 우주의 절대 고아는 죽음이 종점인 절대 절망 속에 꿈 속의 망령같은 삶을 헤매다 무(無)가 되어 버리는 허무, 그 것 이상 무엇이 있을까.

너희를 영접하는 자는 나를 영접하는 것이요 나를 영접하는 자는 나 보내신 이를 영접하는 것이니라(마 10:40)

신앙(信仰)과 인식(認識)

　건전한 이성은 자신의 한계를 안다. 인간의 지식은 영원히 상대적이고 유한하며 부분적이고 불완전하다. 남의 주머니 속에 돈이 얼마 들었는지를 알아 맞추려면 이성은 '나는 모른다. 내 눈(감각)으로 보기 전에는 알 수 없다'고 판단해야 할 것이다. 어머니의 눈물은 과학적 인식이나 철학적 이해를 해서는 안 된다. 어머니의 사랑을 믿어야 알아지는 사실이다.
　하나님의 사랑도 믿어야 되는 사실이다. 객관적으로는 사실인데 믿지 않으면 주관적으로는 사실 아닌 경우가 있다. 기억 상실증 아내가 그 남편을 믿지 않는 경우 남편이지만 남편이 아니다.
　예수가 살아 계신 나의 구주이다. 이것은 절대 사실이다. 그러나 믿지 않을 때 내게는 죽은 사실이다. 믿음은 전선(電線)과도 같다.

믿음은 바라는 것들의 실상이요 보지 못하는 것들의 증거니(히 11:1)

불의(不義) · 자의(自義) · 신앙의(信仰義)

키에르케고르가 그 예리한 통찰로 도덕적 인간이 빠지는 두 개의 딜레마를 지적했다.

악을 행하면 회환과 죄책을 낳고, 선을 행하면 도덕적 교만을 낳는다. 이것이 바리새이다. 예수를 미워하고 죽인 사람들은 자기의 의나 선을 높이 자랑하고 싶은 사람들이었다. 이것은 때 묻은 의복과 같다. 인간이 자기 의나 선을 자랑하고 그것으로 남의 악을 들추는 도덕적 법적의 검사가 될 때 그는 바리새적 도덕적 괴물이 된다. 악인은 불의에 빠지고 선인은 자의(自義)에 빠진다.

자의가 예수 만나기보다 불의가 예수 만나는 일이 쉽다. 의식은 자아의식보다 쉽게 신앙의 의, 예수를 영접한다. 신앙의에서만 참 겸손한 사람이 태어난다.

믿음은 선물

한 여학생이 예수를 나의 주 나의 하나님으로 영접하고 나서 예수에 대해서 읽고 듣는 것마다 스펀지에 물이 흡수되듯이 아멘으로 받아들여지고 믿어졌다. 왜 진작 누가 내게 이런 엄청난 사실을 알려 주지 않았을까 의아하기도 했다.

며칠 후 가장 친했고 취미도 화제도 항상 잘 통했던 친구에게 예수에 대해서 알고 믿고 있는 모든 것을 신나게 전했다.

두어 시간 동안 듣고 있던 친구가 "너 진짜 미쳤구나. 지금 한 말을 사실로 믿고 있느냐?"고 따졌다.

"그럼 너는 안 믿어지니? 어떻게 그것을 안 믿을 수 있을까?"라고 하자 그 친구는 "어떻게 그것을 믿을 수 있니?"라고 했다.

하나는 믿는 것이 불가능, 하나는 안 믿는 것이 불가능이다. 믿음은 기적이다. 선물이다. 주님이 알게 하셨다. 성령이 알게 하셨다(마 11:27, 요 16:13).

너희가 그 은혜를 인하여 믿음으로 말미암아 구원을 얻었나니 이것이 너희에게서 난 것이 아니요 하나님의 선물이라(엡 2:8)

예수님의 재림

구약 성경에는 예수님이 오신다는 초림의 약속이 약 350회 예언되었다. 그 예수는 약속대로 오셨다. 예수의 역사는 인류사를 A.D.와 B.C.로 구분했다. 그리스도 사건은 세계사의 태양같이 사실이다. 그런데 그 예수님이 다시 오신다는 재림의 약속 언급이 신약 성경 가운데 216장 중 316회 기록되었다. 신약 성경의 20분의 1을 차지하고 있다. 크리스천의 D데이, 소망의 클라이막스, 암행어사 이 도령이 출두하는 춘향이의 시간이 재림을 기다리는 크리스천의 시간이다. 말세의 징조 가운데 하나는 주의 재림을 기롱하는 자들이 생긴다고 했다(벧후 3:3). 재림을 모르는 인류는 노아의 홍수에 무지했던 무신론자들이다. 너무 깜깜하다.

너희 가운데서 하늘로 올리우신 이 예수는 하늘로 가심을 본 그대로 오시리라 (행 1:11)

하나님을 아는 방법

하나님을 자연 속에서 찾아보면 그의 존재와 그의 지혜와 능력을 엿볼수 있고, 역사 속에서 찾아보면 도덕적 통치의 흔적을 더듬을 수 있으며, 인간의 마음속에서 찾아보는 사람도 하나님의 인격성과 도덕성을 직감할 수 있다. 그러나 그런 추적이 낳은 잡다한 종교와 철학 등이 고장난 라디오의 잡음처럼 혼란스럽다.

하나님이 성경 속에서 이스라엘 역사와 예언자를 통해서 자신을 직접 계시했고 예수는 그 성경의 주제요, 성육신이다. 예수를 보고 아는 것이 하나님을 보고 아는 것이다(요 14:7~10). 그 이상도 그 이하도 하나님을 아는 방법은 없다.

너희가 나를 알았더면 내 아버지도 알았으리로다 이제부터는 너희가 그를 알았고 또 보았느니라(요 14:7)

미국사의 위기와 기도

조지 워싱턴은 독립 전쟁 때 저먼타운에서 패전 후 발리포즈 싸움을 앞에 두고 있었다. 1777년 겨울 부상병은 늘고 식량과 탄환 보급도 저조해서 사기는 떨어지고 전망이 암담했다. 조지 워싱턴은 하나님께 간절히 기도를 드렸다. 그 결과 전세(戰勢)는 달라졌다. 1787년 13주의 대표들이 연방 정부 헌법 기초회의로 모였다. 이해와 의견의 대립으로 회의는 벽에 부딪치고 말았다. 벤자민 프랭클린의 제안으로 특별 기도회를 가졌다. 그 결과 미국 헌법이 탄생했다.

1863년 6월 게티스버어그의 격전은 처참했었다. 단 씨클(Dan Sickle)장군은 링컨 대통령이 밤새워 무릎 꿇고 큰 소리로 기도하는 것을 보았다고 했다. 우리 나라 국회와 각의가 예배하고 기도하는 날이 왔으면 좋겠다.

너희가 기도할 때에 무엇이든지 믿고 구하는 것은 다 받으리라 하시니라(마 21:22)

금식 기도의 유익

　금식은 종교적 목적 이외에도 건강이나 미용에 좋다 하여 세계적으로 번지고 있다. 잘만 하면 웬만한 병은 낫는다고 한다. 동물은 병이 나면 밥을 안 먹고 곰은 동면 단식을 한다. 사람은 과잉 보호하고 약물 복용 등으로 몸 속에 저항력이 약해지고 자연 치유 능력이 잠자고 있는 셈인데 금식 중에는 항병(抗病) 예비병력이 총동원 되어 비상 사태가 선포되는 셈이다. 그래서 금식 중에는 감기도 걸리지 않는다. 내 친구는 1일1식 (一日一食)을 하고 나는 2식을 한다. 3일이나 일주일 정도는 근무하면서 금식 기도할 수 있어서 편리하고 경건 생활과 몸의 건강에도 크게 도움이 된다.

나의 기도로 주의 앞에 달하게 하시며 주의 귀를 나의 부르짖음에 기울이소서(시 88:2)

금식 기도

나는 기도원으로 다니면서 금식 기도하시는 분들의 간증을 많이 듣는 것이 흥미가 있고 큰 은혜가 된다. 너무도 존경스런 성도들의 깊은 내적 체험을 들으면 성령의 현장과 사도행전의 원색적 신앙을 몸으로 접할 수 있다.

기도의 제목들이 다양하다. 병고침 받기를 원하고 취직, 결혼, 입학 등 여러 소원과 필요(빌 4:6)들을 위해서 드리는 간구 그대로 하나님이 허락한 기도들이고 거룩한 것들이다.

근육이 운동으로 강해지듯 기도도 성화되고 성장한다. 사랑의 은사를 얻기 위해서, 보다 높은 헌신을 위해서 금식 기도하는 모습들 그대로 성자들의 기도이다.

청소년 크리스천에게 호소한다

지나치게 실리적이고 시대와 함께 인물이 왜소해 감을 나는 개탄한다. 멋도 없고, 시도, 꿈도 없어져 간다. 노인들은 나라와 민족 이야기로 울릴 수 있어도 젊을수록 감격이 없다. 성령을 받으면 자녀와 젊은이들이 꿈을 꾸고 환상을 본다고 했다. 요셉도, 다윗도 꿈과 신앙의 소년이었다. 성모 마리아는 구세주를 잉태했다. 잔다크는 신앙 구국 소녀였다.

우리의 소망이요, 심장이요, 약속이요, 시요, 꿈인 그대들이 우리를 울려다오. 감격시켜다오. 죽으면 어떠냐. 모택동은 십대의 홍위병으로 문화 혁명을 시도했는데, 한국의 십대 크리스천이여 주님과 조국을 위해 사랑과 성령으로 예수 혁명의 십자군이 될 수 없는가.

그 후에 내가 내 신을 만민에게 부어주리니 너희 자녀들이 장래일을 말할 것이며 너희 늙은이는 꿈을 꾸며 너희 젊은이는 이상을 볼 것이며(욜 2:28)

전도의 문 마음의 문

마음의 문은 각자가 열고(계 3:20) 전도의 문은 하나님이 여신다(계 3:8). 열리지 않는 마음의 문도 성도의 기도로 두드리면 열린다는 약속이 있다(마 7:7). 내 친구는 금식 기도 중 그 부모가 믿게 됐다. 전도에는 개인의 문도 있고 민족의 문도 있다. 전도의 문이 열리기 위해 기도해야겠다(골 4:3) 에베소에는 큰 문이 열렸고(고전 16:9) 아세아의 문은 바울에게 닫혀 있기도 했다.

소련권에는 정치적으로는 전도의 문이 막혀 있으나 마음의 문은 열려 있고 유럽의 문은 밖으로는 열려 있으나 심령의 문들이 닫히고 있다. 일본인의 문은 속으로 닫혀 있다. 한국의 문은 안팎으로 사상 전례 없이 열려 있다. 북한의 문은 원자탄으로 열 수 없다. 기도로 열자. 민족의 마음마다 계절이 오듯 활짝 열리도록 기도하자.

구하라 그러면 너희에게 주실 것이요 찾으라 그러면 찾을 것이요 문을 두드리라 그러면 너희에게 열릴 것이니 구하는 이마다 얻을 것이요 찾는 이가 찾을 것이요 두드리는 이에게 열릴 것이니라 (마 7:7~8)

홍해를 쳐라

　이스라엘 민족의 출애굽에서 원자탄보다 위력있었던 만능의 무기는 모세의 지팡이었다. 그것으로 열 가지 재앙을 내려 바로의 애굽 제국을 항복시켰고 홍해를 쳐서 대로를 만들고 사막의 반석을 쳐서 생수가 터지게 했다.
　이 지팡이는 크리스천의 믿음의 상징이다. 믿음의 지팡이로 그대의 홍해를 치라. 길이 열린다. 사막의 반석 같은 불가능이 있느냐, 죄가 있느냐, 믿음으로 쳐라. 예수의 이름으로 사단이 물러가게 하라. 친다는 것은 믿음으로 기도한다는 뜻이다. 믿음의 기도는 산(불가능)을 옮긴다. 반석에서 생수가 터지게 한다. 홍해를 갈라지게 한다. 골리앗을 쳐 죽인다. 믿음 지팡이 기도로 쳐라.

크리스천의 고독

크리스천은 가인의 도시에서 이질자요, 이방인이다. 체질이 다르고 언어와 고향이 달라 순수 세상 족에게서 반문화, 반사회, 반지성이라는 냉소를 받기도 한다.

믿음의 그릇

주님의 능력과 가능성은 무한 동력의 발전소처럼 무한하지만 전선의 크기에 따라 전력 송전량이 달라진다. 믿음은 전선과 같고 됫박과 같다. 믿음의 분량만큼 받을 것이다.

결혼하는 남녀는 자신의 전체를 주고 상대의 전체를 요구한다. 하나님의 절대는 나의 전체와 절대를 요구하고 있다. 성실만이 성실과 만나지고 순수만이 순수와 만나며 절대적 사랑만이 절대적 사랑과 만나진다.

나의 헌신과 믿음의 분량만큼 하나님의 능력과 사랑은 전달되는 것이다. 그것이 인격의 법칙이다.

> 믿음이 없이는 기쁘시게 못하나니 하나님께 나아가는 자는 반드시 그가 계신 것과 자기를 찾는 자들에게 상 주시는 이심을 믿어야 할지니라 믿음으로 노아는 아직 보지 못하는 일에 경고하심을 받아 경외함으로 방주를 예비하여 그 집을 구원하였으니 이로 말미암아 세상을 정죄하고 믿음을 좇는 의의 후사가 되었느니라(히 11:6~7)

예수 의식과 민족 의식

민족주의란 것이 있어서 일본 제국이나 히틀러의 나치가 이것으로 군국주의화하여 남의 나라를 못살게 굴었다. 또한 시오니즘이란 유대 민족의 선민 의식과 아랍 민족주의 속에도 배타적이고 폐쇄적인 것이 있어 미움과 싸움의 악순환이 계속되고 있다. 미국은 세계 인종의 혼합국이고, 유럽은 피가 섞여서 연방화가 가능하고, 공산주의도 민족을 초월하는 것을 이념으로 내세운다. 그러나 중공은 이데올로기보다 민족주의로 꾸려 가고 있으며 소련도 급할 때는 슬라브 민족 의식에게 호소했다(스탈린).

한국 민족 의식 속에는 우라늄보다 귀한 에너지가 있다. 예수 의식과 민족 의식이 하나로만 될 수 있다면 한민족은 세계의 주인이 될 수 있을 것만 같다.

심은 대로 거둔다

팥 심은 데 팥 나고 콩 심은 데 콩 나는 법을 사람이면 모를 사람이 없을 것 같은데 사실은 모두 모르고 있다.

사람마다 자기의 생애와 인격과 시간의 밭에다 선악간에 씨를 심고 있는 것이다. 가족 속에, 민족 속에, 인류 역사 속에 끊임없이 인과의 씨가 심어지고 있다.

어느 흑인 노예가 주인의 밭에 가라지를 심고 있었다. 주인이 왜 그러느냐 했더니 밀을 거두기 위함이라고 대답했다. 주인은 미친 놈이라고 노했다. 노예는 정색하여 당신이야말로 날마다 악을 심으며 행복을 거두려는 정신병자라고 했다. 예수의 피가 나를 억겁의 악의 인과에서 해방시켜 준다.

스스로 속이지 말라 하나님은 만홀히 여김을 받지 아니하시나니 사람이 무엇으로 심든지 그대로 거두리라(갈 6:7)

하나님의 보증 수표

나는 사랑방 성경학교 운동요원 훈련을 위해서 수만 달러의 돈이 필요했었다. 오랜 기도 끝에 그 일은 꼭 해야 하는 주님의 뜻이라고 생각했다.

미국에 아는 친구를 찾아가서 3일을 졸랐으나 허탕이었다. 마지막 용기를 내서 붙잡고 도움을 청했더니 자신의 보증 수표와 하나님의 보증 수표 중 어느 것을 원하느냐 해서 나는 미국에는 하나님 명의의 보증 수표가 있는 줄로 알고 하나님 보증 수표를 달라고 했다. 그랬더니 주의 뜻대로 구하면 들으심이라(요일 5:14)는 구절을 읽어 주었다. 처음에는 화가 났으나 말씀만 믿고 기도했더니 필요한 돈을 쓰고 남을 만큼 주셨다. 말씀은 보증 수표이다.

그를 향하여 우리의 가진 바 담대한 것이 이것이니 그의 뜻대로 무엇을 구하면 들으심이라
(요일 5:14)

하나님 사랑 이웃 사랑

하나님을 사랑한다는 것과 내 이웃을 사랑한다는 것은 하나이다. 내 영혼을 구하려는 노력과 내 이웃을 도우려는 노력도 하나이다(토인비). 행복이란 남을 행복하게 해 줄 때 얻어지는 부산물이다. 행복은 설날처럼 모두 나눠 갖는 기쁨이다.

미국 가요 가운데 "행복하고 싶어라. 그대를 행복하게 할 때까지 행복할 수 없어라."

라는 구절이 있다. 남녀의 애정표현이지만 진리이다. 하나님과 남을 위해 살기를 결심한 사람은 자유인이다. 주여, 내게 밀알처럼 썩는 기쁨을 주시옵소서. 나룻배처럼 살게 하소서. 이름 없이 살게 하소서.

또 누구든지 제자의 이름으로 이 소자 중 하나에게 냉수 한 그릇이라도 주는 자는 내가 진실로 너희에게 이르노니 그 사람이 결단코 상을 잃지 아니하리라(마 10:42)

주님과 나만의 시간

하루 한 시간쯤 주님과 나만의 시간을 보내는 것이 이상적이다. 가족 예배 외에 어느 구석 교실이든지 다방이든지 성경을 보고 명상과 기도로 부부 시간처럼 둘만의 시간을 위하여 잠자는 시간, 식사 시간이라도 잘라서 기어이 마련해 보라.

시간의 양을 질로 만들어 보라. 15분을 눈감고 아무 곳이나 발을 15도쯤 들고 낮 시간에 누워 있으면 두 시간 수면에 해당한다고 한다. 사람의 뇌세포는 120억쯤 되는데 평균 15퍼센트밖에 사용 안 하고 있다고 한다. 습관을 들이고 집중하면 5시간만 자도 충분하다. 주님과 나만의 시간을 최우선으로 만들어 내자.

새벽 오히려 미명에 예수께서 일어나 나가 한적한 곳으로 가사 거기서 기도하시더니(막 1:35)

성경적 교양과 품위

나는 어느 읍소재지의 집회에 간 일이 있었다. 부인회장은 국민학교 출신이었고, 회원 중에는 대학 출신의 고급 관리 부인이 있었다. 대학 출신은 오래 예수는 믿었으나 옷 입는 것, 화장한 것, 말하고 행동하는 것이 어딘가 유치하고 천박해 보였다. 부인회장은 같은 연배이지만 많은 수난을 겪었고, 관주 성경에는 빨간 줄로 빈틈없이 표시되어 있었다. 성경적 교양과 품위가 언어와 표정 속에 빈틈없이 배어 있었다.

성경 속에서 살다가 금방 튀어나온 성모 마리아나 마르다 같이 경건된 여인, 저절로 머리가 숙여지는 이스라엘의 여인, 도스토에프스키의 어느 시골 여인 같이 성스러웠다. 성경이 우리에게 의식화, 품성화, 혈육화 되어야겠다.

크리스천의 고독

크리스천은 이 세상 소속이 아니다. 그는 이 세상의 나그네요, 이방인이다. 이 세상은 장망성이요, 정욕적이요, 마귀적이요, 세상적이다. 세상에 있는 모든 것이 육신의 정욕과 안목의 정욕과 이생의 자랑이니 이 세상이나 세상에 있는 것들을 사랑하지 말라고 하신다(요일 2:15~16).

아브라함의 생애가 크리스천 생활의 예표이다. 그는 세상 고향을 떠나 나그네 되어 천막치고 순례 생활을 했다. 크리스천은 가인의 도시에서 이질자요, 이방인이다. 체질이 다르고 언어와 고향이 달라 순수 세상 족에게서 반문화, 반사회, 반지성이라는 냉소를 받기도·한다.

> 이 세상이나 세상에 있는 것들을 사랑치 말라 누구든지 세상을 사랑하면 아버지의 사랑이 그 속에 있지 아니하니 이는 세상에 있는 모든 것이 육신의 정욕과 안목의 정욕과 이생의 자랑이니 다 아버지께로 좇아 온 것이 아니요 세상으로 좇아 온 것이라(요일 2:15~16)

영원을 심자

이런 말이 있다.

"당년에 거두려거든 곡초를 심어라. 십 년에 거두려거든 나무를 심어라. 백 년에 거두려거든 사람을 심어라. 영원을 거두려거든 복음(예수)을 심어라."

이런 말도 있다.

'돈 상실 – 무상실, 건강 상실 – 약간 상실, 인격과 영혼 상실 – 전 상실'

온 천하를 얻고도 제 영혼을 잃으면 무슨 유익이 있는가. 지상에 영구상은 없다. 헛되고 헛되니 모든 것이 헛되다. 예수 안에다 예수를 위해 심은 것만 영원한 것이다.

사람이 만일 온 천하를 얻고도 제 목숨을 잃으면 무엇이 유익하리요 사람이 무엇을 주고 제 목숨을 바꾸겠느냐(마 16:26)

허무적 행동주의

인간은 목적도 의미도 살 가치도 없는 것, 돌 하나가 돌 위에 겹놓인 덧붙이기, 의미 없이 내던져진 모래알 같은 것이다. 그러나 영원히 살 것 같이 무한의 의미와 가치가 있는 것처럼 살아라. 행동이 있는 한 구원이 있다. 다행히도 행동이 남아 있다. 이것이 허무주의적 휴머니즘과 행동주의 헤밍웨이식 인생관이다. 행동의 결과는 무(無 : 바다와 노인)일지라도 결사적으로 산다.

어느 대학 총장이 신입생을 운동장에 모아 놓고 진선미와 애국정신, 정직, 용기, 인내, 분투, 노력 등 교육과 윤리의 전 용어를 동원하여 뛰라고 했다. 왜 뛰어야 하느냐고 물으면,

"그 의미는 모른다. 쓰러지면 죽어라. 죽으면 그것이 끝이다." 라고 했다.

이것이 무신론적 교육의 전부이다.

노아 홍수족과 고모라족

사람의 죄악이 세상에 관영함과 그 마음의 생각이 항상 악할 뿐(창 6:5)이라고 성경은 노아 시대의 사람들에 대해서 단적으로 기록하고 있다. 먹고 마시고 시집가고 장가가고 사고 팔고 죽고 죽이고 하는 일이 그 시대 사람들의 전부였다. 한마디로 노아 시대는 하나님 없는 인생들과 하나님 없이 사는 문명의 상징인 것이다.

예수님 말씀에 말세에는 세상이 노아 때 같고 소돔과 고모라 같을 것이라고 하셨다. 그런 사람들의 24시간의 생활 현장은 극장, 시장, 식당, 전장(戰場)뿐이다. 방주를 짓던 노아처럼 세상과 질이 다른 영의 파장을 가져야 한다.

> 네가 이것을 알라 말세에 고통하는 때가 이르리니 사람들은 자기를 사랑하며 돈을 사랑하며 자긍하며 교만하며 훼방하며 부모를 거역하며 감사치 아니하며 거룩하지 아니하며 무정하며 원통함을 풀지 아니하며 참소하며 절제하지 못하며 사나우며 선한 것을 좋아 아니하며(딤후 3:1~4)

마음에 새겨 둔 헌법 전문

이란은 회교 헌법을 만들었다. 아무리 회교 헌법이라도 타 종교의 신앙 자유를 억압한다면 전 근대적이다. 요즘 우리 나라는 새 헌법 만드는 일에 총동원 된 느낌인데 나도 마음에 새겨 보는 헌법 전문이 있다. 국민 대다수가 아멘으로 합의한다면 성문화(成文化)시킬 수도 있다.

'여호와를 우리 민족의 하나님으로 모시고 예수 그리스도를 우리 민족의 주로 삼고 신구약 성경을 우리 민족의 신앙과 생활의 원리로 삼으며 국민 수익의 십일조는 온 인류에게 예수와 그의 사랑을 전하는 일에 쓴다.'

여호와를 하나님으로 삼는 민족은 복이 있다(시 33:12).

여호와로 자기 하나님을 삼은 나라 곧 하나님의 기업으로 빼신 바 된 백성은 복이 있도다 (시 33:12)

야곱의 궁지

구약 성경의 인물들 중에서 야곱은 아무리 봐도 신사나 기사나 군자다운 데가 없다. 철저한 이기주의자이고 사기성, 음모성, 탐욕성의 화신 같은 옹졸한 남자이다. 에서는 야곱에 비하면 쾌남아이고 호걸스럽다. 그러나 야곱의 집요한 집념은, 잘못된 방법으로라도 하나님의 축복을 받고 싶은 것이었다. 수평의 대인선(對人線)은 끊어졌어도 수직의 대신선(對神線)이 끊어진 일은 없었다.

추방의 몸이 된 벧엘 에서의 돌베개의 밤에도 하나님과 통하고 있었다. 야곱의 얍복강은 그가 코너에 몰린 밤이었다. 네 이름이 무엇이냐는 하나님의 이 치명적인 추적 앞에 옛 야곱은 산산이 깨지고 새 이스라엘이 탄생하는 밤이었다.

아담권과 예수권

한 사람 아담의 범죄로 인류 전원에게 죄와 사망이 들어왔고, 한 분 예수의 의(義)의 한 행동[십자가]으로 은혜와 의와 생명이 예수를 믿음으로 그와 연합된 모든 사람에게 입혀진다는 로마서 6장은 만인의 생사를 좌우하는 심오한 영리(靈理)이다.

아담권은 하나님의 진노와 정죄와 죄와 사망과 육의 원리와 사단의 왕국에 속하고, 예수권은 생명과 은총과 의와 성령권이다. 여기에서는 다시는 정죄가 없다. 사망에서 생명으로 이미 옮겨졌나니 출생으로 얻은 자녀권이나 어느 나라가 준 시민권과 비교될 수 없는 절대적 권세로 얻은 왕자권이다.

영접하는 자 곧 그 이름을 믿는 자들에게는 하나님의 자녀가 되는 권세를 주셨으니 이는 혈통으로나 육정으로나 사람의 뜻으로 나지 아니하고 오직 하나님께로서 난 자들이니라(요 1:12~13)

중국 민족의 양자 택일

중국 민족의 상징적인 두 대표 인물을 든다면 장개석과 모택동이다. 장개석은 예수의 제자로서 신앙 교서와 신앙 유언을 남기기까지 하여 중국 민족에게 예수를 믿고 성경을 읽도록 권했다. 그러나 모택동은 적그리스도의 그림자이며 마르크스의 제자이다. 10억 민족의 중국은 예수와 적그리스도의 영전(靈戰)의 현장임을 시사해 주고 있다. 인류는 공산 진영, 자유 진영으로 대치하고 있다. 그 최전방 분계선이 38선이다. 예수와 적그리스도, 성령과 악령의 상징적 분계선이고 오직 기도와 성령만으로 무너질 여리고 성이다. 골리앗 앞에서 우리 민족의 양자택일이 있다.

내 말과 내 전도함이 지혜의 권하는 말로 하지 아니하고 다만 성령의 나타남과 능력으로 하여 (고전 2:4)

죄책의 투사(投射)와 전가

도둑이 도망가면서 "도둑이야" 하고 소리지르며 뛰거나 방화범이 "불이야! 불이야!" 하고 소리지르며 도망가는 것은 죄책감의 투사 심리 혹은 전가 심리의 노출이라고 할 수 있다. 말하자면 연막을 쳐서 자기 속의 불안과 공포와 죄책감을 타인에게 투사, 전가시키는 것이다. 지나치게 냉소적이고 남의 악을 들추며 공격하는 데 열을 올리고 쾌감을 느끼는 사람은 예언자 발언이기 보다는 자기 속의 격심한 죄책감을 공격의 연막으로 삼아 자기 방어를 하는 경우가 많다.

프랜시스는 금식 중에 제자가 견디지 못해 발작적으로 죽을 먹어 버렸을 때 자신도 못 견디는 척 죽을 한 그릇 먹고 그의 약점을 덮어 주었다. 크리스천은 그런 면을 가져야 한다.

허물을 덮어 주는 자는 사랑을 구하는 자요 그것을 거듭 말하는 자는 친한 벗을 이간하는 자니라 (잠 17:9)

정상 참작

주님은 사람에 따라 다른 처방으로 대하셨다. 니고데모에게는 거듭나라고 하셨고, 부자 청년에게는 돈을 버리고 나를 따르라고 하셨으며, 십자가상의 강도에게는 무조건 은총으로 낙원에 데려 가겠다고 하셨다.

계모에게 학대받아 연필 한 자루 사는 데도 눈치를 봐야 하는 어린이와 부자집 막내아들이 대하는 하나님은 다를 수밖에 없다. 아무리 운전을 잘해도 자동차가 낡았으면 고생을 하게 마련이다. 음란한 피를 유전으로 받아 음란하게 산 사람은 회심 후에도 음란 죄로 더 고생을 한다. 주님은 아신다. 모든 정상을 참작하신다.

예수는 그 몸을 저희에게 의탁치 아니하셨으니 이는 친히 모든 사람을 아심이요(요 2:24)

신학사(神學史)의 3대 위기

교회사적으로 신학과 신앙 논쟁의 초점이 세 번 큰 위기를 겪었다. 초대 교회의 쟁점은 기독론인데 예수가 하나님이냐, 하나님의 최고 피조물이냐 하는 것이었다. 그것이 아리우스와 아다나시우스의 논쟁이었고 요한복음과 요한서신의 문제이기도 했다. 성령은 비상 간섭을 해서 이단을 물리치고 삼위일체 교리를 정립하였다. 중세 교회의 쟁점은 구원이 믿음으로냐 행위로냐 하는 구원론이 주제였다. 성령은 루터의 오직 믿음만으로 구원받는 생산의 교리를 정립했다.

그런데 근대 신학은 성경의 권위와 영감 문제가 초점이다. 성경은 전체가 하나님 말씀이냐 잘못된 것이 많으냐 하는 것이 쟁점이다. 사단은 에덴에서 최초 최고의 전술을 썼다. 하나님의 말씀을 의심하게 한 것이다. 성경의 권위가 무너지면 살아남을 교리가 없다.

천지는 없어지겠으나 내 말은 없어지지 아니하리라(마 24:35)

염려하지 말라

성경에 염려하지 말라는 언급이 365회 있다고 한다. 크리스천 생활의 ABC는 염려와 걱정을 주님께 맡기는 것이다. 내일의 염려, 생활 염려(마 6:25~34)를 다 주께 맡기고 공중에 나는 새와 같이, 들의 백합화 같이 피조성, 피존성의 본질에 투철해지는 것이다. 우리의 안전 보장, 생명 보장은 오직 하나님뿐이다. 감기가 만병의 원인이 되는 것처럼 염려는 신앙 성장을 저해하는 대표적인 것이다. 어느 심리학자가 인간의 염려와 근심을 분석해 보았더니

① 가버린 과거 일
② 앞으로 있을지도 모를 미래의 가상
③ 그리고 염려해도 어쩔 수 없는 불가항력의 일들에 대한 염려가 98퍼센트나 되며 염려 실치(實値)는 2퍼센트밖에 없었다고 한다.

그러므로 내일 일을 위하여 염려하지 말라 내일 일은 내일 염려할 것이요 한 날 괴로움은 그날에 족하니라(마 6:34)

예수와 기적의 문제

자연 법칙 속에는 초자연이 없다는 증거가 없다. 오히려 자연은 자연의 창조주 없이는 풀 수 없는 수수께끼이다. 예수가 행한 기적들의 기록을 성경 속에서 읽고는 신화나 우화 같이 여기는 사람들이 있다. 예수의 기적은 마술이나 요술이 아니다. 자신의 신성과 그 교훈을 뒷받침하기 위한 표적으로 행하셨다. 병을 하나님이 의사를 통해 고치시든지 즉석에서 고치시든지 다 같은 기적이다.

죽은 자를 살리는 일도 그렇다. 원래 무에서 인간을 존재케 하신 분이 한 번 존재했던 것을 다시 존재케 하는 일을 못할 리가 없다. 하나님은 필요하면 자연 법칙이란 도구를 쓰지 않고 직접 하실 수도 있다.

천국의 소유

물질과 세상 것은 줄수록 작아지고, 옆에서는 굶어 죽어도 나는 수백억을 소유할 수 있으며 문맹 속에서 자신의 지식을 독점할 수도 있다. 권력이나 기술이나 미모나 예수도 혼자 독점할 수 있다. 그러나 영혼의 소유, 천국의 보화는 다르다. 사랑은 줄수록 커지며 혼자만 소유하고 있으면 없어져 버린다. 사랑은 사랑함으로 존재하고 커진다. 예수의 생명인 영생도 전도해서 나눠 줌으로 생기를 유지하는 법이고 성령도 혼자 갖는 축복이 아니라 나눠 주고 전달하라고 주셨다.

사람이 친구를 위하여 자기 목숨을 버리면 이에서 더 큰 사랑이 없나니 너희가 나의 명하는 대로 행하면 곧 나의 친구라(요 15:13~14)

사랑의 빚진 사람

세리와 바리새인의 기도에서(눅 18:9~15) 은총과 긍휼 앞에 선 겸허한 죄인과 자의로 강철 같이 버티는 교만한 율법 인간의 표본을 볼 수 있다. 우리의 사랑의 장부책과 도덕의 장부책에는 잘한 것이나 빚 받을 것은 기록하지 말고 회개할 것과 사랑의 빚진 것만 기록해야 한다. 쥐꼬리 만하게 은혜를 입혀 주고 그를 일생 정신적 노예처럼 내 장부책에, 시혜자 명단에 올려놓지 말아야 한다.

한 성자가 심판대 앞의 맨 뒷자리에서 고개를 들지 못하고 있었다. 모두들 훈장처럼 잘한 것을 달고 나온 가운데 그만은 유별났다.

"그대는 무엇을 하였느냐?"고 묻는 말에

"주여, 잘한 일이 하나도 기억되지 않습니다."라고 대답했다.

세리는 멀리 서서 감히 눈을 들어 하늘을 우러러 보지도 못하고 다만 가슴을 치며 가로되 하나님이여 불쌍히 여기옵소서 나는 죄인이로소이다 하였느니라(눅 18:13)

예수 부활의 실존적 의미

　인간 절망의 최악의 것이 죽는 일이라면 희소식 중의 희소식은 죽은 자가 다시 살아나는 일이다. 예수가 자기 죽음으로 죽음을 죽이고 죄와 죽음과 사단의 노예였던 우리에게 부활의 생명을 주었다는 사실은 개념이나 신화나 소망스런 생각이 아니라 육체의 피 묻은 현실이요, 시공의 사건이요, 부활의 영이신 성령의 실존 사건이다.

　부활의 영은 나의 피요 살이요 심장이요 호흡과 같다. 나를 창조하신 역사보다 예수와 함께 나를 부활시킨 성령의 역사는 나의 삶의 순간순간에 죽음을 생명으로 변화시키는 성화(聖化)와 영화(榮化)의 영이시다.

인자가 장차 사람들의 손에 넘기워
죽임을 당하고 제 삼일에 살아나리라
(마 17:22~23)

빈 무덤

예수의 사형 집행, 무덤 파수, 부활 사건에는 당시 두 나라의 국권이 개입되었다. 산헤드린 유대 국회가 정식으로 요청하여 로마제국의 정규군이 예수의 무덤을 파수했고, 그 무덤은 로마 황제의 이름으로 봉인이 되어 있었는데 예수가 부활했다는 로마병들의 공식 보고를 받은 유대 국회는 그 사실을 시인하고 뇌물을 주어 도난설을 날조했다(마 28:12~15).

유대 당국이나 로마 당국은 종교적 · 정치적 이유로 생전의 예수보다 예수 부활 신앙 운동을 흑사병 같이 싫어했으나 그 부활을 반증하는 예수의 사체를 두 나라의 국권을 가지고도 못내 제시하지 못했다. 예수가 살아났기 때문이다. 예수의 부활 사실을 외면하면 인류의 생사가 달려 있는 절대 사실을 외면하는 것이다.

예수께서 가라사대 나는 부활이요 생명이니 나를 믿는 자는 죽어도 살겠고 무릇 살아서 나를 믿는 자는 영원히 죽지 아니하리니 이것을 네가 믿느냐(요 11:25~26)

부활과 과학

　과학 법칙은 사물을 관찰 분석 실험하여 귀납적으로 발견하는 법칙이다. 따라서 과학이 발견한 진리는 확률적이라 할지라도 전체를 망라할 수 없으며 결정적이고 최종적인 발견은 될 수 없다. 예수의 처녀 탄생이나 부활 사건은 반복되지 않은 과거의 단 일회적 사실이기 때문에 과거의 대상이 아니라 역사적 사실 여부의 증인이 필요한 사실인 것이다. 미국 생물학 학회장 A.C.아이비 박사는 우리가 알고 있는 과학 지식이나 생물학 지식을 근거로 부활을 부인하는 것은 과학적 태도라고 할 수 없다고 말했다.
　예수의 말씀과 부활의 사실은 어느 과학보다 절대적이다. 현존하는 세계의 과학 박사 3분의 2는 크리스천이다.

예수의 상흔(傷痕)

　부활하신 예수님이 도마에게 만져 보라고 내 보이셨던 십자가의 상흔은 이미 영광스런 부활의 약속에 참여한 우리에게도 있어야 할 표지이어야 한다. 예수님은 자신이 죄인 되심으로 나를 의인 삼으시고 자신의 죽음으로 나의 죽음을 죽으시고 자신의 부활하심으로 나를 죄와 죽음과 사단에게는 죽게 하시고 하나님과 의에 대해서는 살게 하셨다. 주님은 내게 죽으심으로 사는 법을 가르치셨다. 부활의 권능은 그의 고난 속에 참여되어야 한다.

도마에게 이르시되 네 손가락을 이리 내밀어 내 손을 보고 네 손을 내밀어 내 옆구리에 넣어 보라 그리하고 믿음 없는 자가 되지 말고 믿는 자가 되라 도마가 대답하여 가로되 나의 주시며 나의 하나님이시니이다(요 20:27~28)

부활 증인과 증거

　인류가 소유한 기록 가운데 4복음서보다 성스럽고 진실된 피 묻은 기록은 없을 것이다. 특히 요한복음의 거의 절반은 예수님의 수난과 죽음과 부활의 일주일 간의 기록이다. 사도행전의 수백 명의 순교자들은 예수님의 부활 증인들이었다. 인류 증언사(證言史) 가운데 일찍이 예수님의 부활 증인들보다 진실되고 다수의 순교자를 낸 것은 없었다. 공모 사기 사건이라면 무슨 대가를 바랐을까. 금생과 내세, 영육간에 백에 하나도 유익이 없는 일을 위하여 그렇게 많은 사람들이 사기의 순교를 해야 했던 심리적·도덕적 동기가 설명이 안 된다.
　안식일이 주일로, 할례가 세례로, 회당이 교회로 바뀌진 사회학적 이유도 부활의 역사성 이외에는 근거를 설명할 수 없다.

사도들이 큰 권능으로 주 예수의 부활을 증거하니 무리가 큰 은혜를 얻어(행 4:33)

죽은 자가 살아난다는 소식

　인간 절망의 최악의 것은 뭐니뭐니 해도 죽는 일이며 반대로 인간 기쁨의 최고의 것은 죽은 자가 다시 살아나는 일일 것이다.

　창세기 5장에는 10명의 이름이 나오는데, 아무개가 누구를 낳고 몇 백세를 향수하다 죽으니라… 죽으니라… 죽으니라가 기록되었다. 생각해 보면 인간은 태어났다가 죽는 것, 있다가 없어지는 존재이다. 인간 지혜의 최후의 자각은 솔로몬이 느꼈던 것과 같은 헛되고 헛되고 헛된 허무의식(전도서 1장)과 하나님 의식일 것 같다. 가슴이 터질 만큼 미쳐 버릴 만큼 기쁜 소식, 우리의 육과 영과 영원을 죽음과 허무에서 부활시켜 영원히 살리신다니 이 소식 외에 인류에게 전할 말이 어디 있을까?

> 찬송하리로다 우리 주 예수 그리스도의 아버지 하나님이 그 많으신 긍휼대로 예수 그리스도의 죽은 자 가운데서 부활하심으로 말미암아 우리를 거듭나게 하사 산 소망이 있게 하시며(벧전 1:3)

부활의 실존적 의미

예수님이 죽었다 살아나신 것이 역사적 절대 사실이라면,

① 그가 하나님인 것이 절대 사실이고
② 그의 피가 우리 죄를 대속하시고 의롭다 함을 얻게 된 것이 절대 사실이고
③ 그를 믿으면 하나님의 자녀 되는 일과 영생 얻는다는 사실을 절대 보장한 것이며
④ 새 생명, 풍성한 생명을 주신다는 절대 보장이고
⑤ 나를 보호하시고 필요한 모든 것을 넘치도록 주시고(빌 4:19)
⑥ 내 기도를 들어 주시고
⑦ 성령을 주시고 사랑을 주시고 평안과 기쁨을 주시며
⑧ 몸의 부활과 재림 약속의 절대 보장이시고 그의 말씀은 절대 진리임을 절대 보장하신 것이다.

부활족과 사망족

지구가 태양 궤도를 도는 것처럼 아담의 후예들은 예외 없이 죄와 사망의 궤도를 숙명처럼 벗어날 수가 없다. 아담과 예수는 인류의 두 대표이며 원형이며 종자이다. 아담의 선악과 사건은 인간의 종자와 대표와 원형이 악마의 씨를 받는 사건이며 죄와 사망의 씨를 받는 시간과 공간의 역사적 사건이었다.

예수님의 수난과 십자가의 죽으심은 밀알 하나가 땅에 묻혀 썩는 것과 같다. 썩었으나 부활하여 새 생명의 종과 기원이 되셨다. 믿음으로 예수의 생명과 연합하면 부활족이 되고 하나님의 자녀가 된다. 예수의 피, 예수의 영으로 예수족이 태어나는 신비를 배우자.

> 내가 진실로 진실로 너희에게 이르노니 내 말을 듣고 또 나 보내신 이를 믿는 자는 영생을 얻었고 심판에 이르지 아니하나니 사망에서 생명으로 옮겼느니라(요 5:24)

하나님의 저자세

예수는 전지 전능하신 분. 남을 구원할 수 있었으나 자신에게는 무능했고 천군 천사를 동원할 수 있었으나 나 위해 무능한 사형수가 되셨다.

예루살렘의 부활 무드

사도행전의 크리스천의 메시지의 중심은 예수님의 십자가와 부활이었다.

4복음서에 예수님이 죽었다가 다시 살아나신다는 예수님 자신의 예고가 14회 기록되었다. 예수님은 적어도 세 번 유월절에 가신 듯하다. 기록에 보면 유월절 때 26만 두의 양을 잡아 제사한 사실이 있다. 평균 10명이 양 한 마리를 드렸다고 계산하면 260만 명이 유월절에 운집했고 예수님은 그 군중 앞에서 자신의 죽음과 부활을 공언했고, 따라서 예수님의 부활은 세계의 화제와 관심거리였다. 50일 후에 베드로가 그 장소 그 군중들에게 예수님의 부활을 증거할 때 3,000명이 회개하고 부활한 예수님을 믿었다(행 2장)

사도들이 큰 권능으로 주 예수의 부활을 증거하니 무리가 큰 은혜를 얻어(행 4:33)

부활 사실과 부활 신앙

기독교는 예수의 십자가와 부활 사건의 두 기둥 위에 세워진 종교이다. 그래서 사도행전의 크리스천들을 부활의 도(道)를 전하는 사람이라고 했다(행 4:2)

부활 신앙을 예수의 부활 사실 밖에서 기원을 찾으려는 잡설들이 처음부터 있었다. 예수가 기절했다 살아났다느니, 제자들이 시체를 훔쳐다가 사기극을 꾸몄다느니, 환상을 보았다느니, 여자들이 다른 빈 무덤을 보고 착각했을 것이라느니 하는 등등의 이야기들이다. 그러나 그러한 것들이 사도행전의 부활 신앙과 생명 종교를 만들어 내기란 동에서 서만큼 멀고 예수가 부활한 사실보다 더 힘든 기적이다.

그리스도께서 만일 다시 살지 못하셨으면 우리의 전파하는 것도 헛것이요 또 너희 믿음도 헛것이며(고전 15:14)

입의 열매와 복록

말이 씨가 된다는 말이 있다. "아이고 죽겠다." 하는 발언으로 우리 나라는 망했다. 믿음으로 할 수 있다는 말이 입버릇처럼 나와야 한다. 우리 입에서 나오는 말이 배의 키와 같이 삶의 운명을 결정한다(잠 3:1~2). 사람은 입술의 열매를 인하여 복록을 누린다(잠 13:2). 이 산더러 바다에 던지우라 하면, 그 말하는 것을 믿고 의심치 않으면 그대로 이루리라(막 11:23)

하나님의 약속 말씀에 대해서 적극적이며 긍정적으로 아멘하며 말의 씨를 심어 마음의 화판에 영상을 그리면 아이가 잉태되듯 점점 자라 믿음의 영상은 실상으로 변하여 때가 차면 출산을 하게 된다. 신앙은 실상의 산실이다.

입을 지키는 자는 그 생명을 보전하나 입술을 크게 벌리는 자에게는 멸망이 오느니라(잠 13:3)

영적 건강의 척도

건강을 재는 척도가 몇 가지 있다. 식욕 상실은 건강의 적신호이고 식욕 왕성은 건강의 청신호라고 보아도 틀림없다. 성도가 성경을 매일 먹어야 하는데 성경 식욕을 상실하여 무미건조하면 영적으로 병들었거나 죽어가는 증거이다.

기도는 호흡 같아서 영의 호흡 장애 증상도 건강의 적신호이다. 주님을 사랑하는 마음에 전도하고 싶고, 주님을 기쁘시게 하고 싶은 마음이 불일 듯 함도 건강 청신호이다. 성경을 10회 정도 통독하면서 성령의 조명을 기다려 보라. 금식 기도도 해 보고 싶어져야 한다.

복 있는 사람은… 오직 여호와의 율법을 즐거워하여 그 율법을 주야로 묵상하는 자로다(시 1:1~2)

구미 신학 쓰레기

일본 산업 쓰레기 폐유를 들여와서 묻을 수도 없어 사회 문제가 된 일이 있었다. 구라파와 미국 신학 쓰레기들이 다른 사상 쓰레기들과 함께 성급한 유행성 지성 수입업자들에 의해 들어와서 젊은 사람들에게 퍼지고 있다. 사람의 육은 원시 충동의 기호에 맞게 포장되었다. 십자가 없는 그리스도, 말씀과 성령 없는, 귀를 즐겁게 하고 초등 학문적인 기독교, 정치적 기독교, 문학적 기독교, 사회화 됐거나 심리화 됐거나 도덕화된 탈색 기독교, 영혼의 유독 식품을 경계하라.

또한 모든 것을 해로 여김은 내 주 그리스도 예수를 아는 지식이 가장 고상함을 인함이라 내가 그를 위하여 모든 것을 잃어버리고 배설물로 여김은 그리스도를 얻고(빌 3:8)

성령이 알게 하신 지식

아무리 완전한 지식도 인간의 지식에는 그림자가 있고 반대 이론이 50퍼센트는 나올 수 있다. 그러나 성령이 가르쳐 준 말씀은 영이요 생명이다.
예수의 십자가의 보혈이 내 죄와 죽음에서 나를 구속했다는 지식, 내가 그리스도와 함께 죽고 그의 부활이 내 부활이라는 사실, 하나님을 나의 아버지라고 부르고 그가 나를 죽도록 사랑하신다는 사실, 주님이 다시 오시고 내 기도를 들으신다는 사실은 천지가 없어지고 내가 열 번 죽어도 절대 확신하는 성령이 내 영에게 가르쳐 준 지식이다.

사람의 지혜의 가르친 말로 아니하고 오직 성령의 가르치신 것으로 하니 신령한 일은 신령한 것으로 분별하느니라(고전 2:13)

상흔을 보이자

제자들이 부활하신 예수를 만났다고 증거했더니 도마는

"나는 그 손의 못 자국을 보고 내 손을 그 찔린 옆구리에 넣어 보지 않고는 믿지 아니하겠다."고 했다.

그때 예수께서는 다시 나타나 십자가에서 찔리신 옆구리의 상흔을 만져 보라고 하셨다(요 20:24~27). 도마의 죄와 죽음을 대신해서 받은 상흔과 죽음을 보이고 만져 보라고 하신 것이다. 크리스천들이 정의의 돈키호테가 되고 웅변과 세력을 과시해도 세상은 눈 하나 깜짝 안 한다. 우리가 누구의 죄와 죽음을 대신 지고 나의 죄처럼 울고 아파하며 속죄양의 상흔을 지녔는가! 상흔을 보이자.

도마에게 이르시되 네 손가락을 이리 내밀어 내 손을 보고 네 손을 내밀어 내 옆구리에 넣어 보라 그리하고 믿음 없는 자가 되지 말고 믿는 자가 되라(요 20:27)

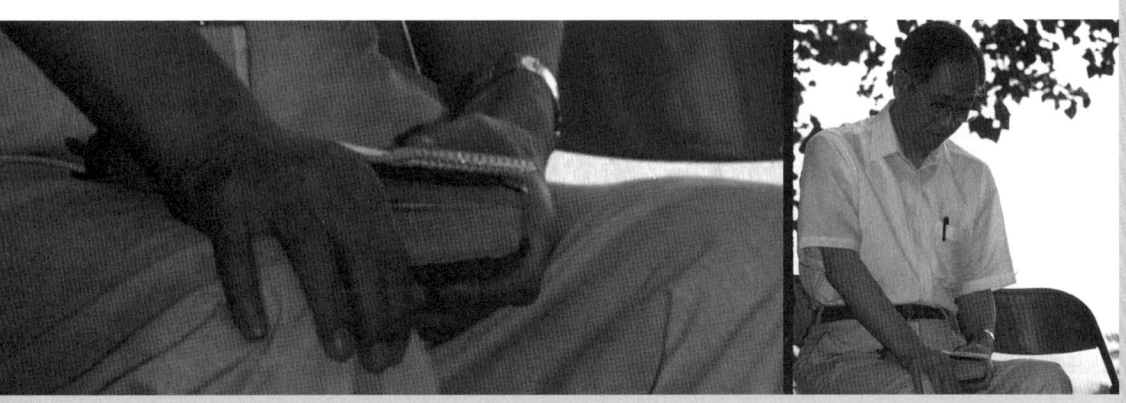

태신자(胎信者)

"그리스도 안에서 일만 스승이 있으되 아비는 많지 아니하니 그리스도 예수 안에서 복음으로써 내가 너희를 낳았음이라"(고전 4:15).

　부모와 생모는 다르다. 1,000명의 양에게 가르치고 설교하더라도 그 이름을 불러 수삭(朔) 수년을 기도하여 예수 믿게 하고 아들 키우듯 손수 키워 보지 못한 사람은 불임증 부모밖에 안 된다.
　CCC 수련회에서 어느 학생이 자기가 데려 온 안 믿는 친구가 최후까지 예수 영접을 안 하는 것을 보고 흐느껴 울며 손을 붙잡고 너를 위해 하루도 빼지 않고 2년을 기도해 왔는데 내가 얼마나 슬픈지 너는 모를 것이라고 했다. 이 말을 들은 친구는 그때야 문이 열려 믿기로 작정했다. 태중에 2년을 두고 기도한 신자가 태어났다.

사형수의 회심

심손이란 의사는 300명의 크리스천의 임종과 동수의 불신자의 임종을 지켜보고 책을 썼는데 두 죽음에는 생명과 죽음의 차이가 있다고 증언했다. 크리스천들은 공통적으로 주님 혹은 천사를 만나고 황홀한 곳을 보는 것 같은 인상을 준다고 했다. 나의 제자 목사님이 형무소 목사로 수십 명의 사형수의 최후를 지켜보고 쓴 글이 있다. 살인마로 알려진 몇 분들의 최후가 그렇게 양같이 온유 겸손하고 모두에게 감사하며 참회 속에서도 황홀하게 주의 사랑에 감격하며 수학여행을 떠나는 것과 같이 찬송 중에서 침착하게 죽음을 맞는 장면을 읽으며 살아 계신 예수를 더욱 실감했다.

내가 그리스도와 함께 십자가에 못 박혔나니 그런즉 이제는 내가 산 것이 아니요 오직 내 안에 그리스도께서 사신 것이라(갈 2:20)

예수님과 나 사이

내가 예수님을 만나는 순간부터 나는 그의 사랑의 노예가 되었다. 내 의식과 예수 의식을 분간 못할 정도로, 바울의 말을 빌리면 내가 사는 것이 아니라 예수가 나를 통해 자기 삶을 살고 있다.

나는 광신자도 신비주의자도 아니다. 나는 사상이나 자기 암시에 붙잡힌 사람이 아니다. 아브라함과 이삭과 야곱과 모세와 다윗과 베드로와 바울을 붙잡고 인도하시던 사상 가장 강력한 인격이신 예수에게 사랑을 받고 열애(熱愛)하고 있다. 열 번 죽어도 아쉬운 마음뿐이다.

누가 우리를 그리스도의 사랑에서 끊으리요… 다른 아무 피조물이라도 우리를 우리 주 그리스도 예수 안에 있는 하나님의 사랑에서 끊을 수 없으리라(롬 8:35~39)

죄의 개념

기독교의 죄의 개념은 의식적으로 혹은 무의식적으로 언행 심사와 삶의 원리가 하나님 없이 하나님의 뜻을 거역하며 사는 것이다. 모든 악은 이 죄의 결과로 온 것이다. 하나님 없는 인간은 그 하나님 자리에 반드시 무엇인가를 우상화시켜 산다. 참 하나님이 없으면 가짜 신을 섬기게 마련이다. 이런 경우에 대개는 자신을 절대화시키고 신화(神化)시킨다. 그것이 이기주의이다. 미국 이기주의, 한국 이기주의, 미모의 이기주의, 유식한 이기주의, 예술적 이기주의, 도덕적·종교적·바리새 이기주의, 의인은 하나도 없고 만물보다 거짓되고 부패한 것이 사람의 마음이다(렘 17:9).

그런즉 누구든지 그리스도 안에 있으면 새로운 피조물이라 이전 것은 지나갔으니 보라 새 것이 되었도다(고후 4:17)

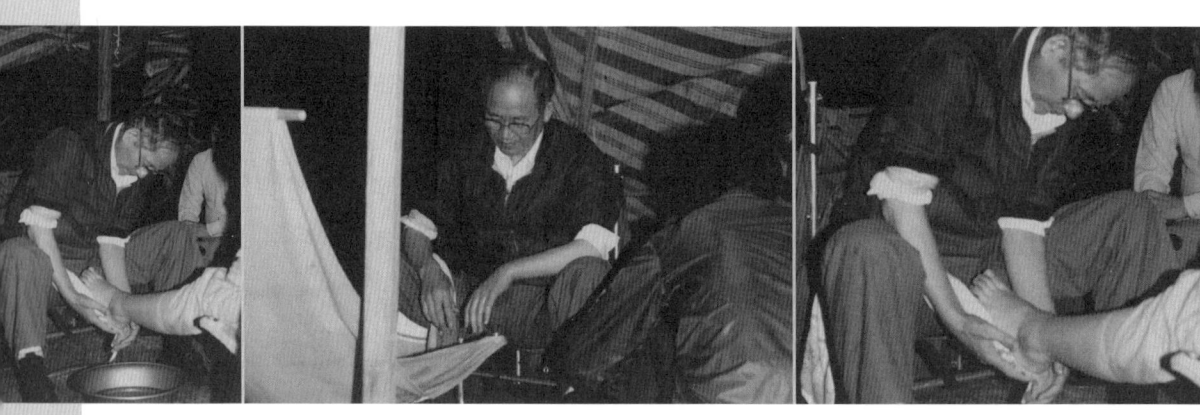

내게 은과 금은 없어도

　베드로와 요한이 가진 것이라고는 예수밖에 없었다. 돈도 지식도 권세도 별 기술도 없었다. 당시 거지도 예수를 원하는 사람은 없었다. 그 도(道)는 어디서나 반대를 받아 발 붙일 곳이 없었다(행 28:22). 그러나 예수만 전해 주면 가난 속에서도, 죽어 가면서도, 사랑과 감사와 찬송이 반석에 생수 터지듯 했다. 만인에게 원하는 만큼 돈을 주고 지식을 주고 기술을 줄 수 있으면 얼마나 좋겠는가. 어느 시대나 그런 것은 오직 소수의 사람만이 소유할 특권을 누린다. 설혹 가졌다 하더라도 마음은 지옥일 수 있다. 그러나 예수는 누구나 이 자리에서 소유할 수 있는 전천후 기쁜 소식이다.

가로되 주 예수를 믿으라 그리하면 너와 네 집이 구원을 얻으리라(행 16:31)

십일조 헌금

　공산당은 최소한도 처음부터 사유 재산을 포기한다. 크리스천은 최소한도 수입의 10분의 1을 하나님께 헌금하여 자신의 전 소유와 전 존재가 하나님의 것임을 감사하며, 헌신과 신앙을 물질을 통해 고백한다. 율법이나 기복타산(祈福打算)으로 하지는 않는다. 그러나 헌금의 열도가 신앙과 헌신의 척도가 되는 것은 통계적 실증이다.

　주님은 과부가 생활비 전부를 헌금하는 것을 보고 칭찬하셨다(눅 21:1~4). 십일조를 드려 나를 시험해 보라. 복을 쌓을 곳이 없도록 주시겠다는 약속도 있다(말 3:10) 십일조 생활로 영육간의 축복을 받지 않은 성도가 없다. 십일조도 못하는 성도는 0점 이하의 크리스천이다.

시련과 연단의 유익

　교육학의 대원리는 연단의 필요이다. 하나님의 사람들마다 시련과 고난의 학교의 졸업생이었다. 형제들아 너희가 여러 가지 시험을 만나거든 기쁘게 여기라. 믿음의 시련이 인내를 만들어 내는 줄 앎이니라(약 1:2~3). 이런 이야기가 있다. 미국의 서부 해안에서 바닷고기들을 동부 해안으로 이송하면서 완전한 서식 환경과 먹이를 넣어 일주일 동안 수송했는데 바닷고기들이 다 죽어 있는 것을 발견하고 그 다음에는 문어 같은 흉어들을 넣어 먹히느냐 먹느냐의 바닷속 같은 생존 투쟁의 환경을 만들어 줬더니 건강했다는 사실을 알게 되었다. 사단의 시험까지도 성도의 연단에 그 문어같이 필요한지 모른다.

너희 믿음의 시련이 불로 연단하여도 없어질 금보다 더 귀하여 예수 그리스도의 나타나실 때에 칭찬과 영광과 존귀를 얻게 하려 함이라(벧전 1:7)

이런 유산도 있다

내가 미국에서 공부할 때 목사이며 교수인 일본 친구와 같은 학교에 다닌 일이 있었다. 어느 토요일 밤, 목사였던 그의 부모 이야기와 살아 온 이야기를 울면서 들었다.

일제 말기에 공습을 피해 농촌으로 소개(疎開)를 갔는데 굶주림, 폐결핵 그리고 동족의 핍박의 극한 상황 속에서 세상을 떠나는 부모님의 생활과 죽음 속에서 참으로 살아 계신 하나님과 산 신앙을 배웠다. 부모가 남겨 준 것이라고는 자신과 폐병 3기인 세 동생뿐이었다. 그러나 어떤 시련도 이겨 내는 신앙을 유산으로 받아 30명의 고아를 키우며 불사조처럼 이겨 네 사람 모두 목사가 됐다.

이는 너희 믿음의 시련이 인내를 만들어 내는 줄 너희가 앎이라(약 1:3)

최후의 뉴 프론티어

44억을 싣고 가는 지구호는 불안하다. 인원도 초만원이고 먹을 것도 땔감도 바닥이 나고 공해는 가중되고 사나운 족속[공산당]들은 마구 칼과 불을 휘두르며 히피, 허무 족은 무덤 사이에서 소리를 지르고 있다. 장전(裝塡)해 놓은 폭탄이 터지면 이 배는 박살이 난다. 살아남기 위해서 선객들은 땅 속, 바닷속, 우주 속을 뒤지며 원자의 피안과 4차원의 벽을 두드리며 창구를 찾고 있다.

영의 세계, 내세와 영원에도 눈뜨고 있다. 태중의 아기가 뱃속 생활이 전 우주이고 삶의 전부라고 생각하고 더듬다가 바깥으로 출생하는 삶의 현실을 발견하듯 하나님의 현실에 눈뜨는 것이 인류가 찾아야 할 최후의 뉴 프론티어이다.

가가와 도요히꼬(賀川豊彦)의 원점

한때 서구 사람들에게 인도의 간디와 함께 동양의 2대 성자로 알려진 일본의 가가와 도요히꼬의 자서전 같은 처녀작 「한 알의 밀알」 속의 주인공 가끼찌라는 소년이 예수 믿고 돈 5원 훔친 것을 회개하고 되돌려 주는 데서 그의 크리스천으로서의 올바른 전환의 원점을 찾을 수 있다.

회개하고 예수 믿어야 한다. 그것이 기독교의 정문이다. 인격적·윤리적 전환점이 크리스천의 원점이다. 독수리의 돌려 치는 날개는 멋있다. 죄를 끊어 버리는 데 눈을 뽑고 손을 잘라 버리는(마 5:29) 결단이 필요하다.

다윗 왕의 위대성의 하나는 시편 51편의 통회 자복하는 자세에 있다.

만일 네 오른 눈이 너를 실족케 하거든 빼어 내버리라 네 백체 중 하나가 없어지고 온 몸이 지옥에 던지우지 않는 것이 유익하며(마 5:29)

모택동과 장개석

　기독교국 영국의 작가 러셀은 「나는 어찌하여 크리스천이 아닌가」 하는 저서에서 탈 기독교를 썼고 중국의 임어당(林語堂)은 「나는 어찌하여 크리스천이 되었는가」 하는 기독교 입신기(立信記)를 써서 대조적이다. 임어당은 중국 휴머니즘에는 죄와 죽음에서의 구원이 없다고 결론지었다.
　오늘의 10억 중국 민족을 대표하는 상징적인 두 거인은 뭐니 뭐니 해도 모택동과 장개석이다. 모택동은 기독교의 이단 마르크스의 제자라면, 장개석은 중국 민족을 위하여 일찍이 신앙 교서를 썼고 그의 유언은 예수신앙의 고백이었다.
　중국은 예수와 적그리스도와의 싸움의 현장, 한국은 그 결전장이다.

거짓말 하는 자가 누구뇨 예수께서 그리스도이심을 부인하는 자가 아니뇨 아버지와 아들을 부인하는 그가 적그리스도니(요일 2:22)

그리스도의 향기

주님과 우리 사이를 표현하는 여러 비유와 상징이 있다. 포도나무와 가지, 양과 목자, 스승과 제자, 친구, 신랑과 신부, 몸과 지체 그리고 바울은 우리는 그리스도의 편지요, 대사요, 향기라는 표현을 썼다. 중은 중 냄새, 장사꾼은 돈 냄새, 정치가는 정치 냄새, 도둑은 도둑 냄새가 있다. 사냥개는 사람마다 다른 냄새를 추적한다. 우리에게는 예수 믿는 냄새가 나야 한다. 이광수의 소설 「사랑」 속의 순옥은 자기 피가 향기롭기를 원했다. 머지않아 과학자는 마음의 냄새를 재는 기기를 만들 것이다. 내 표정 속에, 핏속에, 꿈 속에, 무의식 속에, 죽음 속에 예수의 향기를 풍기고 싶다.

우리는 구원 얻은 자들에게나 망하는 자들에게나 하나님 앞에서 그리스도의 향기니(고후 2:15)

반 반공(反 反共)

악마의 전략의 대표적인 것 가운데 하나님의 존재를 부인하는 일 못지않게 악마의 실재를 부인하게 하는 것이 있다. 공산당 전략의 성공적인 것 가운데 하나는 반공이라는 말과 반공 운동을 온갖 악명을 씌워서 반감을 갖도록 하는 반 반공 운동에 성공한 것이다. 오늘 한국 민족의 생존과 자유를 위협하는 흉적은 북한 공산주의이다. 크리스천들이여, 6·25 이후 세대의 자녀들에게 반공정신을 유언처럼 심어 주자. 공산주의는 적그리스도의 정치적 화신이라고.

어리석은 부자

성경의 어리석은 자에 대한 정의는 그 중심에 하나님 없이 사는 자이고 지식과 지혜의 근본은 하나님을 경외하는 것이다(잠 1:7).

바벨탑이란 가장 자랑스런 인간의 영광을 위하여 인간의 지식의 총화를 모으고 힘을 모아서 인류의 평화와 안전과 복지를 위한 사상 최대의 프로젝트였지만 하나님이 계산에 없어서 어리석은 일의 표본이 되었다.

누가복음 12장의 어리석은 부자는 부와 출세와 학식의 상징적 대표 인물이다. 세상의 선망의 대상이며 우등생이었다. 다만 하나님이 그의 계산 속에 없었다. 괄호 안의 숫자가 전부 플러스일지라고 괄호 밖의 숫자가 마이너스이면 그 전체가 마이너스가 되는 법. 그 부자는 소경이요, 귀머거리요, 영치(靈痴)이다.

하나님은 이르시되 어리석은 자여 오늘 밤에 네 영혼을 도로 찾으리니 그러면 네 예비한 것이 뉘 것이 되겠느냐 하셨으니(눅 12:20)

원죄와 종자와 정조

아담은 인류의 법적인 대표자이며 대리자이다. 대통령이 외국과의 조약에 사인하면 전 국민이 그 조약의 제약을 받는다. 한편 아담은 생물학적으로 인간의 종자인 셈이다. 매독이 자식에게 유전되고 검은색 피부가 유전되고 악한 성품이 유전되듯 전 인류에게 유전되는 종자이다. 사랑과 인격의 측면에서 볼 때 하나님과 사람 사이의 인격적 사랑의 원(原) 관계가 남녀의 동정과 처녀성만큼 지순하고 위기적인 것 같다. 단 한 번밖에 기회가 없는 것이 처녀성이다. 너무도 생명만큼 소중하기 때문이다. 아담의 파계는 그런 유의 것이었다.

반드시 죽는다는 것을 기억하라

헬라 왕 필립스는 철인이었다. 옛날 독재 국가의 왕은 교만하기 쉽다. 그래서 왕은 자기의 노예에게 부탁해서 아침마다 냉수 한 잔을 갖고 왕의 처소에 들어가

"필립스 왕이여, 그대는 반드시 죽는다는 사실을 명심하십시오."

하는 말을 큰 소리로 말하도록 부탁했다고 한다. 임종의 시점에 내가 서 보면 지금 내가 하는 일, 사람을 대해서 하는 일들이 훨씬 겸허하고 관대했어야 할 것이다. 제로가 되어 벌거벗은 가난한 마음으로 살자. 누구에게나 관대하고 손해보며 욕 먹어도 축복해 주자. 영원히 살 사람들은 사랑하며 용서하며 희생하며 사는 것이 당연하다.

인자의 온 것은 섬김을 받으려 함이 아니라 도리어 섬기려 하고 자기 목숨을 많은 사람의 대속물로 주려 함이니라(막 10:45)

오직 하나님께로서 난 자들

"영접하는 자 곧 그 이름을 믿는 자들에게는 하나님의 자녀가 되는 권세를 주셨으니 이는 혈통으로나 육정으로나 사람의 뜻으로 나지 아니하고 오직 하나님께로서 난 자들이니라"(요 1:12~13).

세 가지가 부정되고 있다.

① 하나님의 자녀는 유전이나 혈통으로 출생될 수 없다. 베드로의 자녀일지라도 예수를 개인적으로 영접하지 않으면 하나님의 자녀가 못 된다.
② 종교 감정적 흥분과 황홀과 도취감 같은 것으로 하나님의 자녀가 태어날 수 없다.
③ 종교적 의지와 노력과 성실을 다하고 고행과 금욕 수도 생활로 하나님의 자녀가 될 수 없다.

돌은 아무리 닦아도 돌이고 아무리 좋은 소도 사람은 아니며 아무리 성자라도 하나님의 자녀는 못 된다. 그것이 종(種)의 원리이다.

성령의 상징들

인간의 언어로 하나님의 진리를 전달했을 때, 말의 한계성 때문에 난점이 많다. 그래서 성경은 상징과 비유를 사용할 때가 많다. 성령의 신비성을 가르침에 있어서도 다음의 상징을 썼다.

① 불 : 성령이 신도의 생활 속에 있는 죄를 불태우고 정화시키는 능력의 상징
② 바람 : 성도를 중생, 성화시키는 힘의 상징
③ 물 : 생수의 강이 성도의 내부에서 흘러넘치게 하여 영적 해갈과 충족도의 최고형 상징
④ 인치심 : 성도가 하나님의 자녀 됨과 보호하심에 대한 절대 보증의 상징
⑤ 기름 : 성도의 봉사 생활을 위해 힘 주심의 상징
⑥ 비둘기 : 성령이 주시는 평화와 온유와 순결의 상징.
　　　　　그러나 상징은 실체 의 그림자에 불과하다.

하나님의 저자세

하나님은 자신이 만든 인간, 코로 숨 쉬고 흙으로 빚어 만든 인간을 찾아 역사의 정문으로 들어오시지 않고 수채 구멍(말구유)으로 불청객처럼 오셨다.

예수께서 사마리아 수가성 우물가의 여인을 찾아 물 한 잔을 청하여 그렇게도 낮게 그렇게도 조심스럽게 만남을 위하여 닫혀진 문에 노크를 시도하신다.

문 밖에서 두드리며(계 3:20) 내 이름을 지명하여(사 43:1) 불러 주셨던 주님은 불러도 대답없는 이름들을 찾아 오늘도 어느 문전에서 밤을 새운다. 예수는 전지 전능하신 분. 남을 구원할 수 있었으나 자신에게는 무능했고 천군 천사를 동원할 수 있었으나 나 위해 무능한 사형수가 되셨다.

볼지어다 내가 문 밖에 서서 두드리노니 누구든지 내 음성을 듣고 문을 열면 내가 그에게로 들어가 그로 더불어 먹고 그는 나로 더불어 먹으리라(계 3:20)

한 맺힌 소원 기도

하나님은 그 자녀들의 소요(所要)와 소원을 아시고 기도라는 채널을 통해서 그것들을 채워 주신다. 깨끗한 양심과(요일 3:21) 정욕 아닌 주님의 뜻대로(약 4:3, 요일 5:14) 구한 것을 들으시는 주님은 마음의 소원대로(시 20:4) 무엇이든지(막 11:24) 구한 것을 주시겠다고 약속하셨다. 하도 조르는 것이 귀찮아서 악한 법관이 미천한 과부의 원한을 풀어 주고(눅 18장) 강청함을 인하여 밤중에 떡 세 덩이를 얻고(눅 11:8) 울며 기도하는 것을 보고 히스기야 왕에게 15년을 더 살게 해 주시고 악왕(惡王) 아합의 재앙을 면해 주시기도 하신 주님은 그 자녀의 한 맺힌 소원을 들어주신다. 곤고한 날에 부르짖으라(시 34:6).

이 곤고한 자가 부르짖으매 여호와께서 들으시고 그 모든 환난에서 구원 하셨도다(시 34:6)

복음적 시각

요즘 유행되는 언어 중에 민주화, 역사 의식, 가치관, 현실 감각, 자유화, 인간화 등을 들 수 있다. 미국의 저명한 논객(論客)이 가치관의 재확립이란 논제로 강연을 했다. 한 학생이 그 가치관의 확립의 기초와 기준은 무엇인가 하고 물었더니 나도 모르겠다고 말했다는 이야기가 있다.

공산주의자가 보는 역사관, 호메이니가 보는 가치관, 사르트르가 보는 인간관, 저마다 나름대로의 색안경이 있다. 민족사의 강은 어디로 흐르는가. 공산화, 민주화, 복음화, 세 강이 흐르고 있다. 크리스천의 시각은 예수를 중심으로 인간을 보고 역사를 보고 현실을 보고 가치관을 세운다.

회개와 신앙

 길 가는 사람이 교통 신호를 피해 갈 수 없듯이 크리스천은 회개를 피해서 신앙의 길을 갈 수가 없다. 구약 성경의 예언자들이 회개를 외쳤다. 세례 요한은 회개의 설교자이다. 예수님의 공생애 첫 발언이

 "때가 찼고 하나님 나라가 가까웠으니 회개하고 복음을 믿으라"(막 1:15)는

것이었다. 때로는 회개냐 멸망이냐(눅 13:1~5) 하는 양자택일의 최후 통첩같이 준엄하게 말씀하셨다. 베드로의 오순절의 첫 설교도 회개하고 예수의 이름으로 죄 사함을 받으라는 것이 주제이다(행 2:38).
 사도 바울도 아덴(Athene) 시의 지성인들에게 회개하고 예수를 믿으라고 했다(행 17:30). 그 결과 더러는 조롱하고 더러는 관심을 갖고 더러는 믿었다. 전 인류는 죄의 생활에서 회개하고 예수를 통해 하나님께 돌아와야 하는 탕자이다.

진화론과 창조론의 과학 논쟁

무(無) – 우연 – 원자 – 운동 – 공간 – 시간 – 아메바 – 원숭이 – 사람. 이런 공식이 진화론이다.

이런 황당한 이야기를 초·중·고·대학의 과학 교과서에서 절대 진리처럼 가르치고 있다. 무에서 와서 무에서 살다 무로 돌아간다는 허무족이나 우연히 나서 우연히 살다 우연히 죽는다는 사람들에게는 그런 이야기를 가르쳐도 어쩔 수 없지만 하나님이 우주와 인간을 만드셨다고 믿는 사람들에게까지 비싼 돈을 받고 그런 교육의 강요를 받는다는 것은 민주주의 원칙에도 절대 배치된다고 생각한다.

이미 진화론은 과학적 권위가 퇴색되었다. 기독교인의 자녀는 창조론을 배울 자유가 있다. 교과서를 고쳐야 한다. 미국은 여러 주에서 양론을 배우고 있다.

태초에 하나님이 천지를 창조하시니라(창 1:1)

예수의 계절

하나님의 가을을 누가 막으며 하나님의 봄을 누가 막는가. 존 낙스의 기도는 10만 군대의 힘보다 무섭다고 했거니와 성도의 기도의 힘은 지상의 어느 나라 군대보다, 권력보다, 돈의 힘보다, 민중의 힘보다 크다는 사실을 믿자. 예수의 계절이 오고 있다.

유일의 길 · 진리 · 생명

범죄 이전의 아담은 ① 하나님과 통했고 ② 하나님을 아버지 알 듯 알았고 ③ 죽음과 죄를 모르는 생명을 소유했었다.

그러나 범죄 후 ① 하나님과의 대화는 단절되고 ② 하나님 아는 일에 대해서는 영치(靈痴)가 되고 ③ 죄와 사망과 사단의 권세 아래 사는 에덴 동편의 생명과와 차단된 가인족이 되었다.

아담은 3중 상실을 했다. ① 하나님과의 교통 상실 ② 하나님 지식 상실 ③ 생명 상실

예수님은 3중 회복을 해 주셨다. ① 그의 십자가로 하나님께 가는 길을 회복했고 ② 말씀이 육신되고 하나님이 사람 되신 분. 하나님께 대한 최선 최후의 계시이며 진리이다. ③ 예수는 우리에게 중생과 영생을 주신다. 그 유일성은 내 생명의 수 보다 더 유일하다.

> 예수께서 가라사대 내가 곧 길이요 진리요 생명이니 나로 말미암지 않고는 아버지께로 올 자가 없느니라(요 14:6)

희소식

　예수님의 비유 가운데 밭에서 보물을 발견한 사람이 자기의 전 소유를 팔아 그 밭을 산다는 말씀이 있다(마 13:44).

　동서고금을 통해 불로장수(不老長壽)는 인간 소원의 첫째 가는 꿈이다. 뱀도 먹고 산삼 녹용이 비싼 값으로 팔리는 것도 그 때문이다. 진시황은 국력을 기울여 불로초를 구했다. 만일 100살까지 사는 비약(秘藥)이 개발됐다면 세상이 뒤집히는 소동이 일어날 것이다. 예수는 문자 그대로 영생 부활의 비약이다.

　8·15 해방 되던 날, 우리 겨레는 태극기의 물결 속에서 목메어 만세를 불렀다. 묘소에 가서도 이 소식을 전했다. 텔레비전·라디오·신문의 정규 프로그램을 모두 중단하고 임시 긴급 뉴스로 이 기쁜 소식을 전하고 싶다.

세례 요한과 복음 인간

구약 전체를 하나의 소리로 농축시킨 것이 세례 요한이다. 그는 구약과 신약 사이에 놓인 최후의 다리이다. 무대 위에서 관중의 눈길을 주역에게 모아 주고 소리처럼 사라지는 조역, 결혼식 전후를 진행시키며 신부 옆에 있다가 신부를 신랑에게 인계하고 사라지는 이스라엘의 신랑의 친구역이 세례 요한이다. 여자가 낳은 자 중에 세례 요한보다 큰 이가 없다. 그러나 천국에서는 극히 작은 자라도 저보다 크니라. 이 말씀은 주님이 하신 말씀이다. 무슨 뜻일까? 구약적 윤리, 종교 인간의 100점짜리도 복음 인간에 비하면 0점 이하가 된다는 말이다. 그것은 종(種)의 차이다. 피조물과 자녀는 질적으로 다르다.

선지자 이사야의 글에 보라 내가 내 사자를 네 앞에 보내노니 저가 네 길을 예비하리라(막 1:2)

애신(愛神) · 애타(愛他) · 애기(愛己)

기독교의 대강령은 몸과 마음을 다하여 하나님을 사랑하고 내 이웃을 내 몸과 같이 사랑하는 것이다. 그것을 3애일체(三愛一體)라고 할 수도 있다. 대신(對神) 관계는 대타(對他) 및 대자(對自)관계의 뿌리이다. 사람은 예수를 통해서 하나님과의 사랑의 대화가 회복됐을 때 비로소 자기 자신이 무한히 소중한 하나님의 자녀인 것을 느낀다. 까뮈의 「이방인」의 주인공은 꿈속에서 몽유병 환자처럼 자아가 자아에게서 소외된 상실 인간을 묘사한 것이다. 돌아온 탕자(눅 15장)는 하나님 사랑, 이웃 사랑, 자아 사랑을 회복한 사람이다. 애기(愛己)와 이기(利己)는 다르다.

말씀의 씨앗

예수님은 생명 로고스(말씀), 성경은 문자 로고스이다. 생명 로고스는 마리아를 통해 성육신(成肉身)되었고 그 예수가 인간 문자를 통하여 성육신된 말씀이 성경 말씀이다. 생명의 정체(正體)는 아직도 신비의 베일 속에 감추어 있다. 종자의 배아(胚芽)나 종(種)의 정자(精子) 자체는 물질이지 생명 자체는 아니다. 그러나 종자를 흙 속에 묻으면 싹이 나고 남자의 종자를 여자의 자궁 밭에 심으면 아기가 되는데 거기에는 보이지 않는 생명의 제3의 손의 작업이 있다.

너희가 거듭난 것은 썩지 아니할 씨로 된 것이니 하나님의 산 말씀으로 되었느니라(벧전 1:23). 말씀이 영혼 속의 믿음이란 자궁에 심어지면 성령이 거듭난 새 생명을 잉태시킨다.

좋은 땅에 뿌리웠다는 것은 말씀을 듣고 깨닫는 자니 결실하여 혹 100배 혹 60배 혹 30배가 되느니라 하시더라(마 13:23)

섭리의 만남들

두메 산골 교회에서 착하게 신앙 생활을 하던 가난한 집 처녀가 주님께 기도했다. 서울에 가서 신앙 좋은 가정에서 식모살이라도 하며 야간 학교를 다닐 수 있게 해 달라고 했다.

서울의 K권사님은 식모 문제로 하도 속을 썩어서 주님께 기도를 했다. 잘 믿는 착한 시골 처녀 하나 보내 주시면 딸처럼 사랑해 주겠다고 기도했다. 막연한 기대 속에 서울역 대합실에 갔다. 의자에 앉아 무릎 위의 성경책을 두 손으로 붙잡고 기도하는 소녀가 있었다. 혹시 직장을 구하지 않느냐고 물었다. 주님이 만나게 해 주신 것이다. 이 소녀는 K권사님 댁에서 야간 성경 학교를 다니며 가족처럼 살다가 마침내 어느 독실한 집사님과 결혼하여 부부 집사로 교회 봉사를 하고 있다.

세미한 음성

선지자 엘리야의 생애는 파란만장한 풍운아적 생애였다. 그 절정은 갈멜 산상에서 이교화(異教化)된 바알 정권과 450명의 섹스 종교 바알 제사장들을 상대로 참 신과 거짓 신을 입증하는 건곤일척의 종교시합을 하는 것이었다. 하늘에서 불을 내리고 3년 6개월 동안 닫혔던 하늘 문을 열어 비를 내리는 기적을 행하여 거짓 종교를 박살내고 그 선지자들을 청소하여 여호와 종교의 챔피언이 되었다.

그러나 다시 왕후 이세벨에게 쫓겨 광야의 한 로뎀나무 아래 홀로 죽기를 원하기도 했다. 이러한 영혼의 심연을 거쳐 다시 금식 40일의 광야 길을 거쳐 호렙산 동굴에서 하나님의 음성을 듣는다. 폭풍 속에도 지진 속에도 불 가운데도 하나님은 계시지 않았고 세미한 음성 속에서 하나님을 만났다.

또 지진 후에 불이 있으나 불 가운데도 여호와께서 계시지 아니하더니 불 후에 세미한 소리가 있는지라(왕상 19:12)

은혜와 축복의 동참

　세상 것은 나만 가지고 남에게 나눠 주지 못하거나 나눠 주지 않는 것이 많다. 지식이 그렇고 돈, 건강, 기술, 권력 등 소유권을 독점하는 경우가 많다. 돈 같은 것은 나눠 주면 자기 것이 적어지기 마련이다. 그러나 하나님의 신령한 은혜와 축복은 불이 탐으로 존재하듯이 나눠줌으로 살고 줄수록 커진다. 사랑은 사랑함으로 살고 커진다. 내 속의 예수의 생명도 나눠 줄수록 커진다. 기도도 남을 위해 소모할수록 커지고 싱싱할 수 있다. 내게 베푸신 은혜와 축복을 1만 명에게 간증할 때 그것은 만인의 공유가 되고 바울이 받은 은혜는 곧 나의 소유로 주어진 것이다. 그래서 천국은 개인 소유가 없다.

변화된 삶의 증인

샌프란시스코 노상에서 전도하던 아이언 사이드 박사에게 한 무신론자가 도전장을 냈다. 오는 주일 오후 과학 회관에서 예수 신앙과 무신론과의 공개 토론을 하는데 청중 동원과 비용은 자기편이 부담을 하겠다는 것이다.

아이언 사이드는 수락하는 조건으로 남녀 두 사람의 증인을 대동할 것을 요구했다. 그의 무신론의 도를 믿고 속이고 훔치고 음란하거나 악독했던 사람이 정직하고 사랑과 기쁨과 평화의 사람으로 변하여 그 가족과 친구들이 신기하게 여기는 두 사람을 실증으로 제기할 것을 요구하고 자신은 그런 남녀 증인 100명을 증인으로 데려 오겠다고 했다. 오만했던 무신자는 "잘 해 보시오." 하고는 달아났다. 우리가 믿는 예수는 구름같은 증인들이 있다.

성경 식욕

식욕은 건강의 시금석이라고 한다. 식욕이 떨어지면 건강의 적신호이다. 식욕이 왕성하면 젊고 건강한 징조이다. 크리스천에게는 성경이 영의 양식이다. 아기 때는 젖을 먹고 크면 밥을 먹는데(고전 3:2) 아기 신자는 스스로 성경에서 밥을 먹을 수 없기 때문에 교사들이 젖을 먹여 준다. 신자가 성경을 파먹고 살 정도가 되면 다 큰 징조이다. 성경에서 멀어지면 사단에게 가깝고 성경에 가까워질수록 하나님께 가깝다. 성경에 손때가 묻을수록 마음이 깨끗하고 그의 성경이 깨끗할수록 마음이 더럽다는 말도 있다. 배고픈 사람처럼, 목마른 사람처럼, 성경 식욕과 성경 갈증이 클수록 영이 건강한 증거이다.

주의 말씀의 맛이 내게 어찌 그리 단지요 내 입에 꿀보다 더하니이다(시 119:103)

신명기 28장의 축복

나가도 들어가도 복을 받고, 도시 농촌과 자손(자손)과 경제와 국방과 농사와 상업 등에 축복의 폭우가 쏟아지는 약속이 신명기 28장에 기록되어 있다. 확대 해석하면 신·혼·영(身魂靈)을 포함해서 그 민족 국가의 모든 것이, 봄이 오면 산에 들에 그리고 담장 밑에 꽃이 피듯 햇볕처럼, 단비처럼, 공기처럼 축복이 감싸이는 느낌의 장이다.

이스라엘이 실제로 그런 축복을 받은 일이 없었다. 그것은 분명 영적인 것만이 아니다. 전폭의 축복, 전인의 축복인 것이다. 그 축복을 받을 수 있는 조건은 주님의 뜻에 순종한 것이다. 하나님의 지상의 뜻은 예수 믿고 하나님의 자녀가 되는 것이다. 우리 모두가 예수 믿고 주님 뜻대로 살면 그 축복이 우리 민족을 위한 것이 될 것이라는 생각을 금할 수가 없다.

> 네가 네 하나님 여호와의 말씀을 삼가 듣고 내가 오늘날 네게 명하는 그 모든 명령을 지켜 행하면 네 하나님 여호와께서 너를 세계 모든 민족 위에 뛰어나게 하실 것이라(신 28:1)

예수 설교와 지식 설교

영국의 저명한 수학자이며 러셀과 쌍벽을 이루는 철학자 알프레드 화이트헤드 교수가 폭설이 내려 길을 분간할 수 없는 런던의 어느 언덕길을 가는데 한 노파가 눈길에 미끄러져 허우적거리는 것을 부축해서 구조해줬더니

"고맙기도 해라. 예수 믿는 분인가 보죠?" 했다. 그러나

"나는 예수를 안 믿습니다." 하는 교수의 말에 노파는 다짜고짜로

"여보시오. 어쩌려고 다 늙은 사람이 예수 안 믿소. 나는 아까 죽으면 주님 만날 것을 생각하고 눈 속에서 찬송을 불렀는데…" 했다.

노교수는 숙연해 졌다. 내 지식뿐 아니라 영국 천지의 학문 속을 다 뒤져도 저 노파가 가진 것은 없었다. 그래서 교회에 갔다. 한 달 내내 그 교회 목사는 철학적인 설교를 했다. 노교수를 위해 준비한 설교였다. 그러나 노교수는 목사에게

"그런 것은 내가 더 많이 압니다. 내가 찾는 것은 저 노파의 예수입니다."라고 했다.

사소한 기도

기도의 제목으로는 너무 큰 것도 또 너무 작은 것도 있을 수 없다. 엄마 품에서 기도를 배운 어린 아이가 잃어버린 인형을 찾아 달라고 기도하는 것은 그대로 경건하고 소중한 것이다. 우리는 모두 일생 기도학교 학생이다. 기도에 졸업생이 있을 수 없으나 바닥나도록 기도한 사람도 없다.

내가 지도하던 한 의과 대학생은 비가 오락가락하던 날 이곳저곳 다니다 아침에 가지고 나갔던 새 우산을 잃어버렸다. 길가에 서서 주님께 우산 잃은 곳이 생각나게 해 달라고 기도했다. 그래서 어느 다방 의자 옆에 놓아 둔 우산을 생각해 내고 되찾을 수가 있었다. 유치하고 시시한 사건인지 모른다. 그러나 이 사소한 사건이 주님과의 인격적 관계를 현실화시키는 계기가 되었다.

십일조 문제

　예수님은 과부가 자기 생활비 전체인 엽전 두 닢을 헌금하는 것을 보시고 가상히 여기셨다(눅 21:1~4). 말라기서에서는 너희가 온전한 십일조를 들여 나를 시험하여 내가 너희에게 복을 쌓을 곳이 없도록 붓지 아니하나 시험하여 보라고까지 말씀하신다. 신구약 성경의 경건한 사람들은 율법을 떠나서라도 최소한도 10분의 1이상을 바쳐 청지기로서의 신앙을 고백하고 물질을 통해서 예배와 헌신을 드렸다. 어찌 그 이하일 수 있으랴. 공산당은 최하 당원도 사유 재산을 전적으로 포기한다.

　십일조를 바치는 신자가 영육간에 복을 받았다는 사실은 자고로 수천만 명의 실증을 가진 통계적 진리이다. 십일조도 못하는 성도는 영점 이하의 크리스천이다.

만군의 여호와가 이르노라 너희가 온전한 십일조를 창고에 들여 나의 집에 양식이 있게 하고 그것으로 나를 시험하여 내가 하늘문을 열고 너희에게 복을 쌓을 곳이 없도록 붓지 아니하나 보라 (말 3:10)

속죄자

구약 속에 흐르는 큰 강은 속죄의 강이다. 아벨의 속죄양을 비롯해서 아브라함에게 여호와 이레로 이삭 대신 예비되었던 모리아 산의 속죄양, 출애굽의 산실이었던 유월절 양, 대제사장이 성막이나 성전, 지성소, 법궤 속죄소에 1년에 한 번씩 뿌렸던 속죄양의 피, 날마다 성전에서 드린 속죄양은 모두 예수의 그림자였다.

그리고 구약 전체가 한 소리로 농축된 세례 요한은 예수를 보고

"보라 세상 죄를 지고 가는 하나님의 어린양이로다"(요 1:29)

라고 증언하고 역사의 무대에서 사라졌다. 예수는 우리 육체의 고통을 없애겠다고 하지 않는다. 죄를 없애기 위해 오셨다. 죄는 죽음, 고통, 지옥, 저주, 감옥, 증오, 1만 불행의 씨이다. 지상에서 천연두가 사라졌다. 천연두 앓은 소의 종두 접종으로 면역성이 생겼기 때문이다.

말의 씨와 역동성

하나님은 말씀으로 천지와 만물을 창조하셨다. 아브라함과 이삭과 야곱의 축복은 그대로 현실이 되었고 노아의 세 자녀에 대한 축복과 저주가 그대로 성취되었다.

"누구든지 이 산더러 들리어 바다에 던지우라 하며 그 말하는 것이 이룰 줄 믿고 마음에 의심치 아니하면 그대로 되리라"(막 11:23)

예수님은 수로보니게 여인에게

"이 말을 하였으니 돌아가라 귀신이 네 딸에게서 나갔느니라"(막 7:28~29)

고 하셨다. 말은 씨가 된다는 말이 있다. 사람은 그 입술의 복록을 먹는다. 예수를 입으로 시인하여 구원에 이른다고(롬 10:10) 하였다. 하나님의 약속을 마음으로 믿고 입으로 시인하면 그대로 된다.

사람이 마음으로 믿어 의에 이르고 입으로 시인하여 구원에 이르느니라(롬 10:10)

성수 주일 문제

주의 날은 주의 부활하신 날이다. 그날은 크리스천이 예배드리고 안식하는 날이다. 일주일에 하루를 완전히 쉬는 것은 몸에도 좋고 사회학적으로도 휴식과 매듭이 있어 사회적 생기가 재충전된다.

소련에서 열흘에 하루를 쉬는 제도를 시도했으나 능률이 저하되어 이레에 하루 쉬는 제도로 환원한 바 있다. 노동 문제 해결의 큰 처방의 하나는 주일 안식하는 것이다.

우찌무라 간조와 그의 7인의 신우(信友)들은 북해도 농대에서 4년간 철저히 주일 성수하여 시험 공부조차 하지 않아 4년간에 총 200일 이상 공부를 안 한 셈인데 졸업할 때는 그들이 1등부터 7등까지를 독차지했다. 믿음대로 되리라.

웨일즈의 부흥 운동

1904년에 영국 웨일즈 일대에 큰 영적 부흥의 열풍이 불었다. 기도가 선행되지 않은 부흥은 없다. 이반 로보트라는 광산 노동자와 일단의 청년들이

"부흥을 주옵소서. 아니면 죽음을 주옵소서." 하고

수삭(朔)을 회개와 기도에 전념한 결과로 성령의 폭발이 일어난 것이다. 술집, 당구장, 극장, 경마장이 비고 유치장이 비어 경찰들이 할 일이 없어졌다. 조선소의 직공들이 훔쳐간 물건을 되돌려 와서 따로 창고를 지을 정도였다. 회개 운동이 일어난 것이다. 증오와 불만에 찬 광부들이 석탄차를 끄는 당나귀를 회초리로 치던 일이 없어지고 오히려 찬송을 부르며 당나귀를 끌어 안고

"나의 형제여! 자매여!"하고 사랑하므로 당나귀도 성령 충만했다고 한다.

성령의 바람이 불기 때문이다.

여호와여 내가 주께 대한 소문을 듣고 놀랐나이다 여호와여 주는 주의 일을 수년 내에 부흥케 하옵소서 이 수년 내에 나타내시옵소서(합 3:2)

지식 나무 생명 나무

선악과는 선악을 아는 도덕 나무, 지식 나무이다. 순결한 처녀가 돈환(Eon Juan)같은 탕아에게 처녀성을 빼앗겼을 때 새로 경험되고 눈떠지는 미지의 영역에의 지식, 그것은 죄책과 전에 몰랐던 성 경험과 성 지식일 것이다. 그 다리는 되돌아갈 수 없다.

생명과에 손을 못 대게 하고, 낙원에서 추방되어 에덴의 동편 가인의 도시에서는 살인과 섹스족이 지식 열매인 과학 문명을 만들고, 선악 열매인 죄책 속에서 광기 문명의 밤은 깊어 가고 있다. 지식 나무와 도덕 나무는 생명 나무일 수 없다. 예수가 생명과이다. 예수의 피를 마시고 살을 먹어 영생을 얻는다(성만찬).

예수를 심자

가난이 있는 곳에도 예수를 심자. 고통이 있는 곳에도 예수를 심자. 미움이 있는 곳에도 예수를 심자. 절망이 있는 곳에도 예수를 심자. 죽는 사람에게도 예수를 심자. 응어리진 마음, 슬프고 아픈 내 사랑하는 동포의 마음에도 경건되게 예수를 심어 주자.

주여! 광주 시민을 위한 기도를 쉬는 죄를 범하지 말게 하소서(삼상 12:23). 그 상처에 먼저 예수 외에 아무 것도 심어지지 말게 하소서. 민족을 대신해서 흘린 속죄의 피 되게 하사 미움을 사랑으로 바꾸소서. 성시(聖市)되게 하소서. 에스겔 37장의 부활과 성령의 도시 되게 하소서.

너는 말씀을 전파하라 때를 얻든지 못 얻든지 항상 힘쓰라(딤후 4:2)

변하는 것과 변할 수 없는 것

우리는 변화의 회오리 속에서 사는 느낌이다. 세상도 지식도 날마다 변하고 있다. 그러나 따지고 보면 변하는 것은 사람의 의복같은 외적인 것뿐이지 인간 자체는 조금도 변한 것이 없다.

희노애락의 인간 감정의 색깔이 눈꼽만큼도 안 변했고, 몸의 구조가 그러하고, 남녀의 사랑, 모자(母子)의 정은 동굴 인간이나 우주인이나 차이가 없다. 원시인이 미워할 때는 짐승처럼 소리 지르고, 초현대 신사는 웃고 악수하며 독살한다. 그들도 죽고 우리도 죽는다. 죽음의 색깔은 조금도 변하지 않았다. 무덤 구조는 다를 수 있다. 원시인의 아버지와 현대인의 아버지가 다를 것이 없고, 원시인의 아기 낳는 일과 현대인의 분만이 한 치도 다를 것 없고 그들도 우리도 다같이 하나님 앞에 섰다. 다만 옷이 다르고 구음이 다를 뿐이다.

너희가 이 떡을 먹으며 이 잔을 마실 때마다 주의 죽으심을 오실 때까지 전하는 것이니라
(고전 11:26)

네 종류의 심전(心田)

주님의 씨뿌리는 비유(마 13:18~23) 가운데 네 종류의 심전은 인간을 지질과 체질과 혈액형 등으로 구분하는 외에 인간의 복음 반응적 구분법이라고 할 수 있다. 전도자가 말씀의 씨를 사람의 마음 밭에 뿌리면 네 가지 반응으로 결과가 나타난다.

① 길바닥 마음 밭은 물고기가 잠시라도 머물 수 없는 곳이듯이 생명이 씨앗에게 불모와 거부하는 장소이며 24시간 세상이 흐르고 있다.
② 돌 밭은 쟁개비(냄비)처럼 빨리 식는 얄팍한 마음 밭이며 신앙의 뿌리를 내릴 수 없다.
③ 가시떨기 마음 밭은 신앙의 외모는 가졌으나 세상 걱정과 돈벌이 욕심 때문에 열매 맺지 못하는 사람.
④ 옥토 마음 밭은 전도의 열매, 의의 열매, 성령의 9가지 열매를 많이 맺는 밭이다(갈 5:22).

다섯 종류의 심판

성경에 제시된 다섯 가지 각각 다른 심판이 있다. 그 장소와 시간과 목적은 각각 다르나 공통적인 것은 아담으로부터 최후의 한 사람까지 예수의 심판을 받는다는 사실이다(요 5:22).

① 예수님이 십자가 상에서 만민의 죄를 대신하여 단번에 형벌과 심판과 죽음을 당하신 것이다.
② 믿는 자의 자아 심판
③ 신자의 공력(고전 3:11~15)과 선악 간에 몸으로 행한 것을 따라 그리스도의 심판대 앞에 드러나 통과한다(고후 5:10). 부끄러운 구원받은 사람과 많은 상을 받은 사람이 있다. 예수님 공중 재림 때 첫째 부활한 성도가 통과하는 심판이다.
④ 예수님 재림 때 지상의 생존 민족이 받을 심판(마 25장).
⑤ 부활한 악인들이 받을 백보좌 심판(계 20:11~15), 이것이 제2의 큰사망이다.

크리스천에게 주는 경고

슬픈 민족, 가도 가도 고달프다. 지금은 상가집처럼 무겁고 슬프다. 누가 심은 증오의 씨일까? 누가 저지른 분노의 불길일까? 크리스천이 심은 것은 무엇일까?

찬송가 하나 통일 못하고 교권 싸움에 경찰이 출동해야 하는 한국 교회의 현실을 먼저 참회해야겠다. 싸우다 망했던 우리 민족사를 참회하면서 먼저 갈라진 교회는 다시 합하고 전 교회는 사랑과 화해와 일치의 연합체가 구성되었으면 좋겠다.

광주 사건도 크리스천에게 거듭되는 제2, 제3의 경고이다. 더 큰 매를 맞기 전에 문이 영영 닫히기 전에, 주여! 회개하게 하소서.

내 이름으로 일컫는 내 백성이 그 악한 길에서 떠나 스스로 겸비 하고 기도하여 내 얼굴을 구하면 내가 하늘에서 듣고 그 죄를 사하고 그 땅을 고칠지라(대하 7:14)

메네 메네 데겔 우바르신

바벨론 왕 벨사살은 당시 세계 최강 제국의 왕이었다. 난공불락 금성철벽의 그의 성에서 정치·경제·군사적으로 무적의 이 제왕은 1,000명의 문무백관과 왕후 궁녀들로 더불어 잔치를 배설하고 우상을 찬양하며 하나님의 성전 기명(器皿)으로 술을 마셨다. 그때에 손가락이 나타나 벽에 글자가 쓰여졌는데 '메네 메네 데겔 우바르신'이라는 글이었다. 다니엘이 해석한즉, '너는 하나님의 저울에 달려서 모자란 놈이며 네 시한은 다 끝났다. 네 나라는 메대와 바사에게 준다'(단 5:28)는 뜻이었다. 그날 밤 벨사살은 죽임을 당했다. 하나님의 저울, 하나님의 시한은 착오가 없다.

예수의 계절

그가 문을 열면 닫을 자가 없고 그가 문을 닫으면 열 자가 없다(계 3:8). 그가 인간 나라를 다스리며 자기의 뜻대로 그것을 누구에게든지 주신다(단 4:35). 주는 때와 기한을 변경시키시며 왕들을 폐하시고 왕들을 세우신다(단 2:21). 여호와께서 집을 세우지 아니하시면 세우는 자의 수고가 헛되며 그가 성을 지키지 아니하시면 파수꾼의 경성함이 허사로다(시 127:1).

하나님의 가을을 누가 막으며 하나님의 봄을 누가 막는가. 존 낙스의 기도는 10만 군대의 힘보다 무섭다고 했거니와 성도의 기도의 힘은 지상의 어느 나라 군대보다, 권력보다, 돈의 힘보다, 민중의 힘보다 크다는 사실을 믿자. 예수의 계절이 오고 있다.

그는 때와 기한을 변하시며 왕들을 폐하시고 왕들을 세우시며 지혜자에게 지혜를 주시고 지식자에게 총명을 주시는도다 그는 깊고 은밀한 일을 나타내시고 어두운 데 있는 것을 아시며 또 빛이 그와 함께 있도다(단 2:21~22)

바라바와 예수

예수의 시대에 몇 개의 당파가 있었다. 헤롯당, 사두개당, 엣세네당 그리고 열심당이다. 예수의 제자 중에도 열심당원 시몬이라는 사람이 있었다. 가룟 유다의 배신 동기 가운데도 예수의 반혁명 태도에 보복하는 뜻이 있었다.

열심당원은 반로마 유대 민족 해방 전선의 의혈단 게릴라 대원들이다. 바라바는 친로마 인사들을 암살해서 정치 군자금을 마련하기도 했다. 이들이 일으킨 전쟁으로 A.D. 70년 예루살렘에서만 20만이 죽고 10만은 포로가 되었으며 1900년간 나라 없이 지상을 떠돌았다. 예수는 진리의 왕이다. 그의 나라는 세상에 있고 세상을 위해 있으나 세상에 속하지는 않았다(요 18:36).

적그리스도

예수님이 성육신하듯 사단도 화신(化身)을 한다. 악령을 보내고 거짓 예언자도 보낸다. 묵시록에 나타난 열 뿔 달린 짐승(계 13:1)과 그 짐승에게 권세를 주는 용(계 13:4)과 그 짐승을 탄 음녀는 무엇일까(계 17:1~3).

짐승은 악마가 정치·경제·군사력 속에 화신된 것이다. 용은 악마가 사상속에 화신한 것, 음녀는 배교하는 교회의 상징이다. 공산주의는 붉은 용 사상, 인본주의는 백룡(白龍) 사상이다. 사나운 귀신과 더러운 귀신, 남성적 광기, 여성적 광기가 합작한다. 많은 성경 학자는 구라파 교회의 음녀화를 경고하고 있다. 교회 출석하는 수가 불과 2퍼센트뿐이라고 한다. E.E.C.는 열 뿔 달린 짐승과 용과 음녀의 삼위 일체로 변신할 가능성이 있다.

어리석은 부자의 4무(四無)

  누가복음 12장의 어리석은 부자는 부지런하고 영리하며 출세한 사람의 대표적 인물이다. 물질적 성공 외에 지위나 학문, 예술과 스포츠와 기술과 명성 등 스타격인 인물의 상징이라고 할 수 있다. 그는 행복했고 사람들의 선망의 대상이었다. 그런데 그에게는 네 가지 안 가진 것이 있다.

① 하나님이 그의 의식 속에 없었다.
② 내세가 없었다. 이 세상이 전부인 줄 알았다.
③ 영혼을 위한 대비가 없었다. 참 생명은 인간의 영인데 껍데기 가짜 생명만을 생각했다.
④ 이웃이 없었다. 내 이웃 사랑과 하나님 사랑은 둘이 아니라 하나이다. 내 영혼을 구하려는 노력과 내 이웃을 도우려는 노력도 하나이다. 그것이 내세를 위한 준비이다.

하나님은 이르시되 어리석은 자여 오늘 밤에 네 영혼을 도로 찾으리니 그러면 네 예비한 것이 뉘 것이 되겠느냐 하셨으니 자기를 위하여 재물을 쌓아 두고 하나님께 대하여 부요치 못한 자가 이와 같으니라(눅 12:20~21)

물과 생명의 신비

물은 생명체의 원천이라고 생각할 수 있다. 물이 있는 곳에 생명이 있고 물이 없는 곳에는 생명체가 없다. 생명 인자인 정자와 난자도 수분이 거의 전부이다. 눈물과 피와 신체의 대부분이 수분이다. 따라서 물은 생명의 기본 요소이다. 그런데 그 물은 모든 물질 가운데 가장 단순한 H_2O의 불변의 화학 구조를 가졌다. 영적 생명도 물과 성신으로 거듭나는, 가장 단순한 불변의 법칙으로 태어나는 신비를 가졌다(요 3:5~7). 믿음의 자궁 속에 예수의 씨를 심으면 성령으로 거듭나는 생명의 신비는(벧전 1:23) 물과 생명의 신비이다.

> 예수께서 대답하시되 진실로 진실로 네게 이르노니 사람이 물과 성령으로 나지 아니하면 하나님 나라에 들어갈 수 없느니라(요 3:5)

제3혁명 운동

혁명의 개념을 혁명해야 하겠다. 예수만이 성령으로 인간을 중생시키고 새 피조물로 만들 수 있다. 지금은 이데올로기의 종말의 시대다. 해 아래 새 것이 없다. 세상적이고 정욕적이고 마귀적인 것, 아담족에게 옷을 백 번 갈아 입혀도 옛날부터 있었던 것이다. 인류 최후의 혁명 운동, 성령의 제3혁명 운동이 한국에서 일어나야 하겠다.

우리의 작은 겟세마네

'80 세계복음화대성회를 준비하는 과정은 천로역정만큼 다난하다.

악마는 죽은 사람 옆에서 죽은 척하고, 자는 사람 옆에서 자고, 성령으로 깨어 기도하면 악령 챔피언을 파견하며, 기도와 전도와 성령의 대폭발이 일어나려고 하면 악마의 전군에게 초비상령이 내려지는 것 같다.

무척 외로웠고 많은 밤을 울었다. 특히 광주 사태 이후 국내외에서 문의전화, 전보가 쇄도하고 집회 허가에 문제가 생겼다. 대회가 소요로 변할 위험성을 걱정하는 것도 당연하다. 잘 되어도 못 되어도 남는 것은 욕과 빚일테니 못할 이유, 하지 않을 핑계가 많이 생긴 김에 무기 연기의 탈출구가 생겨 고마웠다.

그러나 주의 뜻을 묻는 우리의 작은 겟세마네의 밤에 주의 뜻에 순종하여 성패간에 강행하기로 한 순간부터 깊은 평안이 왔다.

평강의 주께서 친히 때마다 일마다 너희에게 평강을 주시기를 원하노라(살후 3:16)

성경적 기독교

성경의 말씀은 영이요, 생명이며(요 6:63) 살았다(히 4:12). 예수가 생명 로고스의 성육신이라면 성경은 로고스의 문학적 성육신이라고 할 수 있다. 말씀의 씨가 심어져 중생하여(벧전 1:23) 말씀 먹고 사는 사람과 기독교의 잡탕을 먹고 사는 사람은 영과 씨가 다르다.

기원 4세기에 아프리카로 들어간 기독교가 성경을 번역하여 서민들 손에 들려졌더라면 구라파처럼 계명(啓明)되었을 것이다. 남미와 북미의 차이는 성경과 비성경의 차이다. 청교도가 보급한 성경과 스페인 카톨릭이 가지고 간 십자가 상과 마리아 상 사이에서 남북미 격차의 원천을 찾을 수 있다.

악마는 원래 위장술의 천재다. 도덕 종교, 심리 종교, 사회 운동, 정치 혁명 운동, 문화 운동, 심령 과학, 철학화, 신흥 종교화, 신비주의 등의 이질화 속에서 순수한 말씀의 신앙에 굳게 서야 하겠다.

하나님의 뜻

"주여, 나를 가르쳐 주의 뜻을 행케 하소서"(시 143:10).

예수님은 아버지의 뜻을 행하려고 오셨고 아버지의 뜻을 행하며 이루는 것이 자신의 양식이라고 하셨다(요 4:34). 주의 뜻 행하기를 기뻐하고(시 40:8) 주의 뜻에 순종함이 우리의 궁극 평안이요 행복인 것을 배워야 하겠다.

주의 뜻은 우리가 예수 형상을 닮는 것이다. 성령 충만 받는 일, 믿음과 기도로 말씀 안에서 예수 증거하는 생활, 사랑하는 생활을 하는 것이다. 에녹처럼 주님과 동행하는 생활, 아브라함처럼 살고 사도행전 사람들처럼 사는 것이다.

우주 계획보다 깊은 하나님의 뜻이 나의 삶을 위하여 예비 되어 있음을 말씀과 기도 속에서 성령의 인도에 민감 하라. 성공을 추구하지 말라. 죽음 같은 잔이라도 주의 뜻을 먼저 물어 보라.

크리스천 소유 개념

"네가 먹어서 배불리고 아름다운 집을 짓고 거하게 되며 또 네 우양이 번성하며 네 은금이 증식되며 네 소유가 다 풍부하게 될 때에 두렵건대 네 마음이 교만하여 네 하나님 여호와를 잊어버릴까 하노라"(신 8:12~14).

"또 두렵건대 네가 마음에 이르기를 내 능과 내 손의 힘으로 내가 이 재물을 얻었다 할까 하노라 네 하나님 여호와를 기억하라 그가 네게 재물 얻을 능을 주셨음이라"(신 8:17~18).

우리는 청지기일 뿐이다. 내 시간, 내 몸, 내 가족, 내 혁, 내 재간, 내 지식, 내 것 같지만 잠시 주님이 빌려 주신 것, 맡겨 주신 것이다. 그대여 기간의 길이는 하나님만의 절대 비밀에 속한다. 소유 개념을 바꿔야 하겠다. 크리스천의 전 소유를 자원해서 예수 재단에 기증해 버릴 수는 없는 것일까?

> 주께서 가라사대 지혜있고 진실한 청지기가 되어 주인에게 그 집 종들을 맡아 때를 따라 양식을 나누어 줄 자가 누구냐(눅 12:42)

예수의 살과 피

예수의 살을 먹고 피를 마신다는 것은 예수를 믿어 그와 연합하여 그의 가지(요 15장)가 되고 그의 신부가 되고 그가 성령으로 내 속에 대신 산다는 것을 의미한다. 크리스천은 먹고 사는 양식이 다르다. 세상 떡만으로 사는 것이 아니라 생명떡, 생명수인 예수를 먹고 산다. 예수가 문자 속에 성육신되었다고 할 수 있는 성경이 성령으로 신자의 의식과 생활 속에 혈육화 될 때 예수는 내 속에 사시게 된다.

① 음식은 생명의 최우선 필수 요소이다.
② 음식은 누구나 예외 없이 필요하다.
③ 음식은 날마다 필요한 것이다.
④ 음식의 질이 건강과 성장을 좌우한다.

성경 속의 예수를 주야로 묵상하며 거기에다 뿌리를 박고 그 속에 살며(요 8:31) 내 의식을 예수 의식으로 바꾸며 그를 먹고 마시며 사는 것이 크리스천의 삶이다.

믿음의 재무장

말세의 특징 가운데 하나는 성도의 믿음이 식어지고 믿음의 가치에 대한 평가 절하가 되는 것이다. 믿음 없이 구원은 절대로 없다(요 3:36), 믿음 없이 세상을 이길 수 없고 반드시 패한다(요일 5:4). 믿음 없이는 절대로 하나님을 기쁘시게 할 수 없다(히 11:6). 믿음 없는 기도는 기도가 아니다(약 1:6). 믿음 없이 하나님의 사랑을 소유할 수 없으며(벧전 1:8; 요 14:27), 믿음 없이 의롭다 함을 받을 수 없고(롬 1:17; 10:1~4), 믿음 없이는 하나님의 존재도 예수님의 구원도 성령의 역사도 무화(無化)되고 만다. 믿음 없이 성령 받지 못하며(갈 3:2), 말씀도 사문화(死文化) 된다. 믿음을 재무장하자. 믿음의 근거는 하나님과 그 말씀(성경)이다. 성경 불신은 죽음에 이르는 병이다.

짐승과 용과 음녀

사단도 성육신을 하고 성령을 흉내내어 악령으로 인간의 사상 속에, 종교 속에 오묘와 신비의 환각을 일으키기도 한다. 한편 사단은 세상의 정치와 경제와 군사력 속에 성육신하여 묵시록의 짐승으로 나타날 것이다. 사단의 최후 카드는 예수의 신부인 교회를 이단 신학을 통해서 배교시켜 영적 간음 죄를 범하게 하여 음녀화하는 일이다. 묵시록의 열 뿔 달린 짐승은 구라파 공동체의 변신일 것이라고 생각하는 이들이 많다. 용은 사단의 사상적 화신, 음녀는 사단의 교회 변신이다. 용이 짐승에게 힘을 주고 음녀가 짐승을 탄다. 이 신비의 복합 세력이 적그리스도가 된다.

심판 때 보아야 안다

　교양이란 인격의 위장술이라고 누군가가 말한 바 있거니와 인간은 다양한 의상과 마스크를 쓰고 있어서 적나의 내적 자아가 하나님 앞에 노출될 때까지는 자신조차도 자신에게 비밀을 가지려고 하는 것이 인간이다.
　초년에 고생하다가 말년에 잘 사는 사람도 있고 일생을 팔자 좋게 살다가 죽을 때 비참하게 죽는 사람이 있다. 그러나 인생은 죽음으로 끝나는 것이 아니다.

일생을 팔자 좋게 인간 우등생으로 살아 역사와 기념비에 새겨진 사람도 하나님이 비밀의 뚜껑을 여는 날 "산아 무너져라. 바윗돌아, 나를 가리워라." 하고 쥐구멍을 찾는 일이 있을 것이다.

우리가 이제는 거울로 보는 것 같이 희미하나 그 때에는 얼굴과 얼굴을 대하여 볼 것이요 이제는 내가 부분적으로 아나 그때에는 주께서 나를 아신 것 같이 내가 온전히 알리라(고전 13:12)

사랑이라는 전도 방법

예수님이 4복음서에서 30여 명과 개인적으로 만나는 기록을 읽을 수 있다. 의사의 처방처럼 그들에 대한 접근 방법은 사람과 상황에 따라 달랐다. 사마리아의 우물가의 여인에겐 물 좀 달라고 접근하셨고 부자 청년에게는 다 버리고 나를 따르라고 하셨으며 니고데모에게는 거듭나야 한다고 하셨다. 전도의 방법은 사람의 수 만큼 다양해도 좋다. 만능의 황금 방법은 없다.

그러나 언제 어디서 누구에게나 통하는 방법이 있다. 예수님을 싫어하고 미워하는 사람에게도 통하는 방법은 사랑이라는 방법이다. 사랑을 줄 수 없을 만큼 가난한 사람도 없고 사랑을 받을 필요가 없을 만큼 부요한 사람도 없다. 사랑은 줄수록 커지는 것이다.

밀알처럼 살자

　밀알에는 꽃과 잎사귀와 같은 아름다움과 향기가 없다. 땅 속에 묻혀 썩어야 할 존재이다. 다르게는 살 길이 없는 존재이다. 오직 한 길밖에 살 길이 없다. 죽어서 사는 길이다. 무화(無化)되는 길이 아니다. 보다 높은 자아, 영원한 삶(조에)을 위하여 보다 낮은 자아(푸쉬케)를 버리는 것이다. 크리스천은 예수와 함께 죽은 사람들이다.

　좀 밑지고 살자. 결혼도 좀 밑지고 하자. 영광은 남에게 주고 욕은 내가 먹어두자. 나는 주를 위해 장가도 시집도 안 간 분들을 존경한다. 강원도 산골에서 보리밥 먹고 사는 토레이 신부처럼 청춘도, 재간도, 조국도 명예도 흙 속에 묻고 살고 싶다. 스타가 되지 말고 무명의 전도인이 되자.

> 내가 진실로 진실로 너희에게 이르노니 한 알의 밀이 땅에 떨어져 죽지 아니하면 한 알 그대로 있고 죽으면 많은 열매를 맺느니라 자기 생명을 사랑하는 자는 잃어버릴 것이요 이 세상에서 자기 생명을 미워하는 자는 영생하도록 보존하리라(요 12:24~25)

사소한 사랑을 모으자

우리가 아무리 사랑한다 하여도 거창하게 대신 죽어 주고, 대신 고통받아 주는 일은 극히 드문 일이다. 길 가다가 구걸하는 사람에게 동전 하나 주는 일도 귀한 일이다. 미국의 한 친구가 일주일에 하루를 굶어서 남은 돈을 밥 굶는 사람에게 전해 달라고 내게 보내 온 일이 있었다.

십시일반이란 말이 있는데 만일 주일 아침 한끼를 굶어서 700만 성도가 1년을 모으면 700억 원이 된다. 이런 사소한 데에 사회 문제 해결의 실마리가 있을 것 같다. 작은 물방울들이 모아져 강을 이루고 불씨들이 모아져 용광로가 되듯이 사소한 사랑들이 모아져 8·15의 감격 같은 물결이 일어났으면 좋겠다.

믿음과 기도 불사용 죄

　주님의 약속을 믿고 주님이 기뻐하시는 뜻을 위해 기도하면 들으신다는 사실에 대한 증인과 증거는 구름같이 많다. 가장 진실된 증인들이 비밀스럽게 가슴 깊이 간직한 기도 응답의 원색적 체험들을 들을 때 출애굽과 사도행전의 연장을 읽을 수 있다.

　기도의 정의는 저절로 되거나 인간 노력의 극한으로도 절대로 이루어질 수 없는 일이 기도만으로 이루어지는 일이다. 기도는 바닥나는 법이 없다.

　기도의 졸업생도 없다. 믿고 기도하고, 기도하고 믿으며 두 날개처럼 항상 동행해야 한다. 이 무한 동력을 불사용하여 사장시키는 것은 일종의 도둑질에 해당한다.

그를 향하여 우리의 가진 바 담대한 것이 이것이니 그의 뜻대로 무엇을 구하면 들으심이라 우리가 무엇이든지 구하는 바를 들으시는 줄을 안즉 우리가 그에게 구한 그것을 얻은 줄을 또한 아느니라 (요일 5:14~15)

예레미야의 예수

선지자 가운데 예레미야만큼 많이 울고 마음 아프게 산 사람은 없다. 그래서 그를 눈물의 선지자라고도 한다. 하나님이 결혼도 못하게 하셨고(렘 16:2) 불치의 병으로 끊임없이 육체는 고통을 받았고(렘 15:18) 엘리야 같은 기적을 행하는 능력도 주시지 않았고, 예언도 쓴 것을 하게 하셨다. 바벨론에게 포로가 된다는 것과 항복하면 산다는 내용도 포함되어 있어 거짓 선지자들과 동족들은 그를 매국노라고 욕했다. 매 맞고 감옥에 갇히고 죽임을 당했다.

그러나 이 비애의 예언자를 통해서 영영한 새 언약(렘 32:40; 31:33), 즉 신약의 주님이 계시된다. 눈물 속에, 고통의 극한 속에, 처절한 고독 속에, 핏속에서, 죽음의 심연에서 만나는 주님. 내 슬픈 삶의 피리 소리로 부르는 예수.

나 여호와가 말하노라 그러나 그날 후에 내가 이스라엘 집에 세울 언약은 이러하니 곧 내가 나의 법을 그들의 속에 두며 그 마음에 기록하여 나는 그들의 하나님이 되고 그들은 내 백성이 될 것이라(렘 31:33)

제3혁명 운동

우리는 변화와 혁명의 소용돌이 속에서 살고 있다. 거의 매일처럼 지구의 어디에선가 쿠데타가 일어나고 있다. 산업 혁명, 정치 혁명, 공산 혁명, 시민 혁명, 문화 혁명, 녹색 혁명, 종교 혁명, 인간 혁명 심지어 섹스 혁명이라는 말도 사용되고 있다.

혁명의 개념을 혁명해야 하겠다. 예수만이 성령으로 인간을 중생시키고 새 피조물로 만들 수 있다. 지금은 이데올로기의 종말의 시대다. 해 아래 새 것이 없다. 세상적이고 정욕적이고 마귀적인 것, 아담족에게 옷을 백 번 갈아 입혀도 옛날부터 있었던 것이다. 인류 최후의 혁명 운동, 성령의 제3혁명 운동이 한국에서 일어나야 하겠다.

호세아의 예수

에녹의 예수가 그림자처럼 자나깨나 앉으나 서나 동행한 예수라면, 아브라함의 예수는 자기 아기를 채가는 독수리를 쳐다보며 강과 산과 죽음까지 넘어서 정신 없이 환상처럼 붙잡혀 쫓아간 예수이고, 다윗의 예수는 양의 목자 같은 예수이며, 호세아의 예수는 세 번씩 집을 나가 딴 남자와 바람을 피우고 그때마다 임신하여 노예 시장에 팔려가면 돈 주고 사다가 사랑해야 하는, 음란 여인을 짝사랑하는 비련의 예수이다. 일방적이고 절대적인 사랑의 추적을 볼 수 있다. 호세아는 차라리 아무도 없는 광야에 고멜을 데리고 가서 거기서 살고 싶었다(호 2:14).

예수님은 인생 사막에서 전체를 주고 전체를 요구하는 사랑을 원하신다.

현대 탕자의 귀로의 시간

　7월 7일자 일간 신문에 '세계적 흉조(凶兆)와 흉작(凶作)' – 신 앞에 경건히 속죄하고 생존의 문이 열리도록 기구하자 – 는 제하(題下)의 사설이 신앙인들의 특별한 눈길을 끌었다. 핵전쟁의 위협, 석유 문제, 지진, 흉작 등 인간의 힘의 한계를 느끼고, 불안과 공포가 짙은 안개처럼 인간 정신계와 사회의 밑바탕에 깔려 있다.
　코로 숨쉬고 흙으로 만들어진 인간이 너무도 오랫 동안 유치하고 건방지게 주인 없는 세상처럼 하나님 앞에 방자히 살았다. 태양이 한 발짝 후퇴하면 얼어 죽을 것이고 한 발짝만 다가오면 타서 죽을 인류.
　하나님의 가을을 누가 막으며 하나님의 봄을 누가 막을 수 있는가. 지금은 탕자처럼 하나님께 돌아올 귀로의 시간, 속죄 구주 예수를 믿을 시간이다.

수고하고 무거운 짐 진 자들아 다 내게로 오라 내가 너희를 쉬게 하리라(마 11:28)

기도와 전도의 문

사람마다 마음의 문이 있다. 그 문 밖에서 주님이 끊임없이 노크하고 계신다(계 3:20). 그 문은 하나님이 강제로 열지 않으면 아무도 열 수 없는 절대 신성 불가침의 인격 자유의 문이다. 이 문이 열리는데는 성도의 기도와 성령의 감동과 예수님의 노크가 필요하다.

문을 두드리라(계속 두드림) 그리하면 열리리라(마 7:7)는 말씀은 기도로 두드리는 마음의 문, 전도의 문으로도 해석할 수 있다.

CCC의 여름수련회에서 한 사람씩 짝지어 불신 학생을 위해 기도했는데 1,100명이 문을 열고 예수를 영접한 일이 있다. 1년간 기도해 보고, 30만 대학생들의 이름을 들어 매일 기도해 줄 30만 어머니가 필요하다고 생각했다. 북한의 전도 문도 기도로 열어야 하겠다.

또한 우리를 위하여 기도하되 하나님이 전도할 문을 우리에게 열어 주사 그리스도의 비밀을 말하게 하시기를 구하라 내가 이것을 인하여 매임을 당하였노라(골 4:3)

예수 재단

하나님은 맘몬(Mammon) 배금 우상을 섬기는 서구 기독교를 심판하고 있다. 성경 속에 믿는 사람이 다 함께 있어 모든 물건을 서로 통용하고 또 재산과 소유를 팔아 각 사람의 필요를 따라 나눠 주고(행 2:44; 4:35) 산 일이 있었다.

이 말세를 당해서 공산주의의 도전을 이겨 내기 위하여, 또한 새 겨레를 만들기 위하여, 세계 선교를 담당하기 위하여 100만 명쯤의 한국 크리스천이 유산 남기는 일을 포기하고 전 재산을 예수 재단에 바쳐 버릴 수 있는 기적은 성령으로 하면 불가능한 일은 아닐 것만 같다.

믿는 사람이 다 함께 있어 모든 물건을 서로 통용하고 또 재산과 소유를 팔아 각 사람의 필요를 따라 나눠 주고(행 2:44~45)

예수칼럼 독자에게

이 칼럼이 시작된 지 10개월이 되었습니다. 글 재주도 없고 아는 것도 없는 사람이 당돌하게 너무도 절실한 민족 복음화의 소원이 있어 감히 역사상 처음으로 – 내가 알기로는 처음으로 – 100만 부 이상 나가는 신문에 피 묻은 예수의 복음을 누구나 매일 1분 이내에 읽을 수 있게, 그리고 일용할 양식처럼, 일일 편지처럼 예수를 세상 말로 새겨서 이 작은 칼럼 속에 담아 보았습니다.

부탁 말씀이 있습니다. 십시 일반으로 구독료 내는 셈치고 성금을 보내 주십시오. 기도해 주십시오. CCC 학생들이 아르바이트를 해서 이 칼럼이 나가고 있습니다. 그리고 '80 세계복음화대성회를 위해 '나도 한 사람 전도, 나도 하나의 배지, 나도 한몫의 헌금, 나도 한번의 기도' 캠페인에 몸으로 참여해 주십시오.

〈조선일보〉 1980년 7월 15일 칼럼.

믿음과 인생

믿음이란 신뢰라는 말이다. 기독교의 독점물도, 특별한 것도 아니다. 그것 없이 사람은 아무 일도 할 수 없고, 하루도 살 수 없는 것이다. 믿음 없이는 물 한잔, 밥 한 끼도 먹을 수 없다. 약도 사먹을 수 없다. 의사에게 몸을 맡길 수 없고 차를 탈 수도 없다. 가족과 같이 살 수도 없다. 우리는 믿음으로 은행에 돈을 맡기고 이발사에게 목을 내맡기고 있다.

거의 무한수의 물리 화학적 변수가 우리를 죽일 수 있는데 자연 법칙을 믿고 서로 믿고 살지 않는가? 선생을 못 믿으면 아무 것도 배울 수 없고 말을 못 믿으면 언어의 의미가 없다.

성경과 예수를 통해서 하나님이 특별히 우리에게 하신 말씀을 믿는 것이 크리스천의 믿음이다.

신학과 실천

"사람이 하나님의 뜻을 행하려 하면 이 교훈이 하나님께로서 왔는지 내가 스스로 말함인지 알리라"(요 7:17).

기독교를 연구하는 사람이 있고 그 속에서 사는 사람이 있다. 전자는 아무리 열심히 해도 위성처럼 멀리서 궤도를 돌고 있을 뿐 부딪혀 깨지는 법이 없다. 그의 기독교 지식은 껍데기뿐, 아무리 풍성하고 열심이 있는 것 같아도 죽은 것이다. 예수의 교훈을 듣고 행하는 자의 신앙은 반석 위의 집과 같다(마 7:24).

그러나 듣고 행치 않는 자는 모래 위의 집처럼 시련이 오면 무너지고 만다. 예수 안에서 사랑하는 자는 하나님을 안다(요일 4:7).

신학의 집을 30년 동안 화려하게 지어 놓아도 주님의 교훈대로 사랑의 실천과 생활이 없으면 안개 같은 것, 모래 위의 누각 같은 것이다. 그런 기독교 체험은 성자들에 비하면 수박의 겉만 핥는 것, 즉 기분만 내는 것이다.

지혜를 위한 기도

"너희 중에 누구든지 지혜가 부족하거든 모든 사람에게 후히 주시고 꾸짖지 아니하시는 하나님께 구하라 그리하면 주시리라"(약 1:5) 는 약속이 있다.

솔로몬은 기도해서 백성을 다스리는 지혜를 얻었다. 주님을 위하여 큰 일을 할 때 길이 막히면 기도해 보라. 길을 열어 주시든지 터널을 뚫는 지혜와 힘을 주신다.

나는 엑스플로 '74를 준비하면서 나의 출애굽과 사도행전을 사는 느낌이었다. 32만 명에게 밥을 지어 먹이기 위해 7,000명 분의 밥을 지을 수 있는 솥 20개를 만들어 한 끼당 50원으로 합숙이 가능했던 것은 나에게 번개처럼 기발한 아이디어를 주셨기 때문이었다.

이번 '80 세계복음화대성회의 준비 과정에서도 기적같이 주신 지혜로 수많은 홍해를 건넜던 간증들은 주님과 나만이 알고 있다.

하나님이 솔로몬에게 지혜와 총명을 심히 많이 주시고 또 넓은 마음을 주시되 바닷가의 모래 같이 하시니(왕상 4:29)

선(先) 믿음 · 후(後) 지식

　선생이나 부모나 선배들이 일러 준 것을 처음에는 덮어 놓고 믿고 해 본 결과 실효를 알게 되는 일은 얼마든지 있다. 길을 모르면 아는 사람에게 물어서 가는데 알고 가는 것이 아니고 믿고 간다. 결혼도 믿음으로 하는 것이지 뿌리째 송두리째 어찌 사람을 다 알고 하는가. 약을 알고 먹는 사람이 몇이나 되는가. 음식도 믿고 먹지 어찌 다 일일이 실험해 보고 먹는가. 진실하고 존경할 만한 분들이 열심히 권해서 해 보면 그대로 되는 것이 많다. 인삼 같은 것은 효과를 본 많은 사람들의 증언과 증거 때문에 먹는다.
　예수 믿는 것도 수천 년 동안 너무도 존경스럽고 진실한 분들이 너무도 열심히 죽으면서까지, 그렇게 많은 분들이 권해서 믿어 보면 과연 사실인 것을 후에 알 수가 있다.

의지적 신앙 생활

　성숙한 심리학적 인격일수록 감정이나 기분에 좌우되지 않는다. 감정의 질은 교양과는 상관이 없다. 누구든지 괜히 우울하고 불쾌할 수가 있다. 그것은 내게 일어난 무드지만 사실은 내 것이 아니다. 내가 책임질 수 없는 불청객이다. 변덕스런 여인이나 가을의 날씨처럼 불시로 찾아오는 이 무드를 나의 의지로 지배할 줄 아는 것이 인격이다.
　신앙 생활에 있어서도 감각으로 느껴지는 체험을 추구하거나 감정을 흥분시켜서 부흥 무드를 조작해서는 안 된다. 황홀과 도취감이 성령과 혼돈되면 안 된다. 감정은 시녀이고 의지는 주인이 되어야 한다. 내 감정은 불의(不義)의 로맨스를 만끽하고 싶지만 내 의지가 철부지 아기를 야단치듯 감정을 선도해야 하고, 주님을 믿고 주님따라 살기로 내 의지가 결정한 그 결정을 결혼식 서약처럼 신성하게 고수해야 한다.

얍복 나룻가의 기도

　야곱은 그의 생애의 위기, 막다른 골목에서 당신이 축복하지 아니하면 가게 하지 아니하겠다고(창 32:26) 밤 새워 하나님과 씨름한 일이 있다. 그날 밤 '이스라엘'이라는 이름이 나왔다.

　한 도시나 민족의 부흥의 배후에도 이런 기도가 있었다. 1859년 미국의 뉴욕 지역을 휩쓸었던 부흥 운동의 진원은 한 무명의 성도가 창문에 현수막을 치고 기도 동지를 구하면서, 성령의 부흥을 주실 때까지 물러 가지 않겠다고 하나님께 버티고 연속 기도한 데서 터지게 됐다. 1904년에 웨일즈를 휩쓴 성령과 영적 부흥의 열풍의 진원도 이반 로버트와 4인의 친구들의 넉 달 동안 얍복 강가의 야곱 같은 기도의 결과로 일어났다.

　이 땅에 기도의 샘이 터지고 성령의 생수가 터질 때까지, 엘리야의 갈멜산에 비가 내리고 불이 내릴 때까지, 기도의 동지들이여, 존 낙스처럼 결사 기도를 하자.

하나님을 아는 방법

설익고 건방진 공대 4학년생이 하나님은 존재하지 않는다고 주장했다.

"그대는 모든 것을 아는가?" 했더니 조금은 안다고 했다.

"10퍼센트를 아는가?" 했더니 100만 분의 1도 모른다고 했다.

"그럼 그대가 모르는 99퍼센트 속에 하나님이 존재할 수도 있지 않는가?" 했더니 그 다음에는 존재하는지 않는지 그것도 모른다고 했다.

"그럼 그 모른다는 것은 어떻게 아는가?" 했더니 그것도 모르겠다고 했다.

우리는 전 공간과 시간, 그리고 모든 존재를 다 뒤져 볼 수 없다. 하나님을 철학 속에서, 비교종교 속에서, 역사 속에서, 이성과 양심 속에서, 실험관 속에서, 자연 속에서 찾아봐도 확실치 않다.
그러나 예수를 만나면 하나님을 안다. 그를 본 자는 하나님을 본다. 그의 말씀은 하나님의 말씀이다. 그는 하나님이 사람되어 내게 오신 분이다. 그밖에 하나님을 알 길이 없다.

예수께서 가라사대 빌립아 내가 이렇게 오래 너희와 함께 있으되 네가 나를 알지 못하느냐 나를 본 자는 아버지를 보았거늘 어찌하여 아버지를 보이라 하느냐(요 14:9)

절대 변수

"여호와께서 집을 세우지 아니하시면 세우는 자의 수고가 헛되며 여호와께서 성을 지키지 아니하시면 파수꾼의 경성함이 허사로다"(시 127:1).

만능의 기계 컴퓨터 문명의 상징이라고 할 수 있는 아폴로 13호의 고장 확률은 100만 분의 1이었다. 그러나 고장이 났다. 괄호 안의 수자가 전부 플러스일지라도 괄호 밖의 숫자가 마이너스일 때 괄호 안의 숫자는 마이너스로 변해 버리는 것처럼 하나님을 계산에 넣지 않으면 실패한다.

아무리 보약을 먹어도 하나님의 시한은 못 막는다. 무에서 유를 만들고, 쓰레기더미 속에서 장미가 피게 하며, 죽음에서 부활하게 하는 하나님의 절대 변수는 컴퓨터의 초인적 계산도 무로 만든다. 모세의 마른 지팡이 하나로 애굽 제국을 이기게 하신 절대변수이다.

사람이 마음으로 자기의 길을 계획할지라도 그 걸음을 인도하는 자는 여호와시니라(잠 16:9)

기독교와 인간교(人間敎)

악마의 최심(最深)한 동기는 하나님이 되는 일이다(사 14:12~15). 따라서 인간 죄악의 궁극 동기는 하나님같이 절대자가 되는 것이다(창 3:5).

인간의 절대 자율성, 인간의 존엄성, 인간의 충족성, 인간의 자유 등을 신조로 삼는 휴머니즘 인간교는 기독교 속에서 기형아처럼 나타난 현대인의 가장 매력있는 신흥 종교이다. 영국의 휴머니스트들은 인간교의 성경과 찬송가, 십계명, 예배 의식까지 만들었다고 한다. 가장 음험한 악마의 위장이요 최후의 카드이다. 인간교의 예언자들은 그리스도의 피를 몹시 싫어하여 복음화 대신 인간화의 나팔을 분다. 그는 필요에 따라 변신의 천재이다. 공산주의적 휴머니스트에서 히피 성자도 되고 사르트르적 자유인에서 짐 존슨의 인민사원교회도 된다. 신인(神人)예수 대신 묵시록의 음녀, 인신(人神)출현의 길을 닦고 있다.

예수 중심의 시각

눈의 병 가운데 근시, 원시, 난시, 색맹, 소경 등이 있다. 또한 눈에 색안경, 망원경, 요지경, 현미경 등을 씌우면 이상하게도 보이고 크게도 보인다.

지식도 보는 눈이다. 그래서 우주를 보는 눈을 우주관, 역사를 보는 눈을 역사관, 인간을 보는 눈을 인간관이라고 한다.

영의 눈도 있다. 사람들은 영적으로 소경이다. 영치(靈痴)이다. 영안(靈眼)이 떠야 바로 볼 수 있다. 사도 바울은 예수를 만났을 때 그 눈에서 비늘 같은 것이 벗겨져 즉시 보게 되었다(행 9:18).

크리스천은 예수 중심의 우주관과 역사관, 인간관을 갖는다. 그것은 대학에서 가르치지 않는다. 성경이 가르쳐 준다. '한송이 국화 꽃을 피우기 위해 봄부터 소쩍새는 그리도 울었나 보다' 하는 서정주 시인의 시 구절처럼 한국의 민족 복음화의 꽃을 피우기 위해 열강들이 그리 떠들고 국내는 그리도 소란했는지 모른다.

전도자의 면류관

"아름답도다 좋은 소식을 전하는 자들의 발이여"(롬 10:15).

바울은 자기가 전도해서 주님께 인도한 사람들이 주님 재림하실 때 그가 받을 자랑의 면류관이며 그의 영광, 그의 소망, 그의 기쁨이라고 했다(살전 2:19~20).
면류관에 붙은 별의 수는 전도한 사람의 수라고 말한 사람도 있다.

"의인의 열매는 생명나무라 지혜로운 자는 생명을 얻느니라"(잠 11:31).

죄인 하나가 회개하면 하늘에서 의인 99명보다 기뻐한다고 하셨다(눅 15:7). 탕자가 돌아오면 아버지가 얼마나 기뻐하시는가(눅 15장)!
전도자는 하나님을 기쁘시게 하는 자다.

"많은 사람을 옳은 데로 돌아오게 한 자는 별과 같이 영원토록 비취리라" (단 12:3).

눈물로 뿌린 씨를 기쁨으로 거둘 것이다. 나는 무명의 전도자로 살기로 했다. 다르게는 살 길이 없다.

너희가 과실을 많이 맺으면 내 아버지께서 영광을 받으실 것이요 너희가 내 제자가 되리라(요 15:8)

기도는 창조의 산실

나와 여러분의 기도 시간은 역사의 산실, 기도의 산실이다.
위대한 것은 기도 이외의 장소에서 만들어지지 않는다.

신앙과 미신

하나님의 사실을 믿지 않는 것이 불신이라면 사실 아닌 것을 사실처럼 믿는 것이 미신이다. 따라서 참 사실을 참 사실대로 믿는 것이 참 신앙이다.

인간을 신앙의 면에서 세 가지로 분류한다면 무신(無信), 미신(迷信), 진신(眞信)으로 분류할 수 있다. 말을 바꾸면 사실은 하나인데 안 믿거나 잘못 믿거나 옳게 믿거나 셋 중 하나인 셈이다.

더 생각해 보면 바로 못 믿거나 바로 믿는 양자 택일인 것 같다. 하나님은 존재하든가 존재하지 않든가 둘 중 하나이지 제3의 입장은 있을 수가 없기 때문이다. 얼마나 많은 진리가 인간의 무지와 미지 속에 잘못 믿어져 왔던가. 코페르니쿠스가 지동설을 주장할 때까지 전 인류는 수천 년 동안 천동설을 믿었다.

불신자의 미지(未知)와 무지(無知)와 오지(誤知) 속에서 예수가 못 믿어지고 있다. 사실을 안다면 안 믿을 사람은 하나도 없을 것이다.

소금과 빛

너희는 세상의 소금이요 빛이라고 하신 말씀의 뜻이 무엇인가(마 5:13~16)? 이 말을 껍데기로 이해하고 도덕적 교훈으로만 해석하면 의미가 죽는다.

예수가 참 빛이고 예수가 소금이다. 예수의 생명은 성령을 통해서, 내 중생한 영을 전도체로 하여 세상에 접할 때 그의 믿음과 기도와 순종 생활에서 빛이 나고 소금 맛을 낸다.

소금은
① 깨끗하고 신성한 것의 상징이며
② 썩는 것을 막으며
③ 맛을 내며
④ 생명체의 필수 요소이다.
성령 충만한 성도가 없는 세상은 소금 없는 세상과 같다.

빛은
① 보게 하는 것
② 인도하는 것
③ 열을 주는 것
④ 생명의 원천이 되는 것이다.

맛 잃은 소금은 육신에 속한 신자이다. 그것은 백해무익한 것이다. 예수가 내 속에서 살게 하라. 빛을 발하라.

성령 충만 받으라

　예수를 영접하여 중생하는 순간부터 성령은 우리 안에 내주하신다. 성령 내주와 성령 충만은 다르다.

　비유하면, 성령 충만은 술에 취하거나 돛단배가 돛폭에 바람을 팽팽하게 타는 것이다. 배터리에 충전이 된 것이나 신들린 현상 같은 성령이 나를 전적으로 지배하고 인도하고 가르치고 힘입혀 주시는 것을 의미한다. 풍성한 생활의 비결은 성령 충만에 있다. 성령 충만은 반복해서 받는다. 사도들은 사도행전 2장에서 충만하고 4장에서 다시 충만하다(행 4:31).

　성령 충만은 사랑 충만, 기쁨 충만, 평화 충만이다. 환경이나 나의 소유와 상관없이 충만하다. 전도하는 힘, 기도하는 힘, 주를 섬기는 힘은 성령에게서 온다. 성경을 가르쳐 주시고, 주를 닮게 하신다. 고난과 시련 속에서 승리하고 기뻐하는 능력도 성령 충만에서 온다. 성령 충만을 사모하라.

성령 충만의 표본

사도행전은 기도행전, 전도행전, 사랑행전, 성령행전이다. 사도행전은 최초의 교회, 최초의 크리스천, 그리고 표본적 교회, 표본적 목사, 표본적 크리스천의 행전이다.

목사들은(사도) 기도와 말씀 전하는 것을 전무하였다. 성도들은 날마다 모여 한 덩어리가 되어 교제하고 예배드리고 모든 소유를 서로 통용하고(행 4:34~37) 어디서나 반대받았으나(행 28:22) 담대히 십자가와 부활의 예수를 전했다. 욕먹고 능욕과 조롱당하고, 미쳤다, 술취했다, 귀신들렸다, 이단이다 하여 매 맞고 투옥되고 죽임 당해도 죽이는 자 위해 사랑으로 기도하고 감옥에서 찬송했다.

성령의 열풍이 불어 예수로 예루살렘이 꽉 차게 했고(행 5:28) 천하를 어지럽힌 사람들로 보였고(행 17:6) 소동하고 기이히 여기며 반대했으나 속으로는 모두 칭송하였으며(행 2:47) 3,000명씩 회개하며 성령 충만한 사도를 아무도 가볍게 대할 수 없었다.

믿음은 들음에서

복음의 핵심은 단순하다. 예수가 내 죄를 대신해서 나 위하여 죽으시고 내 대신 나 위해 부활한 것을 마음으로 믿고 내 입으로 예수를 구주로 시인하여 영접하면 구원을 받는다(롬 10:9~12). 이 단순한 사실을 우리가 전해 줄 때 성령이 구원을 확신시켜 주신다. 이 사실을 전해 주는 것이 복음 전도이다.

오순절 날 3,000명이 예수를 믿었는데 베드로가 이 사실을 설교했고, 구스 내시에게는 빌립 집사가 전해 주었고, 사도 바울에게는 아나니아가 전해 주었고, 고넬료와 그 가족에게는 베드로가 전해 주었고, 빌립보 감옥의 간수에게는 바울과 실라가 전해 주었으며, 빌레몬의 종 오네시모에게는 바울이 옥 중에서 전해 주었다.

빌리 그래함에게, 손양원 목사님에게, 그리고 여러분과 나에게 이 말을 전해 준 사람이 있었다. 4,000만 동족에게 이 말을 급하게 전해 주어야 하겠다.

대학생에게 알립니다

　예수는 인류 역사를 A.D.와 B.C.로 갈라 놓은 분입니다. 인류의 정신사를 가로질러 흐르는 두 개의 원류가 있습니다. 그것은 헬레니즘과 헤브라이즘인데, 예수 속에서 그 두 개의 강이 합류해서 현대의 대하를 흐르고 있습니다. 그래서 예수는 영원한 사상의 원천이고, 예수가 주제인 성경은 영원한 고전이요 베스트셀러이며 책 중의 책입니다. 따라서 대학인이면 반드시 한 번은 건너야 할 원천, 지성의 강입니다.

　이번 '80 세계복음화대성회에서 베푸는 국제 대학생 합숙 수련회는 짧은 시간에 원색적 기독교와 접할 수 있는 가장 좋은 기회이오니 진리의 구도적 입장에서 한번 꼭 참석해 보라고 권하고 싶습니다.

〈조선일보〉 1980년 8월 3일 칼럼.

기도는 창조의 산실

교회사의 산실은 오순절의 성령 폭발 이전에 있었던 10일간의 다락방의 기도였다(행 4:14).

누가 나사로를 살렸는가? 물론 예수님이다. 그러나 그 무덤 앞에서 주님이 기도하셨다는 사실은 흔히 간과해 버리고 있다. 주님의 기도 응답으로 나사로를 살릴 수 있었다고 해석해야 한다. 주님이 세례받으시고 기도하실 때 성령이 형체로 그 위에 강림했다. 열두 제자를 택하기에 앞서 철야 기도를 하지 않으시고, 공생애에 앞서 40일 금식 기도를 하지 않으시고 십자가 상에서 기도하지 않으셨으면 어떻게 되었을까? 베드로의 유명한 신앙 고백도 예수님께서 따로 기도하실 때(눅 9:18~22) 된 일이다.

사도행전의 비결도 기도하는 것과 말씀 전하는 것을 전무한 데 있다(행 6:4). 고넬료 사건도 기도 시간에 이루어졌다(행 10:9).

나와 여러분의 기도 시간은 역사의 산실, 기도의 산실이다. 위대한 것은 기도 이외의 장소에서 만들어지지 않는다.

독자에게 드리는 편지

 오는 11일 전야 기도회로 막을 올릴 '80 세계복음화대성회를 위하여 뜻있는 성도님들의 특별 회개 금식 기도를 호소합니다. 조상의 죄, 민족의 죄, 특히 한국 교회의 죄 가운데 미워하고 헐뜯고 싸우고 분열한 죄를 대신 회개하며 하루를 금식 기도해 주시기를 호소합니다.

 한일 합방 70년, 일제 치하 36년, 해방 36번째 맞는 광복절에 민족 성지화되어 가는 여의도광장에서 홍해가 갈라지고 요단을 건너고 여리고 성이 무너지며 해골떼가 부활하며 3년 6개월 동안 닫혔던 하늘에서 비가 내리고 불이 내렸던 갈멜산의 기적과 요엘서와 오순절의 기적이 나타나 세계와 민족이 깜짝 놀라도록, 그리고 사단[붉은 용, 흰 용]의 집요한 책동을 분쇄하도록 기도를 부탁합니다.

너는 내게 부르짖으라 내가 네게 응답하겠고 네가 알지 못하는 크고 비밀한 일을 네게 보이리라 (렘 33:3)

가인의 후예들의 문명

가인은 사단의 씨를 받은 첫 아들이다. 그는 아우를 죽인 최초의 살인자이다. 낙원에서 추방당하고, 땅은 엉겅퀴를 내고 저주받아 땀 흘려 일해도 땅은 살인자에게 풍요한 생산을 거부하였다(창 3:17~19).

가인은 바람 소리에도 놀라 유리(流離)하며 쫓기는 지상의 추방자가 되었다. 이 추방자와 그의 자녀들은 에덴 동편 놋땅에 한 도시를 건설한다. 가인의 도시에서 라멕이라는 장수가 나와서 아다와 씰라라는 허영된 두 여자를 취하여 일부다처가 시작되었고, 라멕의 검가(劍歌)라는 전쟁 문학과, 보복과 살인의 검가가 나왔으며(창 4:23), 수금과 퉁소의 음악 예술이 그 도시에서 나왔고, 철공업의 산업 기계 문명이 그곳에서 발상되었고, 식육업도 전쟁과 함께 발달했다. 살인 문화, 섹스 문화, 도시 문화, 과학 문화, 소돔과 고모라족, 노아족, 바벨론족의 발상지가 바로 이 에덴 동편 놋땅이었다.

예수의 광야 시험

40일 금식 기도한 예수님께 악마는 도전해 왔다. 구속사의 위기의 3대 극점은
① 선악과 시험
② 광야 시험
③ 겟세마네 시련이었다.

시험은 항상 동일한 채널을 통한다. 선악과는 먹음직도 하고 보암직도 하고 하나님같이 지혜롭게 할 만큼 섹스와 돈으로 대표되고, 안목의 정욕은 미학적이며 인기있는 스타가 되는 것이다.

그리고 하나님같이 되는 것은 천상천하 유아독존(天上天下 唯我獨尊), 권력과 영광을 독점하는 신격화된 초인 총통 되는 것이다.

① 돌로 떡을 만들어 먹으라는 시험은 칼 마르크스 같은 메시아가 되라는 것이다.
② 성전 꼭대기에서 뛰어 내리라는 것은 마술사적 기적으로 신흥 종교의 스타가 되라는 것이며
③ 천하를 악마와 타협하여 얻으라는 것은 폭력으로 인류의 신격화된 총통이 되라는 것이다.

시험에 들지 않게 깨어 있어 기도하라(마 26:41)

옛날 귀신과 현대 귀신

현대의 고등 교육은 인간에게서 원시적 무지와 암흑과 미신의 귀신을 추방했으나 귀신의 빈 집에 아무것도 대신 채울 것이 없다. 예수님의 말씀 가운데 귀신 하나를 쫓아 낸 빈 집이 깨끗하게 청소되어 있는 것을 보고 일곱 귀신이 들어와 산다는 말씀이 있는데, 현대 귀신은 원시 시대 귀신보다 7배나 악하다.

미국 가요 가운데 '헬로 헬로 헬로 헬로' 해 놓고 '굿바이 굿바이 굿바이 굿바이' 하고 끝나는 것이 있다고 한다. 아무 할 말도 없고 아무 목적도 없고 아무 이름도 없이 사는 현대 허무 인간들의 빈 집에는 공산당 귀신, 광기 귀신, 쌍 귀신, 잡 귀신, 인간 귀신, 돈 귀신, 헛 귀신, 원귀, 무신론 귀신 등이 둥지를 틀고 산다.

이런 유는 금식과 기도 외에는 나가지 않는다(막 9:29).

열매 맺는 생활의 비결

포도나무 가지가 열매를 많이 맺기 위해서는

① 깨끗케 하심을 받아야 하고(요 15:2)
② 포도나무 안에 거해야 하고(요 15:5)
③ 사랑의 계명에 순종해야 한다.

성도는 예수의 피로 과거, 현재, 미래의 모든 죄를 단번에 다 없애 버렸으므로 깨끗하나 날마다 발에 묻은 죄는 자백함으로 씻음받으면 된다(요일 1:9). 내주(內住) 생활을 위해서는 고백하지 않은 죄가 없어야 하고, 주님 허락과 참여 없이 하는 일이 없어야 하며, 매인 것이 없어야 한다. 말씀 속에서 살아가며, 성령 모시고 성령의 능력으로 사는 생활이어야 한다.
우리는 십계명을 포함한 사랑의 계명에 순종해야 한다. 그리하면 곧 예수 열매 성령 열매가 맺힌다. 탱자나무에 귤감 열매가 맺히는 것과 같다.

나는 포도나무요 너희는 가지니 저가 내 안에, 내가 저 안에 있으면 이 사람은 과실을 많이 맺나니… (요 15:5)

전심(全心)과 지성(至誠)의 신앙 생활

여호와의 눈은 두루 감찰하사 저를 전심으로 찾는 자에게 능력을 주신다(대하 16:9). 주님이 나를 100퍼센트 지순한 사랑으로 대하시므로 나도 100퍼센트의 사랑으로 대해야 마땅하다. 99퍼센트 순도는 안 된다. 전체이든가 전무이든가 양자 택일이 있을 뿐이다.

지성이면 감천이라는 말이 있다. 성(誠)은 옛부터 오상(五常)의 근본이며 백행(百行)과 천리(天理)의 근본이라고도 한다. 자녀를 지성의 기도로 키워야겠다. 전심으로 교회 봉사를 하고 전도할 한 사람을 위하여 전심과 지성을 쏟아 기도하자. 헌금도 예배 참석도 성경 공부도 불공드리는 정성보다 10배나 더 드려 해야겠다. 새벽마다 목욕하고 기도하는 성도를 나는 알고 있다. 차라리 덥든지 차든지 하라. 미지근한 것은 토해 버린다고 하셨다.

거룩한 산 제물의 삶

너희 몸을 하나님이 기뻐하시는 거룩한 산 제물로 드리라. 주님의 삶은 오직 아버지 뜻만을 위해서 그의 몸과 혼과 영이 십자가 상에서 뿐 아니라 삶의 전폭이 속죄양 제물로 순종하는 삶을 살으셨다. 이사야 53장은 그의 삶의 묘사이다. 우리의 전인[몸, 혼, 영]이 구속되고 성화된 것은 하나님의 뜻을 위해 전폭으로 사용되기 위함이다.

사도 바울은 자신을 예수의 몸종이라 했다. 몸종에게는 두 가지 사용 자유가 없다. 시간의 사용 자유, 의지의 사용 자유이다. 자원해서 몸종되고 자원해서 예수의 군사가 되고 자원해서 예수를 위한 사형수 되어 영어(囹圄)의 몸이 되었다.

주님처럼 바울처럼 살 때에만 그 풍성한 그 깊은 사랑과 평안과 기쁨과 그 놀라운 능력이 주어진다. 풍성한 생활이란 산 순교자의 생활, 산 제물된 생활이다.

그러므로 형제들아, 내가 하나님의 모든 자비하심으로 너희를 권하노니 너희 몸을 하나님이 기뻐하시는 거룩한 산 제사로 드리라 이는 너희의 드릴 영적 예배니라(롬 12:1)

한 감방 안의 풍자적 사건

사기범과 절도범과 살인범과 간통범과 정치범과 한 신도가 우연히 같은 감방에 수감되었다. 이들은 시간만 있으면 서로 다투고 상대방의 인격을 매도했다.

사기범은 자신을 처세 예술가라고 생각하는데 일동(一同)은 사회의 쓰레기라고 매도한다. 절도범은 자신을 장발장 만큼 미화시키는데 일동은 사회의 쥐새끼라고 생각한다. 살인범은 자신을 「죄와 벌」의 주인공 라스코리니코프로 착각하는데 반해 일동은 살인마라고 했다. 간통범은 자신을 젊은 베르테르로 미화시켰으나 일동은 치사한 놈이라고 매도했다. 정치범은 혁명 투사라는 의식 과잉에 걸려 있는데 모두는 망치가(亡治家)라고 욕했다. 한 크리스천은 모두들 회개할 줄 모르는 악마의 자식이라고 분노했다.

예수님은 이 바리새 교인 옆에 십자가 상에서 피를 흘리고 있다.

구원의 두 측면

예수가 십자가에서 죽었다가 3일 만에 다시 살아난 사실은 시간과 공간 속에서 일어난 역사적 절대 사실이다. 그것은 태양의 존재만큼 움직일 수 없는 객관적 사실이다. 그런데 그는 나의 죄와 죽음을 대신하여 나를 위하여 죽으시고 나의 의를 위하여 부활하셨다.

이 예수를 나의 구주로 영접하여 믿으면 나와 예수는 일체가 된다. 법적으로 하나가 되고, 심리적으로 하나가 되고, 성령이 영적으로 하나 되게 하신다. 예수 죽음 내 죽음, 예수 부활 내 부활, 예수 성령 내 성령, 예수 삶이 내 삶이 된다. 하나님이 이미 나는 죽었다고 선언하심으로 절대 죽었고 하나님이 다시 예수와 함께 살리심으로 중생한 새 생명을 얻게 되었다.

이때부터 물고기가 물에서 사는 것처럼 나는 예수 안에서 새로운 성령으로 말미암은 생활 환경을 갖는다. 구원은 죽는 구원이 아니라 풍성하게 사는 구원이다.

내가 그리스도와 함께 십자가에 못 박혔나니 그런즉 이제는 내가 산 것이 아니요 오직 내 안에 그리스도께서 사신 것이대(갈 2:20)

기도와 믿음의 국력

에너지 문제가 인류 최대의 문제로 무기화되어 등장했다. 석탄, 석유, 풍력, 지열, 원자력 등 동력원을 개발하는 데 온갖 지혜가 동원되고 있다.

에너지, 식량, 자연 자원 등은 결정적인 국력이어서 자원국들의 횡포가 대단하다. 천재 과학자가 있어 혁명적인 발명을 해 낼 수 있다면 인류를 지배할 수도 있다.

그래서 지식은 국력이다. 국방력, 경제력, 안정된 정치 권력, 단결된 의지의 힘 등이 모두 결정적 국력이 될 수 있다.

그런데 우리 나라는 그 어느 것도 열강 사이에서 겨눌 만큼 강하지 못하다. 그러나 한 가지가 있다. 모든 것을 무로 만드는 힘, 무를 무한으로 만드는 기도와 믿음의 국력을 가지고 있다. 이것을 세계를 구원하는 일등 국력으로 삼자.

크리스천의 소망

크리스천의 소망은 예수와 그의 궁극적인 인류 및 우주의 통치이다. 신앙의 시제(tense)는 과거의 예수 십자가와 부활 사건에 원주소가 있고, 신앙의 현재는 성령으로 사랑하는 생활에 있고, 신앙의 미래는 예수의 재림과 성도의 영화에 소망을 둔다. 예수도, 내세도, 미래의 소망도 없이 사는 실존은 실존 공간이 좁아져서 독 속의 쥐처럼 답답하여 발광한다.

그래서 전쟁을 일으키고, 공산주의 같은 집단주의가 생긴다. 영원을 사모하는 마음을 가진 인간에게 죽음이 끝이라고 할 때, 집단에게 영원 가치를 투비시키기도 한다. 섹스라는 망각의 신, 밤의 신, 섹스 순간의 천둥과 번개 속에 영원을 무화(無化)시킨다. 예수 없이 무슨 소망을 약속할 수 있는가?

부지런하여 게으르지 말고 열심을 품고 주를 섬기라 소망 중에 즐거워하며 환난 중에 참으며 기도에 항상 힘쓰며 성도들의 쓸 것을 공급하며 손 대접하기를 힘쓰라(롬 12:11~13)

예수와 성경 배우는 태도

　바리새 교인과 서기관은 성경 전문가이다. 성경 해석을 위해 태어나서 성경 실천을 위해 살다 죽는 사람들이다.
　그런데 성경의 주인, 성경의 성육신인 예수에게 그렇게 적대감을 가지고 있었고 그렇게 무지할 수가 없었다. 엠마오 도상으로 가는 두 제자는 부활한 예수에게 예수 부활 사건을 모르느냐고 따지며 예수에 대해 설교하여 예수로 꽉 차 있고 예수와 함께 가면서도 예수를 모르고 몸은 예루살렘과 예수의 제자들에게서 멀리 떠나고 있었다. 예수에게 눈이 어두웠다.
　한편 삭개오는 비(非)예수의 외모를 가졌으나 재산의 반이라도 나눠주고 토색한 것은 4배나 갚을 실천과 순종의 마음으로 예수를 보았을 때 예수가 그의 구주로 보였다.
　예수와 예수의 말씀인 성경은 연구 대상이 아니다. 예수는 예수따라 실천하며 살아서 배울 분이며 성경은 알아지는 책이다.

주초(酒草) 문제

한국 교회는 청교도적 계율의 전통에 따라 주초를 엄히 금하고 있다. 주초 문제는 구원과는 관계 없으나 금주와 금연은 경건과 건덕의 미덕인 것이다. 미국의 의학 협회지를 보면 술은 연간 500만 명을 정신분열증으로 만들고 2만 명을 교통 사고로 죽게 하고, 국민병의 제1위인 정신 분열증의 원흉이며, 도덕과 가정과 사회와 국가의 적이며 영혼의 병원체이며 면허있는 도둑놈이라고 했다. 폐암 환자가 20년간 500퍼센트나 증가한 것은 흡연률과 정비례하고, 암 환자의 2분의 1이 술과 담배가 원인이라고 한다. 프랑스는 술 때문에 능률이 연중 30일이나 손해이며, 알콜로 인한 손해 액수가 35~70억 프랑이라도 한다.

먹든지 마시든지 주의 영광을 위해 하라. 우리의 몸은 성령의 전이다. 청교도의 전통을 지키자.

너희가 하나님의 성전인 것과 하나님의 성령이 너희 안에 거하시는 것을 알지 못하느뇨
(고전 3:16)

나의 원(原)주소와 현(現)주소

마틴 부버는 '나'는 근원어라고 말한다. 언어와 개념의 분모라고 할까, 원점같은 것이 '나'라는 개념이다. 좋다는 것은 내게 좋은 것이고, 크고 작음도 내가 척도가 된 것이고, 부모, 조국, 진선미, 시간과 공간의 개념도 내 마음도, 내 몸도, 내 자녀도 내가 근원 개념인 것이다.

그럼 나는 누구일까? 니체는 자신을 두 개의 무(無) 사이의 알 수 없는 의문 부호라고 말한다. 나의 임시 주소인 이 육체가 썩고 나의 소유물인 마음도 없어질 때 나는 어디서 사는가?

예수는 내 집을 예비하신다. 예수는 나의 영원한 원주소 그리고 내가 그 안에 산다. 아버지의 집 같은 어머니의 품 같은 애인들의 보금자리 같은 현주소이다.

가서 너희를 위하여 처소를 예비하면 내가 다시 와서 너희를 내게로 영접하여 나 있는 곳에 너희도 있게 하리라(요 14:3)

중생(重生)의 신비

존재의 차원이 높을수록 변화의 폭이 넓다. 물질은 물리 화학적 자연법에 의해서만 변할 수 있다. 식물은 사계절을 통해서 뿌리와 가지가 열매 번식 등 꽤 다양한 변화를 할 수 있다. 동물은 스스로 삶의 환경을 이동하며 자연에 적응하는 능력까지 가졌다. 그러나 그 본능의 한계를 숙명적으로 넘을 수 없다.

그러나 사람은 다르다. 악하면 짐승 이하 악마처럼 될 수도 있고 성자도 될 수 있다. 번데기가 고치 안에 있으면 나비가 되고 계란에서 병아리가 나오고 해바라기가 태양을 향해 있으면 열매를 맺으며 애기가 태 중에서 사람되어 나오듯이, 보라! 그리스도 안에 있으면 새로운 피조물이다.

그런즉 누구든지 그리스도 안에 있으면 새로운 피조물이라 이전 것은 지나갔으니 보라 새 것이 되었도다(고후 5:17)

비오는 날 밤

　엑스플로 '74 때도 74가지 기도 중에 다 응답이 되고 비와 비오는 날 밤의 사건만 응답이 안 됐었다.

　그러나 세계의 참가자들에게 엑스플로 '74의 가장 인상적인 것이 무엇이냐고 물으면 이구동성으로 비오는 날 밤의 청중과 그 기도라고 대답한다. 이번 성회도 비오던 날 밤 11시부터 다음날 아침 5시까지 여섯 시간을 폭우 속에서 100만 성도가 기도했다. 외국인 참석자들 가운데는 폭우 속의 한국 성도들을 보고 아스팔트에 주저 앉아 회개했다고 술회하기도 했다.

　성령 충만의 새벽에 어느 교회 권사님이 청소차에 치여 세상을 떠났다. 그 자녀들은 어머니의 유지를 따라서 집과 조위금 모두를 개척 교회를 위해 바쳐 우리를 울리고 감격시키기도 했다.

선교사 헌신의 결의

이번 '80 세계복음화대성회에 합숙 훈련을 받던 대학생 1만여 명이 일생에 1년 이상 외국 선교 봉사할 것을 오병이어처럼 집단 헌신 결의를 했고 잇따라 1만 명의 고등학생과 3,000의 청년들도 그런 헌신 결의를 했다.

8월 15일 밤, 지금은 서울의 서울, 기독교 민족이 태어나는 산실 같은 여의도 광장에서 자녀를 바치겠다고 대신 헌신하는 사람들까지 100만이 넘는 선교사 헌신의 결의가 있었다. 이들이 갈 철의 장막의 문이 열리는 소리를 듣는다.

작심 삼일, 인간의 결심은 변덕스럽고 간사하지만 한번 하나님께 바쳐진 것은 절대 하나님의 소유이다. 하나님이 자기 것을 절대 보전하실 것을 믿으라. 세계의 문들이 우리에게 전도의 문으로 열릴 것이다.

그러므로 너희는 가서 모든 족속으로 제자를 삼아 아버지와 아들과 성령의 이름으로 세례를 주고 내가 너희에게 분부한 모든 것을 가르쳐 지키게 하라 볼지어다 내가 세상 끝 날까지 너희와 항상 함께 있으리라 하시니라(마 28:19~20)

끝없는 낙수(落穗)

연일 대성회 후속 낙수들이 모아지고 있다. 전화도 받고 전해 듣기도 한 이야기들이 사도행전 29장을 읽는 듯하다.

병자들이 낫고, 탕자가 돌아오고, 딴 사람처럼 회개하고 변화 받은 이야기, 교회 싸움의 챔피언 목사가 눈이 붓도록 울고, 엄두섭 목사의 설교에 목사들의 마음 찢는 소리를 듣고, 어느 장군이 자진해서 믿기로 결심하고, 부자와 학자들이 나도 믿겠다고 하고, 아버지 어머니가 결신하고, 아들 사돈이 결신했다. 또 어떤 여집사님은 16살 난 학생인 아들을 선교사로 만들어 보내려고 아들을 위해 이번에 저금 통장까지 만들었다고 말했다.

예수의 지진이 일어났다. 성령의 폭탄이 터지고 있다. 성령의 권능은 폭탄과 같다. 200만의 폭탄들이 사랑으로 터지고 전도로 기도로 터지자.

은과 금은 없으나

길에서 만난 여집사님이 "목사님, 나도 선교사로 가겠다고 여의도 광장에서 일어섰는데 배운 것도 없고 기술도 없지만 애기도 봐주고 반신불수 병자 수발도 하고 식모라도 하겠어요. 가장 불행한 사람이 있는 곳으로 보내주세요." 했다. 이런 분들이 선교사로 갈 시대가 왔다.

내게 은과 금은 없어도 주님이 있고 성령이 있고 기도가 있고 어디나 버려져도 샘물처럼 솟아나는 기쁨과 평화가 있고 누구에게나 필요한 사랑이 있다. 침술 선교사, 학생 선교사, 병들고 늙고 고달픈 사람들을 찾아 기도해 주는 기도 선교사.

어둠 속 아늑한 한 자루 촛불처럼 타는, 몸을 녹여 그의 현존만으로도 생명과 빛이 되는 그런 선교사가 되자. 한국 크리스천은 세계인의 사랑의 종이 되자.

베드로가 가로되 은과 금은 내게 없거니와 내게 있는 것으로 네게 주노니 곧 나사렛 예수 그리스도의 이름으로 걸으라 하고(행 3:6)

이런 유는 금식과 기도 외에는

인간 속에, 민족 속에, 역사 속에, 종교와 문화와 정치 속에 악의 뿌리가 있다. 악령이 있다. 초자연적인 세력이 있다. 이런 유는 금식과 기도 외에는 나가지 않는다고(막 9:29) 주님이 말씀하셨거니와 악령의 존재와 역사를 모르고는 인간도 역사도 풀리지 않는다.

산이 높을수록 계곡이 깊고 성령의 열도가 높을수록 악령의 열도도 높아진다. 우리 민족의 몸에서 거라사 귀신(막 5장)을 쫓아내듯 공산당 귀신, 광기 귀신, 헛 귀신, 잡 귀신, 더러운 귀신, 돈 귀신, 정치 귀신, 무신론 귀신, 이단 귀신들을 나사렛 예수의 이름으로 말끔히 몰아내야 하겠다. 특히 싸움 귀신을 몰아내자.

기도와 금식이 아니면 이런 유가 나가지 아니하느니라(마 17:21)

무지와 죄의 자각

1차원[線]밖에 모르는 존재에게 2차원[面]은 초자연으로 보일 것이며, 2차원적 존재에게는 3차원[立體]은 절대 기적으로 보일 것이며, 3차원적 존재인 인간에게 4차원이나 초차원은 초자연이며 기적으로 보일 것이다.

제로(0)는 아무리 곱해도 제로이며, 시간은 아무리 연장시켜도 긴 시간일 뿐 영원은 될 수 없으며 상대와 유한이 절대와 무한이 될 수 없다. 피조물인 인간이 자기 이성의 잣대와 저울로 하나님을 떡 주무르듯 하는데, 성숙한 지성의 자각은 소크라테스처럼 자기 무지에의 자각인 것이다. 예수의 십자가 앞에서 본 인간의 모든 의는 때 묻은 의복 같으며 거룩하신 하나님께 눈 떴을 때 보여진 내 도덕적 존재는 똥 속의 구더기같이 추한 것이다. 그래서 예수의 의를 입으려고 한다.

한국 크리스쳔의 꿈

사람은 누구나 나름대로 되고 싶은 것, 가지고 싶은 것, 알고 싶은 욕망과 꿈이 있다. 돼지꿈, 용꿈, 개꿈, 원색의 야망, 악령이 묵시한 사교적(邪敎的)환상, 돈키호테적 과대 망상, 거짓 선지자들의 몽사(夢事) 등. 하여튼 사람들은 꿈 속에서 산다.

크리스쳔의 꿈은 예수 꿈이어야 한다. 내가 예수를 닮고 예수님을 기쁘시게 하는 꿈, 그리고 내 조국이 예수의 나라가 되는 꿈을 꾸어야 한다.

여호와를 하나님으로 삼고 예수를 주로 삼으며, 성경을 민족 교과서로 신앙과 행위의 표준으로 삼으며, 성령을 민족의 영(靈)으로 모시고, 예수 의식을 민족 의식화하며, 십계명을 국민 윤리로 십일조는 해외 선교비로 쓰는 민족, 군대 복무처럼 수십만의 젊은이들이 예수의 사랑과 복음의 십자군으로 땅 끝까지 파송되는 그런 민족의 꿈을 심자.

묵시가 없으면 백성이 방자히 행하거니와 율법을 지키는 자는 복이 있느니라 (잠 29:18)

하나님과의 대화

기도는 대화이다. 하나님은 성경을 통해서 말씀하시고 나는 기도로 응답한다. 말씀을 들음이 없고 그 말씀을 묵상함이 없이 기도할 때 흔히 독백이 되거나 헛되고 잡된 생각에 흐르기 쉽다.

그래서 성경을 2인칭으로 읽는 것이 유익하다. 예를 들면, 요한복음 1장을 읽을 때, 주여 당신은 하나님이십니다. 당신이 만물을 만드셨습니다. 당신 없이 된 것은 아무 것도 없습니다. 당신은 나의 빛이십니다. 당신 안에 나의 생명이 있습니다. 당신이 안 계신 곳이 암흑이요, 죽음이요, 죄요, 절망입니다. 물고기가 물을 떠나 살 수 없음 같이 당신 밖에서 나의 생명은 살 길이 없나이다.

이렇게 성경을 읽으면 주님과의 대화는 무한히 풍성해진다.

거지전도

주님은 제자들에게 걸식 전도의 훈련을 시키신 것이다. 주님 자신도 머리 둘 곳 없는 걸식 전도자라고 할 수 있다. 바울은 천막 노동 전도자였고, 중세 수도승과 프랜시스 교단과 탁발승단도 거룩한 거지전도단이었다.

기도 속에서 보여 주신 두 얼굴

지난 1, 2월 우리 나라에 위기가 먹구름처럼 몰아 닥칠 때, 나는 예레미야의 끓는 가마가 남을 향해 기울어지는 환상을 보는 느낌이었다.

삼일절을 기해서 요엘서의 긴급 구국 회개 금식 기도를 전국적으로 호소하고 싶은 긴박감이 들어 텔레비전, 신문, 라디오 캠페인에 소요되는 예산을 뽑아 보라고 했더니 6,000만 원이 든다고 했다. 새벽 2시부터 무릎을 꿇고 비용을 위해 기도하는데 너무도 선명하게 환상 속에서 차례로 두 얼굴이 내 앞에 머물고 지나가게 하셨다.

'80 성회 부녀분과위원장 이수훈 권사님과 이형자 집사님의 얼굴이었다. 날이 새자 이 권사님을 만났더니 "목사님, 저도 그런 영감을 받았어요. 제가 이 집사를 만나보지요." 했다. 이 집사는 석 달 동안 그런 묵시 속에서 기도했다고 한다. 이 집사가 거의 전 비용을 담당하고 나머지는 부녀분과가 담당했다. 주여, 한국의 숨은 에스더와 마리아는 몇 만이나 됩니까?

한국의 성모상

내가 어려서부터 존경했고, 내게 신앙의 씨앗을 최초로 심어 준 내 친척 아주머니이며 성결교 여전도사였던 문준경이라는 분이 계셨다.

열두 교회를 세웠고, 수십 명의 목사가 그의 전도와 감화로 배출되었고, 6·25 때 순교했다. 신·불신간에 병든 자를 찾아 기도해 주고 굶는 사람에게 누룽지를 얻어 배급했다. 귀신 들린 여인들, 버림받은 여인들, 병든 여인들, 굶는 사람들로 그 집은 항상 초만원이었다.

한 친구와 내가 그 아주머니 집에서 석달을 머물며 참 인간의 목자, 만인의 어머니상을 보았다. 그분은 교육받은 분이 아니다. 그러나 그런 분은 어느 나라 어느 사회에 던져져도 만인의 목자요 어머니가 될 것이다. 예수와 그 사랑 가지고 무명의 여집사들이여, 땅 끝까지 가자.

예수가 사장

이번 성회에 참석한 미국 실업인 스탠리 탐의 간증은 매우 은혜스러웠다. 그는 앞서 네 사람이나 망한 플라스틱 회사를 모두 말리는데도 인수해서 5번 타자로 경영했으나 역시 파산하고 말았다. 엎디어 기도하는 중 주의 음성이 들리는데, "다시 한번 해 봐라. 이번에는 주님을 사장으로 모시고 해 봐라."하는 것이었다.

변호사를 찾아가서 법적으로 예수님께 51퍼센트 주식을 드리기로 하고 사사건건 주님께 물어 경영한 결과, 지금은 매년 순 이익이 200만달러나 된다고 한다.

소유 개념, 기업 경영 개념을 혁명해야 하겠다. 우리는 주님의 청지기라는 사실을 말이나 법 이상으로 인정해야 하겠다.

내가 진실로 너희에게 이르노니 주인이 그 모든 소유를 저에게 맡기리라(마 24:47)

거지전도

예수님이 열두 제자를 부르사 둘씩 둘씩 보내시며 더러운 귀신을 제어하는 권세를 주시고 명하시되 여행을 위하여 지팡이 외에는 양식이나 주머니나 전대의 돈이나 아무 것도 가지지 말며 신만 신고 두벌 옷도 입지 말라(막 6:8). 주님은 제자들에게 걸식 전도의 훈련을 시키신 것이다. 주님 자신도 머리 둘 곳 없는 걸식 전도자라고 할 수 있다. 바울은 천막 노동 전도자였고, 중세 수도승과 프랜시스 교단과 탁발승단도 거룩한 거지전도단이었다.

대학생 거지전도단을 내 보내 봤더니 잠 재워 주고, 밥 얻어 먹은 사람에게 전도하는 것이, 병 고쳐 주고, 구제품을 주고, 노래와 영화로 잔치 해 준 경우보다 진지하고 순수하게 예수를 대한다는 실증이 있다. 한국 선교 시대의 묵시같은 경험이다. 거지전도는 선교사 훈련의 필수 과목이어야 한다.

그 행사가 다 형통하리로다

여호와 하나님, 아브라함과 이삭과 야곱의 하나님은 전능 전지하시고, 무소 부재하심과 동시에 사랑이시고 은혜로우신 예수 그리스도의 아버지 하나님, 우리 하나님이시다.

이에 반해서 이교의 모든 신들은 심술 사납고, 인간을 몹시 괴롭히는 신들이다. 이 신관에서 서양인의 긍정적이고 적극적, 창조적, 생산적 사고 방식이 생겼다.

여호와를 경외하고 그 말씀을 주야로 묵상하는 성도는 시냇가의 과실나무처럼 그 행사가 다 형통하다(시 1:3~4). 주 안에 있는 자녀는 모든 것이 합력해서 선을 이루고, 사랑 사건이 아닌 것이 없다. 영혼이 잘됨 같이 범사에 잘되고 강건하기를 주님은 원하신다(요삼 2장). 아이고 죽겠다. 못살겠다의 부정적 민족 의식 구조를 다 형통하다는 예수 의식 구조로 바꿔야 하겠다.

성공의 절대 비결

아더 디마스 장로는 미국의 기독실업인 가운데 다섯 손가락 안에 드는 신앙과 경영과 재력면에서 성공한 대표적 인물이다. 내게도 회관 지으라고 50만 불(3억 원)의 돈을 준 일이 있고, 유산을 정리하여 약 7억 불의 선교재단을 만드는 중이다. 그의 간증 가운데 절대 성공의 비결은 간단하다. 하나님은 그 자녀가 성공하고 형통하기를 원하는데, 사람이 하나님의 원칙대로 순종하지 않기 때문에 성공하지 못한다고 한다.

성공의 비결은 주님을 위하여, 주님으로 하여금 사업주가 되게 하라는 것이다.

① 주일을 철저히 성수하라.
② 하루의 첫 시간은 기도로 주님께 바치라.
③ 십일조를 드리라.
④ 더 많은 시간, 더 많은 돈을 주님을 위해 쓰라.
⑤ 예수님이 가정의 주인이 되게 하라.
⑥ 사업의 모든 문제와 필요를 주님이 해결케 하라.

선교사 서원자에게

날마다 수십 통의 전화 문의와 편지 문의가 8월 15일 밤 선교사 지망 서원하신 분들로부터 쇄도하고 있습니다. 대학생, 주부, 의사, 신학생, 기능공, 간호원, 교사, 고등학생, 군인 등 다양한 계층에서 구국 전쟁터의 지원병들처럼 사기가 충천하고 있습니다. 후속 육성을 위해 안내서를 만들겠습니다. 이 예수 칼럼을 통해서 고지(告知)하겠사오니 유의해서 보시기 바랍니다.

우선 기도로 잉태된 것을 키우시고, 선한 일을 시작하신 이가 반드시 이루실 것을 믿으십시오(빌 1:6), 우선 지금부터 선교 적금을 드십시오. 국내 순례전도단(거지전도)을 만들어 사도행전의 원색적 전도 훈련을 해 볼까 합니다.

너희 안에서 행하시는 이는 하나님이시니 자기의 기쁘신 뜻을 위하여 너희로 소원을 두고 행하게 하시나니(빌 2:13)

구원의 모상(母像) 마리아

하나님이 그 독생자 예수를 그 몸에 잉태시켜 태어나게 하사 그 교육을 위탁할 여인으로 마리아를 택하셨다.

당시 사회적 종교적 기준으로 보아 약혼녀의 임신이란 사형 선고나 마찬가지이고 더구나 사랑하는 요셉의 의심을 영원히 풀 길이 없었다. 그러나 마리아는 "주의 계집종이오니 말씀대로 내게 이루어지이다"(눅 1:38)하고 죽음보다 잔혹한 잔을 수락한다.

이 절대 신앙과 헌신은 주님의 겟세마네 동산에서 아버지가 주시는 십자가, 엄청난 잔을 수락하는 순종과 혈연 관계를 가졌다. 주님의 몸과 마음은 마리아를 닮았을 것이며 그녀의 신앙과 기도의 탯줄과 젖줄과 핏줄에서 영이 자랐을 것이다.

이 땅에 숨겨진 무명의 우리들의 마리아들이여, 작은 예수들을 수난의 말구유에 낳아 키우소서.

보지 못하고 믿는 자의 축복

도마는 실증주의자이다. 부활하신 예수님이 도마 없이 모인 제자들에게 나타나서 손과 옆구리를 보이시니 제자들이 주를 보고 기뻐했다(요 20:20). 그러나 도마는 내가 그 손의 못자국을 보며 내 손가락을 그 못자국에 넣으며 내 손을 그 옆구리에 넣어 보지 않고는 믿지 아니하겠노라고 했다(요 20:25).

여드레 후에 주님이 도마에게 나타나 내 손을 보고 네 손을 내밀어 내 옆구리에 넣어 보라. 그리고 믿는 자가 되라 하시니 도마가 나의 주, 나의 하나님이라고 고백했다. 주님은 너는 본 고로 믿느냐 보지 못하고 믿는 자들은 복되다 하셨다.

보고 만져 보는 감각적인 꿈이나, 환상이나, 방언이나, 신유, 기적, 혹은 신비롭고 황홀한 종교 감정 없이 실험관적 실증이나 논리의 명증성(明證性)이 없어도 말씀을 철석같이 믿는 신앙을 주님은 더욱 기뻐하신다(히 11:6).

크리스천의 유머[해학]

사강은 〈어떤 미소〉를 썼다. 살벌하고 처절한 생의 상황에서도 크리스천에게는 어떤 여유, 어떤 공간이 있어야 한다. 그것을 신앙적 유머, 혹은 품성의 해학적 매력이라 해도 좋다.

지금은 주부인 내가 사랑하는 CCC의 한 자매가 있다. 아무리 긴장되고 심각한 상황에서도 그가 말하면 모두들 영혼 속까지 웃음의 문이 열린다. 구린내로 모두들 상을 찡그린 분위기에서 맛있는 멸치젓 냄새같다고 할 사람, 다사로운 햇볕같이 만나기만 하면 모두들 행복을 느끼는 밝고 포근한 자매, 자기 자신은 항상 담백(淡白)하고 욕심이 없다. 그와 반대로 서릿발 같고 먹구름처럼 저기압을 몰고 다니는 보기만 해도 오싹하는 사람이 있다. 크리스천은 만나고 싶어지는 사람, 말이 없어도 옆에 있으면 예수같이 느껴지는 어떤 공간을 가져야 한다.

비판 정신

　생산적 비판은 어느 분야에서나 발전과 시정과 성장을 위해서 꼭 필요하다. 비판에 대하는 태도도 인간을 평가할 수도 있다.
　비판을 받으면 원한을 품거나 토라지고 절망하거나 보복적으로 반응하여 자기 삶을 토치카화 시켜 배타적, 폐쇄적 패배주의 인간이 되기가 쉽다.
　비판받는 태도도 중요하지만 비판하는 심정은 더욱 책임이 무겁다.

　"자유여 그대의 이름으로 얼마나 많은 범죄가 자행되는가"

　이것은 프랑스 혁명 때 내려치는 기요틴에 수만의 목숨이 처형되는 것을 보고, 로란 부인이 개탄한 말이다. 비판의 이름으로 얼마나 많은 사람들이 정신적 살해를 당하는가. 약이 아닌 독약, 숨은 질투심과 증오심의 발로인 뭇 비판자여, 칼을 버리자. 사랑 없는 비판은 들보있는 눈이다. 비판자의 자격은 사랑뿐이다.

천리 길도 일보(一步)부터

한 세균학 검사실에 300여 종류의 우유 견본 검사 의뢰가 왔다. 교수가 조수에게 일이 벅차겠다고 걱정했더니 "한 번에 하나씩만 하면 힘이 안듭니다."고 했다.

이 평범한 말 가운데 인생의 중요한 교훈이 있는 것 같다. 산더미같이 많은 과제와 일생의 과제를 한꺼번에 처리하려고 하니까 심리적으로 지쳐 버리는 것이다. 시작이 반이라고 상상보다는 해 보면 쉽게 풀리는 일이 많다. 다만 꾸준히 끝까지 열심히 하는 것이 문제이다.

하루에 한 시간씩 일생을 집중적으로 성경을 공부하면 대학자가 될 수 있다. 하루 한 사람 전도하면 최대의 전도자가 된다. 소처럼 걸어가 보라. 신앙은 인내이다.

욥은 재산, 자녀, 건강, 그리고 아내와 위로를 잃고, 친구의 공격을 받고, 회의와 절망 중에도 믿음의 보행(步行)을 중단하지 않았다. 하루 하루 한 발자국, 한 발자국을 정성껏 살자.

나를 사랑하라

　네 이웃을 네 몸같이 사랑하라신 주님의 사랑의 계명(誡命) 가운데는 너를 사랑하라는 뜻이 숨겨져 있다. 이 놀라운 진리를 오랜 후에야 깨닫고 한때 도통한 기분이었다.
　이기주의는 죄의 근본이지만 애기(愛己)와는 다르다. 자기 자신을 잘못 사랑하고 있는 사람이 많다. 사람은 남을 미워하기 전에 자아는 불화(不和)한 부부처럼 싸워서 자신을 미워하고 있다.
　내가 예수 안에서 하나님과 화해했을 때 나는 비로소 나를 사랑으로 다시 해후(邂逅)한 것이다. 그 때까지는 내가 얼마나 악성의 자학증과 자기 혐오라는 병에 걸려 있었다는 사실을 미처 몰랐다.
　얼마나 소중하고 사랑스러운 나의 재발견인가. 내가 남의 웃음거리가 됐을 때도 죄를 자백할지언정 죽이고 싶도록 미운 것이 아니라 사랑스럽게 자신을 대해 주는 심리적 변화는 주님의 사랑의 신비 체험인 것 같다.

거짓 증거 하지 말라

십계(十誡)의 제 9계명은 법정적 위증 문제보다 근본적인 허언(虛言)과 허위(虛僞)의 인간을 문제 삼고 있으며 진실에 관한 계명인 것이다. 사단의 대표적 악성은 거짓과 살인이다(요 8:44). 성경의 위증죄는 피고와 동일한 벌을 받거나 유대인의 시행령은 위증벌칙이 피고의 배나 무거웠다. 흥미있는 것은 알고 있으면서 책임 회피로 침묵하는 경우도 위증죄와 같은 벌을 받았다.

성경은 거짓말을 간음죄, 살인죄, 하나님 모독죄와 동류로 취급하고 있다(행 23:14; 겔 13:17~19). 중상 모략으로 인격 살인을 밥 먹듯하는 거짓의 살인자는 악마의 정손(正孫)이다.

현대의 사교, 외교 선전 언어들은 고도로 애매하여 구렁이 언어, 안개 언어를 쓴다. 사상 가장 체계화된 거짓말은 무신론적 진화론 교육이다. 그것이 바로 살인죄와 음란죄의 원천이다.

기도의 계절

가을은 독서의 계절, 여무는 계절이다. 고(故) 김현승 선생의 〈가을〉이라는 시 가운데 '가을에는 기도하게 하소서'가 생각난다. 알찬 기도를 배우자. 기도의 졸업생은 없다. 기도의 제목으로 너무 큰 것도 너무 작은 것도 없다. 기브온 중천에 태양을 머물게 한 기도나 잃어버린 장난감을 찾게 해달라는 기도는 하나님 아버지에게는 다 같이 소중한 자녀의 기도이다. 기도의 장소와 시간과 상황과 기도하는 인물은 제한이 없다. 기도의 제1법칙은 상황을 바꾸기보다는 나를 바꾸고, 상황에 대처할 지혜와 능력을 받는 일이다. 그리고 우리가 스스로 할 수 있는 일은 하나님이 해 주시기를 바라지 말아야 한다. 우리의 필요한 것 중 가장 필요한 것은 선한 사람이 되어 선한 생활을 하도록 기도하는 것이다.

기도를 들으시는 주여 모든 육체가 주께 나아오리이다(시 65:2)

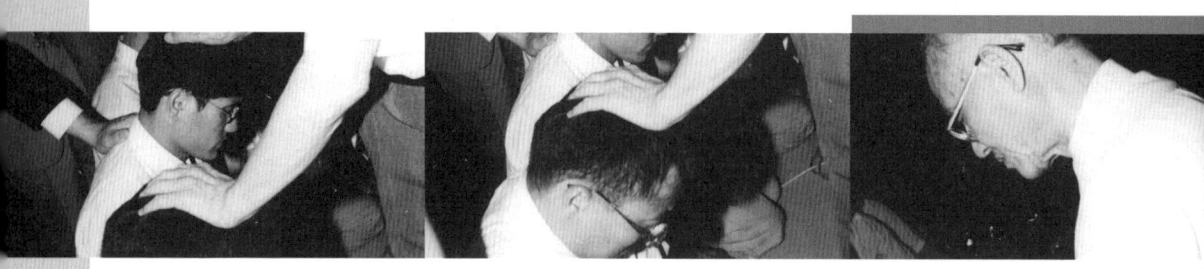

속죄자와 죄의 전가자

변태 성욕자 가운데는 자기 치부를 노출시키거나 남의 치부를 도청하고 엿보는데 쾌감을 느끼거나 자기 몸에 고통을 받고, 남에게 고통을 줌으로 쾌감을 구하는 소위 새디즘과 마조히즘 치한(恥漢)도 있다. 공존하고 있다.

이런 이야기가 있다. 어느 못된 장로가 성가대 처녀를 꾀여 아이를 낳게 한 후, 월남해서 성자처럼 사는 독신 목사의 아들이라고 공모하여 흉계를 꾸미고 아이를 목사집에 가져다 놨다. 목사는 묵묵히 그 아이를 4년간 키웠다. 목사가 떠난 후에도 장로는 나팔을 불고 다녔다. 도적이 "도적이야" 소리지르며 달아날 때의 심리처럼 자기 속의 도적을 남에게 투사하거나 전가시키는 것이다.

자기 죄를 남에게 전가하여 쾌감을 느끼는 변태적 중상 모략적 인간과 남의 죄를 자기 죄처럼 안고 속죄하는 작은 속죄자가 교회에는 공존하고 있다.

경건의 수행(修行)

옛날 수도사들이 금식, 노동, 기도, 봉사, 침묵, 탁발(托鉢), 무소유(無所有) 등의 수행(修行)으로 자신의 전 존재와 생활의 전폭을 주님께 드리는 향내나는 제물이 되었던 것을 본받아 경건 생활을 몸에 배게 하기 위해 성직자는 물론 교회 제직 특히 청년 학생들을 일정 기간 입소 합숙시켜 위탁 수행하는 개신교 수도원이 생겼으면 좋겠다.

경건의 수행 중에 한 가지 권하고 싶은 것이 있다. 기도의 일광욕같은 명상의 시간을 갖는 것이다. 장소는 다방 구석이라도 좋다. 하루에 몇 차례 주의 빛이 나를 감싸도록 모든 마음의 창문을 열고 마음을 비워 명상 중에 주님만을 앙모하라. 할 수 있으면 한 주간쯤 산에 가서 주님과 나만의 시간을 갖고 때 묻고 더러운 것을 씻어 내는 것이 좋다.

충성된 생활

히브리서 11장에는 신앙의 거성(巨星)들이 수록되었는데 하나님께 충성된 사람들이다. 그들은 하늘 아버지께 효자요 충신이요 산 순교자들이다.

사람은 달란트가 각각 다르고 은사도 다르고 처해 있는 상황도 다르다. 중요한 것은 내가 처해 있는 '지금', '여기'에서 충성하는 것이다. 크리스천이 부름 받은 장소는 '지금 여기'이다. 과부가 가진 엽전 두 닢, 몸이 열 개라도 모자라는 중요하고 바쁜 시간 중에서 주님께 드리는 첫 시간을 주님은 원하신다. 병들고 깨진 질그릇 같은 인생이나 깨진 항아리 소리로 찬송을 불러라. 문둥이면 어떠냐.

법주사 뜰 구석 큰 바위 꼭대기에 500년 묵은 앙상한 소나무가 있다. 던져진 곳에서 불평 없이 충성되게 삶을 지킨 그 나무같이 되고 싶다.

네가 죽도록 충성하라 그리하면 내가 생명의 면류관을 네게 주리라(계 2:10)

미국 최후의 부흥 기류

  미국의 가장 권위있는 세론조사(世論調査) 기관인 갤럽(Gallup Poll)에서 미국인의 신앙 실태를 조사한 것이 무디 신앙지(Moody Monthly) 8월호에 소개되었다.
  80퍼센트의 미국인은 그리스도가 하나님이며, 하나님의 아들임을 믿고, 그 자녀들이 신앙 육성받기를 원한다. 93퍼센트가 예수의 육체 부활을 믿고, 4,000만 명이 예수를 개인의 구주로 영접했고, 70퍼센트가 악마의 인격적 실재를 믿고, 50퍼센트가 십일조를 내며, 50퍼센트가 매일 성경을 읽는다. 60퍼센트의 미국 시민은 교회가 지나치게 교파적인 일에 정력을 소모하고 영적 기력을 상실한 것에 대해 불만을 품고 있다.
  특히, 우리가 경계할 주목할 만한 현상은 80퍼센트의 시민들은 교회 출석을 하지 않아도 좋은 크리스천 생활이 가능하다고 답을 한 점이다. 기성 교회가 비전을 상실하자 가정 교회로 모이는 수가 증가되고 있다.

살아서 운동력있는 말씀

성경 말씀의 생명력과 변화와 치료의 능력은 수천 년 동안 수억 만의 산 실증으로 인삼 효능보다 유력한 임상학적 통계 진리이다.

이 책은 죄와 상극이어서 성경과 친할수록 죄와 멀어지고, 죄와 친할수록 이 책과 멀어진다. 성경은 거울과 같다. 성경의 거울 앞에 비친 나와 세상이 하나님의 눈으로 보는 진상이다.

성경은 나를 씻어 깨끗하게 하는 운동력이 있다(엡 5:26). 성경 속에서 살면 부패할 수 없다. 성경은 생명 생식 능력이 있다(벧전 1:23). 말씀을 심으면 예수의 씨가 무한히 번식한다. 말씀은 생명의 양식이 된다(벧전 2:2).

영적 건강도를 재는 척도는 성경 식욕이다. 말씀 식욕이 떨어지면 영적 건강 적신호이다. 불신자를 1년 동안만 성경 공부에 참여시키면 95퍼센트는 크리스천이 된다는 통계가 있다.

> 하나님의 말씀은 살았고 운동력이 있어 좌우에 날선 어떤 검보다도 예리하여 혼과 영과 및 관절과 골수를 찔러 쪼개기까지 하며 또 마음의 생각과 뜻을 감찰하나니(히 4:12)

칼은 칼로 망한다

베드로는 예수님이 불법 체포당할 때 정당 방위로 칼을 뽑아 말고의 귀를 잘랐다. 그때 주님은 '칼을 가지는 자는 다 칼로 망한다'고 하셨다. 성경에는 보복의 인과율이 있다.

"사람이 피를 흘리면 사람이 그 피를 흘릴 것이니"(창 9:6).

"칼로 죽이는 자는 마땅히 죽으리니"(계 13:10).

"남을 헤아리는 그 헤아림으로 헤아림을 받을 것이요"(마 7:2).

"심은 대로 거두리라"(갈 6:7).

"피가 피를 따르리라"(겔 35:6).

칼의 정의는 생각 속에, 말 속에, 행동 속에 품은 미움과 악독과 못된 심보와 보복심이다. 이것은 인격과 영혼의 암이요, 흑사병 바이러스이다. 내 심신과 영혼 그리고 내 자손, 내 조국에 감염시키는 흑사병 보균자들은 예수의 피의 혈청 주사를 맞고, 원수를 사랑하는 법을 당회와 노회와 총회가 분위기를 만들자.

시간의 청지기

"시간을 아끼라. 때가 악하니라"(엡 5:16). 이 말씀의 뜻은 시간을 선용하고 구제(救濟)하라는 뜻이다.

시간이란 그 속에 곡식이나 나무를 심는 토지와 같아서 옥토를 잡초로 묻히게 하기도 하고, 불모의 땅도 비옥하게 가꾸는 농부가 있는 것처럼 어떤 사람들은 토박하고 불행한 시간들을 가꾸어 푸른 초원 같은 인생을 거둔다. 목동 다윗의 소년 시절은 우리 나라로 치면 산에 나무하는 초동(草童)인데, 외롭고 삭막한 시간을 살려 신앙과 시와 음악을 배웠고, 물에 던지는 연습을 해서 골리앗을 쳐 죽이는 구국 전사가 됐다.

크리스천은 시간의 양을 질로 바꿔 쓰고, 밤을 살고 새벽을 살며, 남이 4년에 하는 것을 1년에 하여 시간의 순도와 농도를 높여야겠다.

지혜로 행하여 세월을 아끼라(골 4:5)

성구 암기

통계에 의하면 글로 읽은 것은 15퍼센트가 남고, 시청각으로 보고 들은 것은 25퍼센트, 손으로 써 본 것은 40퍼센트, 암송한 것은 100퍼센트가 남는다.
H.G 웰스는 지식 정보를 잘 기억하기 위해 세 가지를 점검해야 한다고 했다.

① 정확한 수입(受入)
② 완전한 저장
③ 완전한 인출(引出) 방법.

이 세가지 기억 원리를 참고로 성경 구절을 암기하려면 불필요한 잡지식을 청소해 버리고 매일 명상과 기도로 성구를 새기며, 절대로 기억할 것을 내 두뇌에 명령해 둔다.
빌리 그래함은 하나님의 기관총이라는 별명을 가졌다. 그의 설교의 80퍼센트는 암송한 성구를 총쏘듯 한 것이다. 광야 시험 때 주님의 사단 처치도 성구로 하셨다. 내 경험으로도 암기한 성구가 원자탄처럼 쓰여졌다. 영어로도 암기하면 어학 공부에 더 이상의 도움이 없다.

고난의 신비

"그가 나를 연단하신 후에는 내가 정금 같이 나오리라"(욥 23:10).

"고통과 악은 왜 있는가. 하나님이 그것을 방지하고 싶어도 방지할 수 없었다면 무능한 분일 것이며, 고통과 악을 방지할 의사가 없었다면 악한 하나님일 것이다."

이런 반항과 고발은 언제나 있었다. 그 원인을 알아보면 복잡하지만, 한 가지 분명한 것은 고통의 인격 교육 효과와 악의 치료 효과는 절대적인 것같다. 그래서 고통은 제3의 성례(聖禮)라고도 불리운다.

특히 신앙 인격의 성화(聖化)와 연단을 위해서 예수의 고난에 참여하고, 내 이웃의 고난에 자진해서 참여하는 것 이상 효과적인 것은 없는 것 같다. 팔자 좋게 태어나 편안히 죽는 사람은 빈 껍데기 인생, 창피한 인생이다.

생각건대 현재의 고난은 장차 우리에게 나타날 영광과 족히 비교할 수 없도다(롬 8:18)

밭에 감추인 보화

천국은 밭에 감추인 보화와 같다. "사람이 이를 발견한 후 숨겨 두고 기뻐하여 돌아가서 자기의 소유를 다 팔아 그 밭을 샀느니라"(마 13:44).

이 비유 속에 보화는 예수와 그의 나라이다. 그것의 가치가 절대적이어서 다른 모든 것을 상대화시킨다는 뜻이다.

바울은 그리스도를 소유하는 일에 비하면, 전에 소중하게 생각되던 것들이 배설물같이 여겨진다고 했다(빌 3:8). 예수의 가치를 참으로 안다면 예수 믿지 않을 사람이 없을 것 같다. 성령 충만의 진가를 안다면 목마른 사람처럼 전 소유를 다 팔고 나를 제로로 해서라도 목숨을 걸고라도 그것을 소유하려 할 것이다. 돼지 앞에 진주처럼, 예수의 가치가 보이지 않는 것이 비극이다.

예수의 접종(接種)

우리는 예수의 죽음과 예수의 부활에 연합하여 세례를 받았다(롬 6장). 예수의 피는 우두(牛痘)접종이나 전염병 왁찐 주사에 유사하다. 예방 주사 왁찐을 얻어내기 위해서 실제로 한 사람이 대신 그 병을 앓아야 하는 경우가 있다.

그런데 예수가 내 죄와 죽음을 대신하여 고난 받으시고 죽으셨다는 대속(代贖) 신앙의 결과로 인격적, 의식적 변화가 일어난다. 이것은 종(種)의 변화, 생태학적 변화이다. 나는 이것을 대속 신앙의 신비라고 부르고 싶다.

즉, 예수의 죽음과 고난에 참여한 사람은 반드시 내 이웃의 고난과 죽음에 피부를 맞대 보고 싶은 충동이 생긴다. 예수 접종을 받은 사람은 남의 죄와 고통에 접종되게 마련이다.

만일 우리가 그의 죽으심을 본받아 연합한 자가 되었으면 또한 그의 부활을 본받아 연합한 자가 되리라(롬 6:5)

율법과 은혜

존 번연의 〈천로역정〉에 기독도가 어느 방에 들어 갔더니 먼지가 한 자나 쌓였는데 한 소년이 빗자루로 먼지를 쓸고 법석하니 먼지는 뽀얗게 방안에 자욱하다가 도로 바닥에 가라 앉았다. 이것이 무엇이냐고 물었더니 율법이라고 안내자는 말했다. 다음 방은 같은 먼지를 소녀가 나와서 물을 뿌리고 깨끗이 씻어 냈다. 그것은 은혜라고 했다.

세례 요한은 구약 최후의 예언자요, 구약 율법 체제의 상징적 인물이며, 도덕 인간의 대표자이다. 예수님은 그를 여인이 낳은 자 중 가장 큰 자라고 하셨으나 천국에서는 가장 작은 자 보다도 못하다고 했다. 도덕과 율법은 〈천로역정〉의 소년처럼 죄악을 해부할 수는 있어도 제거할 힘은 없다.

그러나 예수의 복음은 성령의 은혜로 개인의 마음 속, 사회 속에서 〈천로역정〉의 은혜 소녀처럼 죄를 씻는 힘이 있다.

예수의 족보

세상에서 가장 심오한 진리 탐구의 각오와 기대감에서 신약 성경을 펴고 첫 페이지를 읽는 사람마다 실망하고 던져 버리는 것이 예수님의 따분한 족보이다.

사실은 그 족보 속에 복음의 소중한 열쇠가 숨겨져 있다. 예수는 여인의 후손으로 태어난다는 약속이 있다(창 3:15). 예수의 족보에는 네 여성의 이름이 있는데, 다말과 라합과 룻과 우리아의 아내 밧세바이다.

다말은 시아버지를 꼬여 불의의 아들을 낳았고(창 38장), 라합은 여리고 성의 창녀였으며, 룻은 이스라엘 사람이 개 취급한 이방의 과부였고, 우리아의 처(妻)는 다윗 왕과 간통해서, 남편이 다윗에게 살해 된 후 남편의 원수와 동거한 여인이다.

예수보다 낮고 천한 신분과 출생은 없다. 이 창피한 벌레 같은, 나의 구주가 되기 위하여 취하신 하나님의 저자세이다.

배우자를 택하려는 이들에게

우리 나라도 여성 신자가 3분의 2나 된다. 그래서 처녀들은 남자 수가 절대 부족하니 불신자와 결혼을 할 수밖에 없다고 항의한다. 물론 불신자와 결혼하여 전도해서 성공한 존경스런 분들도 나는 많이 알고 있다. 그러나 원칙적으로 불신 결혼은 성경적이 아니다.

하나님은 이삭의 리브가처럼 반드시 그 자녀의 배우자를 위한 놀라운 섭리와 계획이 있으니 깊이 기도해 보라. 나를 돕던 선교사 가운데 베커라는 분이 신앙이 맞는 처녀를 못 구해서 만일 주의 뜻이면 일생을 독신으로 살기로 기도하던 날, 서로 약속 없이 같은 기도를 한 처녀와 만나 결혼했고, 브라잇 박사는 너무너무 사랑하던 약혼녀였지만 신앙이 맞지 않아 3년을 기다리다 약혼녀를 버리기로 기도한 날, 그 약혼녀가 재헌신을 결심하여 결혼하게 되었다. 믿고 구해 보라.

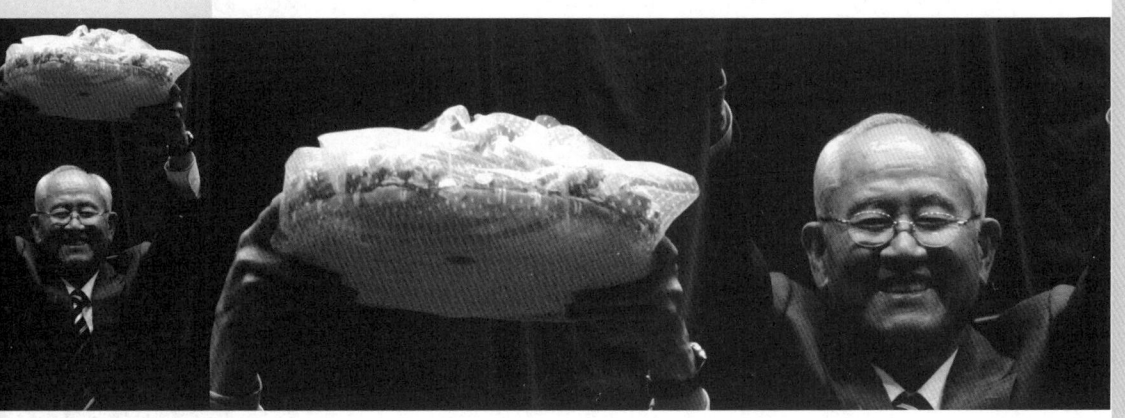

세계 평화는 오는가

'세계 평화'가 오늘날 세계의 구호이다. 무기 경쟁도 구실은 평화 유지이다. 세계 대전이 인류의 자멸인 것을 초등학생들도 알고 있기에 전쟁을 싫어하지만 전쟁을 억제할 능력이 인간에게는 없다. 현대 문명은 불달린 칼인데 어린 아이와 정신 병자가 그 칼과 불을 가지고 휘두르고 있다.

성경은 싸움의 원천이 사람의 마음과 악마에게 있다고 했다.

"땅에서 평화를 제하여 버리며 서로 죽이게 하고 또 큰 칼을 받았더라"(계 6:4).

2차 대전 막바지에 최초로 만든 원자 폭탄의 가공할 위력에 대하여 미국 국회에서 비밀 증언한 오펜하이머 박사에게 "그 무서운 무기를 방지할 무기는 무엇이냐?"고 물었더니 그것은 '평화'라는 무기뿐이라고 했다.

성도들이여, 분명히 알라. 평화라는 무기는 인간에게 없다. 3차전은 반드시 일어난다. 예수 통치만이 평화이다.

부화기적 훈련

영성 100도짜리 순장 한 사람에게 10명을 책임지게 하여, 100시간을 이렇게 지나면 영성도 60도와 30도짜리, 혹은 영하 10도짜리까지, 98퍼센트가 영성도 100도가 되는 통계가 나왔다. 생명 전염의 부화기적(孵化器的)훈련으로 일시에 수천명씩 결신자가 생겼다.

십자가의 비의(秘義)

우주에서 십자가 이상 강렬한 상징은 없을 것이다. 히틀러의 스와스티카[右曲十字記章]는 십자가의 역형(逆形)이라 할 수 있다.

수죽과 수평의 대신(對神) 대인(對人)의 선이 관통되었다. 복음에는 하나님의 의가 나타났다고 했는데(롬 1:17), 하나님의 공의도 살고 하나님의 사랑도 살고(both/and), 예수님은 십자가상에서 하나님에게도 버림받고 사람에게도 버림받고(neither/nor) 엘리 엘리를 부르던 처절한 부르짖음의 뜻은 무엇인가? 하나님의 의가 살고, 하나님이 하나님 되기 위해서는 율법대로 죄 값은 사망이니 사람이 죽어야 하는데, 사람이 살려면 하나님의 율법[공의]이 죽어야 하는 이것이냐 저것이냐(either/or)의 모순을 십자가에서 해결했다.

그의 의(義)로 인간을 구원하고(시 71:1; 119:40), 소생케 하여 해방시켰다. 그것은 인생과 우주를 푸는 열쇠이다.

십자가의 도가 멸망하는 자들에게는 미련한 것이요 구원을 얻는 우리에게는 하나님의 능력이라 (롬 1:18)

메시아 대망

구세주 대망은 헬라의 신화 속에도 민속 신앙들 속(우리 나라는 정감록의 정도령)에도 정치적 사회적 성격을 띠고 줄기차게 나타나고 있다. 공산주의도 인류의 메시아로 자처하고, 현대 과학을 미래의 구세주로 생각하는 사람들도 있다.

일본 창가학회는 일연(日蓮)을 일산(日産) 메시아로 등장시키고 있다. 국제연합 총회도 세계 총통의 그림자인지 모른다. 종파와 종족과 국가를 초월해서 실권은 없으나 인류의 일치와 평화를 상징하는 U.N.이야말로 진짜 실체에 대한 암시요, 그림자적 존재이다.

그런데 U.N. 빌딩 1층 한구석에 있는 예배실에 무기를 상징하는 철광석 제단(祭壇)이 있고, 그 위에 한 줄기의 희미한 빛이 드리워 있다. 단순하고 무성격(無性格)한 것이지만 칼을 쳐서 보습을 만들고, 사자가 풀을 먹고, 젖먹는 아이가 독사와 장난하는(사 11:8), 평화의 왕 참 메시아의 묵시 같은 것이어서 흥미롭다.

영생은 선물이다

    기독교를 이해하는 데 크게 지장이 되는 개념 하나가 구원과 영생은 하나님의 선물이니 공로 없이 믿음이라는 손으로 받으라는 말이다. 말하자면 값없이 받으라는 뜻이다. 값없이라 하면 어딘가 부도덕하게 느껴지기도 한다. 사실 자격증 획득하듯 노력해서 얻는다면 실감이 나고 당당할텐데 공로나 노력 없이 선물로 받으라는 말이 무게 있고 값있게 들리지는 않는다.

    그러나 사실 생각해 보면 가장 값있는 것은 무(無)값이다. 목숨은 거저 얻은 것이다. 지·정·의(知·情·意)와 그것은 살 수도 벌 수도 획득할 수도 없다. 사랑하는 사람도 서로 선물로 받는다. 너무 값진 것이기 때문이다.

    영생은 선물로 주고받을 수밖에 없는 것이다. 그리고 순수 선의의 선물 거절처럼 상대방을 모독하는 것은 없다.

하나님이 세상을 이처럼 사랑하사 독생자를 주셨으니 이는 저를 믿는 자마다 멸망치 않고 영생을 얻게 하려 하심이니라(요 3:16)

민족 의식과 예수 의식

민족 의식은 종족 개념이나 국민 개념보다 더 신성하다. 민족 의식을 승화시켜 에너지화 하기만 하면 민족 부흥의 원자력같이 위대한 잠재력을 지니고 있다.

잘못 사용하면 일본 제국이나 히틀러같이 배타적이고 타 민족을 괴롭히는 군국주의가 되는 위험성도 지니고 있다. 2차 대전 후, 특히 미국의 시민 사상과 인류주의의 영향, 그리고 다양한 가치관 때문에 민족주의를 전근대적인 것으로 타부시하는 경향이 있어서 한국의 민족주의는 꽃을 피우지 못하고 있다. 이것은 우리가 소중한 것을 사장하고 있는 것이다. 모택동은 공산주의 사상보다 중국 민족주의로 중국을 통일했다.

지구상에서 민족 의식과 하나님 의식이 완전히 하나가 된 민족은 이스라엘 민족이다.

한국은 제2의 이스라엘이 될 수 있다. 민족 의식과 하나님 의식을 일치시켜 민족 의식 혁명을 해야 겠다.

희락(喜樂)의 법칙

쾌락과 기쁨은 다르다. 쾌락은 식(食)쾌락, 성(性)쾌락, 아편이나 환각적 쾌락, 심미적 쾌락, 수렵하는 스릴 쾌락, 권력이나 부의 획득 쾌락, 경쟁해서 승리한 쾌감, 산정을 등반하는 성취의 쾌감, 고통에서 벗어나는 쾌감 등 다양하다. 쾌락은 항상 가질 수 없는 것이고, 기쁨은 늘 주고 함께 누리는 것이다. 쾌락은 아편처럼 도(度)를 높여야 하고 권태와 절망으로 전락시킨다.

희락(喜樂)의 법칙은 대조적인 것이어서 흰색 옆에 검은색이 살고 배가 고파야 밥맛이 있고 고진감래(苦盡甘來)니 만큼 평생 힘써 얻었을 때, 난(亂) 코스일수록 성취 쾌감은 크다. 절제 생활을 해 보라. 주를 위해 고난을 받아보라. 단조롭던 음악이 대교향곡이 되고 흑백 사진이 총천연색 사진이 되는 것 같이 희락도(喜樂度)가 입체화된다.

주 안에서 항상 기뻐하라 내가 다시 말하노니 기뻐하라(빌 4:4)

코리텐붐의 간증

화란의 코리템붐 여사는 나치 수용소에서 생지옥을 사는 동안 부활하신 주님과 동행하는 체험을 하고 해방 후 주님을 따라 지구를 돌며 전도하는 분이다.

그가 성경을 두 트렁크에 잔뜩 담아 가지고 소련에 입국하는데, 세관에서 발견되면 물론 몰수되는 것을 알면서도 세관원들의 눈을 보지 못하게 해 달라고 믿고 기도하며 통관 수속을 하고 있었다. 맨 뒷줄에서 기도하고 있는데 드디어 자기 차례가 왔다.

그 트렁크들의 주위가 갑자기 눈이 부시게 빛이 나더니, 세관원이 "이것이 할머니 짐이요? 무척 무겁군요. 내가 좀 들어다 드리지요." 하며 펴 보지도 않고 택시까지 들어다 주었다.

천사가 그 짐을 통관시켰던 것이다. 주님과 함께 동행하는 사람에게는 이런 간증거리가 조금도 이상하지 않다.

크리스천의 최대 유산

그 자녀의 행복과 안전한 삶을 위하여 부모들은 재산을 유산으로 남기기도 하고 지위나 권력이나 기술 혹은 교육을 물려주기도 한다. 돈을 많이 남겨 주면 동서고금의 통계가 나태와 나약, 이기주의, 주색(酒色), 재산 싸움, 냉혈성, 정신 질환 등도 함께 상속한다.

건강, 투지, 학문, 기술, 높은 인격을 물려줄 수 있다면 재산보다 귀한 유산이 될 것이다. 미국을 개척한 청교도가 그 후손에게 물려 준 것 가운데 가장 값진 것이 있다면 서부 개척 정신과 과학 정신, 그리고 청교도 신앙이라 할 수 있다.

신앙은 무에서 유를 창조하고 쓰레기에서 장미가 피게 하며, 죽음에서 부활하는 잠재적 창조력이다. 내 사랑하는 우리 후손들에게 석유보다 우라늄보다 귀한 신앙 유산을 물려 주어야 하겠다.

아벨의 피

　인류사의 벽두에서 최초의 형제인 가인은 그 아우 아벨을 돌로 쳐 죽였다. 그의 살인 동기는 시기 질투와 경쟁심에서 생긴 마음이었다. 가인은 그런 의미에서 인류 전체의 대표자이며 우리 피 속에 그의 피가 흐르고 있다. 한편 아벨은 어떤가. 그 피 소리가 땅에서부터 하나님께 호소하고(창 4:10), 가인은 땅에서 저주를 받아 끝없는 추방 생활을 하게 되었다.
　아벨의 피도 형에 대한 원한과 보복심에 사무쳐 있다. 인류의 가장 선량한 사람 속에도 이 피가 흐르고 있어 살인과 보복의 악순환이 인류의 역사이다. 간디의 무저항주의도 그 배후에는 강한 원한이 있는 것이다.

　"저런 놈은 죽여야 한다."고 도덕적 분노를 하는 의인의 피 속에도 살인적인 것은 있다.
　예수의 피만이 순수한 사랑의 피이다. 그 피로 내 피를 속하자.

하물며 영원하신 성령으로 말미암아 흠 없는 자기를 하나님께 드린 그리스도의 피가 어찌 너희 양심으로 죽은 행실에서 깨끗하게 하고 살아 계신 하나님을 섬기게 못하겠느뇨(히 9:14)

죄가 들어왔을 때

　돈 문제나 이성 문제 혹은 악성의 인간 관계로 독을 품었을 때, 또는 나쁜 습관을 버리지 못할 때, 그런 죄가 내 속에 둥지를 틀고 자리를 잡고 뿌리를 내리려 할 때면 뱀의 목을 잡듯이 그 죄를 구체적으로 집어 내어 내 속의 성령에게 맡기고 퇴치를 맡기며 주님의 능력을 믿고 사단아 물러 가라 말하며 힘써 기도하면 반드시 승리한다.

　한 여학생이 존경하고 사랑하던 교수와 불륜의 관계를 맺어 왔다. 그 교수를 끊으면 인생이 제로가 되고 심장을 도려내는 것 같아서 지옥에 가더라도 버릴 수 없다고 체념하고 생지옥을 살았다. 이 병은 영원히 불치의 병이라고 생각했다. 그러나 상담 끝에 그 죄를 고백하며 주님의 피로 씻을 수 있다고 믿고 "사단아 물러가라."고 기도했더니 귀신처럼 물러가고 해방과 자유를 얻은 일도 있다.

절대 은총의 손

"이제는 너희가 하나님을 알뿐더러 하나님의 아신 바 되었거늘"(갈 4:9).

"너희가 나를 택한 것이 아니라 내가 너희를 택하였나니"(요 15:16).

"우리가 사랑함은 그가 먼저 우리를 사랑하였음이라"(요일 4:19).

"미리 정하신 그들을 또한 부르시고, 의롭다 하시고, 영화롭게 하셨느니라"(롬 8:30).

"너희가 그 은혜를 인하여 믿음으로 구원을 얻었나니 믿음은 하나님의 선물이라"(엡 2:8).

내가 예수를 택한 것이 아니라 그가 먼저 나를 택했고, 내가 그를 안 것이 아니라 그가 나를 알고, 그가 먼저 사랑하고 그가 믿음을 주었다.
아기가 아버지의 손을 붙잡은 것이 아니라 아버지가 아기의 손을 붙잡고 있는 것이다. 원숭이는 새끼가 어미 몸을 네 발로 붙잡고 다니지만, 고양이는 어미가 새끼를 물고 다닌다. 우리 구원의 주체와 확실성의 근거는 고양이처럼 주님의 은총의 절대성에 있다.

반(反) 초자연주의

현대 지성의 풍토는 과학적 실증주의이다. 과학은 진리의 방법론으로써 크게 평가해야겠지만 절대화시키면 미신이 된다. 과학 절대주의가 사방으로 공격해서 초자연적 기독교를 반지성, 반문화, 반과학, 반사회적인 것으로 지적 압력을 가하고 세뇌(洗腦) 운동을 하고 있다.

요즈음 나오는 영화에서 보면 핵전쟁이나 가공할 세균전으로 인류가 전멸 상태가 된 처절한 현장에 상상 소설의 주인공의 입을 통해서 "신이여, 당신은 그때 어디서 무엇을 하였는가?"고 고발하고 기도하는 사람의 허상(虛像)을 냉소하게 한다.

성도들이여 악마는 얼마나 천재적이고 문화적이며 심리학적 사회학적 현대 지성적인가 보라. 속지 말라. 기독교는 그 기원부터 초자연적이다. 기도도 초자연적이며 그의 영생도 자연 생명이 아닌 초자연적 생명이다. 그의 생활도 초자연적 성령 생활이다.

믿음으로 사랑

　믿음과 기도는 새의 두 날개와 같고, 수레의 두 바퀴처럼 서로 의존적이다. 따라서 믿음과 기도의 밀도와 열도는 항상 정비례한다. 믿음이 식어지면 기도도 식고, 기도가 뜨거우면 믿음도 뜨겁다. 또한 믿음과 기도는 근육과 같아서 쓰면 쓸수록 강해지나 쓰지 않으면 무위(無爲)해진다.
　한편 믿음과 기도는 성도의 생산과 창조의 도구이기도 하다. 믿음과 기도의 펌프로 지하의 무진장한 하나님의 유전에서 능력과 지혜를 퍼 내야 하겠다. 재정도 퍼 내고 사랑도 퍼 내자. 두 가지 개념을 주목하라.

　① 명령과
　② 약속이다.

　성경은 사랑하라고 명령한다. 그리고 무엇이든지 뜻대로 구하면 들으신다는 약속이 있다(요일 5:14). 사랑하는 일은 하나님의 뜻이다. 그 뜻 행할 것을 기도하면 반드시 주신다는 믿음으로 사랑의 생산자가 되자.

라오디게아 교회

라오디게아 교회는 차지도 덥지도 않아 토해 버리고 싶은 교회이다. 자기 스스로는 부요하고 부족한 것이 없다고 하나 사실은 하나님 보시기에 곤고하고, 가련하고, 가난하고, 벌거벗은 것을 알지 못하는(계 3:17) 불감증 크리스천이다.

오늘의 서구는 98퍼센트가 등록된 크리스천이지만 평균 2퍼센트밖에 교회 출석을 않는다. 가장 미온적이고 중성적이며 회색적 크리스천의 상징이다. 이에 반해서 러시아 공산주의는 예수에 대해서 박해와 선동과 증오로 대하는 전투적 무신론자이다. 부부 관계에서 사랑을 뒤집어 보면 증오가 되는 것처럼 소련은 불이고 칼이고 행동이고 의지이고 열과 희생이 있다.

불은 빛과 열의 두 가지 성질이 있는데, 공산주의는 빛 즉 진리가 없고, 서구는 진리는 있어도 이 열정이 없다. 한국 교회의 영적 다이나미즘은 공산주의를 능가하는 열과 서구의 진리를 공유해야 하겠다.

신앙적 부모 상(像)

성경만큼 높은 부모상, 자녀상, 부부상을 가르치는 책은 없다. 아브라함은 아버지 상의 표본이라 할 수 있다. 얼마나 철저하게 가르쳤기에 그 자손들이 만대에 하나님을 저토록 경외하는가? 한나와 마리아는 어머니 상의 표본, 룻은 효부의 표본, 이삭과 요셉과 예수님은 성경적 자녀상의 표본이라 할 수 있다.

성경은 효자를 축복하고 불효 자식을 저주하고 사형했다. 패륜의 자식 압살롬이 저주받고, 함이 그의 아버지 노아에 대한 불경 행동으로 저주를 받고, 사무엘 때의 제사장 엘리의 자식들이 방자하고 불신앙적이어서 저주를 받아 죽임을 당했다. 말세의 특징 가운데도 부모 거역이 들어 있다(딤후 3장).

오늘날 청소년의 사회 문제는 사실은 그 부모의 문제이다. 좋은 부모가 되는 일은 박사나 장관이 되는 일보다 더 중요하다. 신앙이 좋은 자녀를 키우는 최선의 길은 내가 신앙적인 좋은 부모가 되는 것이다.

영치(靈痴)

음악에 음치가 있듯이 세상에는 신령한 사물에 대하여 소경이요, 귀머거리요, 벙어리인 영치(靈痴)들로 꽉 차 있다. 성령으로 새 영각(靈覺)을 받지 않은 사람은 받지도 못하고 알지도 못하는 것이 있다(요 14:17). 영안(靈眼)이 떴던 사람도 색맹이 되고 근시, 난시, 노안 등이 되기도 한다.

성경을 지식으로 아는 것과 영으로 아는 것은 다르다. 바리새인은 성경을 연구하고, 가르치고, 생활하기 위해서 태어났고, 그것을 위해 사는 사람들인데 성경의 주인이신 예수를 죽였다.

엠마오 도상으로 가던 두 제자의 생각과 화제의 전부는 예수와 그의 부활이었다. 부활한 예수가 그들과 함께 가면서 예수 속에서 예수 이야기를 하고 있는데도 예수에게 눈뜨지 못하고 있다. 왜 그럴까? 그 이유는, 언어와 생각은 예수에게 구심화(求心化)하고 있으나 몸과 행동은 예루살렘에서 떠나고 있는 것으로 미루어 볼 때, 예수에게서 원심화(遠心化)하고 있었기 때문이다. 실천이 인식이다(요 17:17).

양심 불감증

　라디오 가운데 초고성능 감도를 갖는 것과 잡음만 들리는 라디오가 있듯이 양심 감각도 나병 3기 환자같이 된 사람과 몹시 민감한 사람이 있다. 예수 믿고 소생되는 것이 양심 감각이다. 다윗은 자기 본성의 뿌리 속까지 죄를 먼저 느껴 내가 죄 중에 잉태했다고 참회하고(시 51편) 바울은 자신의 내부에 죄의 법을 발견한다(롬 7장).

　일본 작가 앤도 슈사꾸의 〈바다와 독약〉 가운데 현대인의 양심 불감증에 대한 심각한 고발이 있다. 2차 대전 막바지에 일본 군부의 강요로 한 미군 병사를 의학 생체 실험의 목적으로 생사람에게 마취시켜 폐와 간 등을 도려내는 실험에 협조한다. 젊은 의사의 경험이 생생하게 묘사되었다. 군인들이 미군 병사의 검붉은 간덩이를 양동이에 담아 시식하자고 가져왔을 때, 그가 전율을 느낀 것은 간덩이가 아니라 자신의 무감각이었다. 그가 지금 원하는 것은 미치기라도 할 만큼 극심한 고뇌와 가책이었다.

　주여 나에게 민감한 죄책을 주소서.

영(靈)의 동조 주파

우주에는 물리적 파동이 충일해 있다. 전파, 자기파, 광파, 방송주파, 뇌파, 심파(心波), 영파(靈波) 기타 신비의 파동들이 교차되고 있다. 소리도 파장이 있고, 색도 각각 상응하는 파장이 있다.

살인 사건이 난 방의 식물과 동물은 살인 파장의 영향으로 심각한 쇼크를 받는다고 한다. 하품이나 불쾌감이 곧 방안에 전염되고 처음 만난 사람에게 곧 반하는 것도 서로 파장이 통했다고도 볼 수 있고, 텔레파시도 심파(心波)나 뇌파(腦波)의 동조주파(同調周波)를 통했다고 할 수 있을 것이다. TV나 라디오의 주파를 맞추면 어느 방송도 시청할 수 있다.

예수 이름으로 성령을 통하여 믿음으로 기도하면 하나님과 동조 주파가 되어 서로 교통이 가능하다.

예수 운동

나는 누구인가, 어디서 와서 어디로 가는가, 은빛 별 저 편에는 누가 사는가, 왜 살고 어떻게 살아야 하는가, 이런 물음을 의식 무의식간에 피해 살 수 있는 사람이 있을까? 이런 본질적 물음에 아무 해답도 없이 그날 그날 재미있게 산다는 것은 어쩐지 짐승 한 마리가 고민 없이 살아가는 것만 같은 느낌이 든다.

이 물음은 정치 이전의 문제, 학문 이후에도 물어질 문제, 세계 스타가 되고 노벨상을 받은 이후에도 여전히 남아 있는 제 일의 과제이다.

예수는 길이요, 진리요, 생명이다(요 14:6). 인간의 뿌리, 인간의 궁극목표가 여기에 있다. 예수 운동은 참 사는 운동, 잘 사는 운동, 구국 운동, 자유 운동, 새 사람, 새 겨레, 새 나라 운동보다 더 우선할 진짜 진짜 급하고 중요한 새 운동, 참 운동이다.

가라사대 너희는 나를 누구라 하느냐 시몬 베드로가 대답하여 가로되 주는 그리스도시요 살아 계신 하나님의 아들이시니이다(마 16:15~16)

기독교와 진리

예수는 나는 진리라고 했고(요 14:6), 성령을 진리의 영이라고 했다. 기독교는 생명인 동시에 빛이요 진리이다. 사랑은 진리가 승(勝)하기를 원한다(고전 13:6). 그래서 기독교가 들어가면 자연 과학이 발전되고, 미신과 무지가 추방된다.

참된 기독교 정신은, 기독교가 허위라면 기독교가 망하고, 진리가 승하기를 원한다. 많은 사람들은 기독교가 비진리이기 때문에 안 믿거나 반대하고 있는 것이 아니라, 진리에 대해서 무지 혹은 무관심하거나 자기가 창작한 기독교 편견으로 불완전하게 알고 있는 왜곡된 기독교에 대해서 반발하고 있다.

대개는 어두움이 빛[진리]을 싫어해서 도덕적 이유로 예수를 기피한다고 성경은 말하고 있다(요 3:20).

절망과 소망

키에르케고르는 절망은 죽음에 이르는 병이라고 했다. 지옥이란 절망이 영원화 된 곳이며 꺼지지 않는 풀무불 속에 죽지 못하는 버러지 같은 삶이다. 인간이 인간인 이상 사랑과 믿음과 소망 이 셋은 항상 있을 것이다(고전 13:13).

신·망·애(信·望·愛)라는 신학적인 3덕은 추상적인 것이 아니라 삼위일체 하나님이 그 원천이요 대상이다. 요즈음 뿌리 찾는 운동이 벌어지고 있는데, 인간의 뿌리도 찾아야 하겠다.

인간에게 있어서 소망은 폐(肺)와 같다. 소망이 끊어지면 숨소리가 가쁘고 질식해서 죽듯이 영생의 소망이 끊어지면 내일 죽을 터이니 먹고 마시자 할 것이며, 자기 심장을 꺼내서 씹는 사람처럼 죽음과 절망을 씹어 먹고 살아야 할 것이다.

마르크스와 도스토예프스키

마르크스와 도스토예프스키는 동시대를 산 사람이고, 헤겔에게서 영향을 받았으며, 추방을 당한 일이 있고, 전자가 공산당 선언을 쓸 때, 후자는 가난한 사람들을 썼고, 다 같이 러시아와 세계사에 결정적 영향을 주었으나, 전자는 반기독자, 후자는 크리스천이었다.

마르크스에게 세 가지 주장이 있었다.

① 역사는 경제에 지배되고 착취자와 피착취자의 계급 투쟁이 격화되면 혁명은 필연적으로 일어난다.
② 국가 정치적 통제가 없어지고 오전에는 사냥질, 오후에는 낚시질하는 유토피아가 실현된다.
③ 종교는 인민의 아편이니 없어진다.

도스토예프스키의 주장은 역사는 경제가 결정하는 것이 아니라 하나님이 결정한다. 하나님이 떠난 러시아는 악령들린 자처럼 되었다가 다시 기독교 신앙이 부흥한다. 마르크스의 예언은 빗나갔다. 공업 국가들이 공산화 안 되고, 종교는 더 부흥되고, 민족 국가의 벽은 더 두터워졌다.

열등감, 우월감

　세상은 우월하기만 하고 열등 조건을 갖지 않은 사람이 존재한 일이 없다. 학벌, 문벌, 미모, 돈, 권력, 예능, 심성, 덕성, 전과목 100점짜리 스타(star)를 하나님은 만든 일이 없다. 나폴레옹은 키가 작고, 마를린 먼로는 그레이스 케리 앞에 청초와 섹시 콤플렉스로 고민하고, 음악이 100점이면 수학이 50점인 것이 통례이다. 어느 명문 가문에도 창피한 조상은 있다. 공작이 날개 펴며 허세부리는 24시간, 비교와 경쟁 속에 적을 만드는 살벌한 토치카 인생마다 열등 콤플렉스 속에서 무한히 고달프다. 세계 스타와 챔피언의 수명은 짧다.

　삭개오는 키가 작고 당시 민족 반역의 상놈이었다. 막달라 마리아와 사마리아 수가성 우물가의 여인은 세상의 쥐구멍 속에 살던 창녀들이다. 그러나 예수를 만난 후부터 숨길 것도 피할 것도 없는 우주의 공주, 우주의 왕자 같은 자유와 자부가 생겼다.

신유에 대하여

신유는 성경적이며, 전도의 대명령 가운데도 귀신을 쫓아내고 기도하면 병든 자가 나을 것이 약속되었다(막 16:17). 질병이 악령과 죄와 유관(有關)하여 주님이 악령을 내어쫓고 죄 사함을 받은 즉시로 병이 나은 실예가 허다하다(요 5:14; 막 5:1~19).

예언자와 사도들도 병을 고쳤고, 성경은 병자를 위해 기도하라고 명령하였다(약 5:16). 그뿐 아니라 마태복음의 저자는 주의 구속은 죄 뿐 아니라 우리 병도 짊어 지셨다고 이사야서를 풀이했다(마 8:17).

신유가 구속의 절대 목적은 아닐지라도 구속과 치료가 전인적인 것만은 사실인 것이다. 주님은 이방 여인이 딸의 병을 고쳐달라는 요청에 답하기를 먼저 자녀에게 떡을 주어야 한다고 했다(막 7:27). 그 뜻은 병고침 받는 일은 사치품이 아니라 자녀의 빵같은 일상 축복이라는 뜻도 포함되었다. 신유의 축복과 은사를 사모하라.

부화기적 훈련

나는 대학생들의 합숙 훈련 방법과 효과에 대하여 20년간의 실험 결과 생명 전염의 법칙 하나를 발견했다. 1965년 7월 300의 불신자와 350명의 신자 학생을 1대 1로 짝지어 5박 6일간 입석(立石)이라는 수양관에서 같이 먹고, 자고, 강의 듣고, 뒹굴고, 기도하게 하였다. 5일 동안 영혼의 부모가 되고, 스승이 되고, 파수가 되고, 의사가 되게 하였더니, 밤을 새워 짝지어 준 친구 이름을 부르며 목숨이라도 대신하겠다고, 산골짝 나무 아래서, 저마다 목메어 기도하는 소리를 들었.

세상에서 이보다 순수하고 절실한 기도가 있을까? 영성 100도짜리 순장 한 사람에게 10명을 책임지게 하여, 100시간을 이렇게 지나면 영성도 60도와 30도짜리, 혹은 영하 10도짜리까지, 98퍼센트가 영성도 100도가 되는 통계가 나왔다. 생명 전염의 부화기적(孵化器的)훈련으로 일시에 수천명씩 결신자가 생겼다.

병리학적 3기

문둥병에는 모르고 3년, 알고 3년, 터져 3년의 단계가 있다고 들었다. 현대는 터져 3년의 말기 인간의 신음 소리를 듣는 시대이다. 탕자가 궁지까지 쫓기고 몰려서 자살하든가 미치든가 아버지 집으로 귀가할 시기가 왔다. 병든 사자가 아니라 중상 입은 사자처럼 니체형 인간들은 포효(咆哮)하고, 섹스나 허무나, 아편, 술, 집단, 군중 속으로 숨은 사람들 혹은 대용품의 신들을 만들어 피난하고 자연이란 피난처에 짐승이 되어 버리는 히피적 나체 인간을 피난처로 택해 보지만 아무데도 요나처럼 쉴 곳은 없다. 심리학의 처방도 사회학의 처방도, 과학의 처방, 정치 처방, 온갖 처방이 바닥난 불치병의 3기, 지금은 인간과 역사의 종말이란 사실과 탕자의 귀로(歸路)의 시간임을 아는 것이 구원이다.

청소년 범죄

신명기 6장에는 그 부모가 자녀에게 얼마나 열심히 성경을 가르칠 것인가에 대한 교훈이 있다. 에베소서에는 "아비들아 너희 자녀를 노엽게 하지 말고 오직 주의 교양과 훈계로 양육하라"(엡 6:4)고 하셨다.

누군가가 자녀 교육은 태어나기 20년 전부터 해야 한다 했거니와, 나쁜 청소년의 주된 원인은 나쁜 양친에게 있다. 자녀들은 부모와 가정에서 기본적이고 치명적인 것을 배운다. 그 부모의 사랑과 교훈과 인격을 경애(敬愛)하여 순종하는 자녀는 조국을 사랑하고 하나님을 사랑하며 법과 권위에의 순종을 배운다.

그 부모에게서 인격과 사랑의 배신을 당한 자녀, 주정뱅이 아버지, 불화한 양친, 악하고 이기적인 양친, 호로 자식을 키운 부모는 범죄 청소년과 사회 악의 온상이 되는 것이다.

청년이 무엇으로 그 행실을 깨끗케 하리이까 주의 말씀을 따라 삼갈 것이니이다(시 119:9)

사해(死海) 인간과 갈릴리 호의 인생

이 두 호수는 다같이 요단 강물이 흘러 들어가는 호수인데, 생과 사의 차이가 있다.

갈릴리 호수는 세계에서 가장 맑고 물이 좋아 많은 생선이 산다. 반대로 사해는 같은 물이 유입(流入)되는데도 유출(流出)되는 곳이 없어, 증발작용으로 수위는 변하지 않으나, 너무 짜서 문자 그대로 죽음의 소금 바다이다. 갈릴리 호는 요단 강물이 북에서 흘러 들어와 남으로 흘러 나오는 동(動)하는 물이다. 그러나 사해는 신진 대사를 못한다. 사해 인간은 받기만 하고, 줄 줄을 모르는 흡혈귀적 인간이다.

크리스천은 예수의 사랑이 자기 몸을 통해 전달되는 섬기는 사람이다. 주님은 혈루증 여인이 그의 옷자락을 만져서 나았을 때 능력이 그 몸에서 나간 것을 느꼈다(막 5:29~30). 스위스의 정신 의사 포울 토우루니에의 증례집(證例集)을 보면, 환자에게 손을 얹고 고치면, 그 비슷한 증세가 의사에게 옮겨지고 자신이 불화하는 부부를 화해시키고 오는 날은 종일 부부 싸움을 했다고 한다. 우리는 작은 속죄양이다.

그리스도의 신부

성경은 영계의 심오와 신비를 설명하는데 세상 것의 유추나 비유, 혹은 상징으로 설명한다. 예수는 우리의 하나님 구주이며, 왕, 아버지, 친구, 의사, 선생님, 남편, 상전, 포도나무(우리는 가지), 목자, 생명떡, 생명수, 길, 진리, 생명, 우리는 그의 대사요, 편지요, 향기라고 했다.

나는 어느날 산에서 기도하다가, 주님이 너무 너무 그립고 사랑스럽고 황홀한 가운데, "주여 당신을 나의 누구라고 불러야 합니까? 내 언어는 당신을 부르기에 모두 때 묻고 낡았습니다."라고 고백했다.
아무도 한 번도 써보지 못한 단 하나밖에 없는 그런 언어로 부르고 싶었다.

주님과 나 사이는 영원한 미완료의 생수같이 솟는 영원한 첫사랑 같은 것이다. 신비가들의 공통의 체험은 아무리 세상에서 행복했던 사람도 천국에서 지상에 다시는 되돌아 오고 싶지 않다는 것이다. 그 매력은 주님의 사랑과 빛 때문이다. 우리 몸과 삶은 사랑의 플러그와 같다. 내 이웃을 사랑할 때에만 그 플러그는 소켓트에 꽂히는 것처럼 주님의 사랑의 전류가 작동해서 신부 체험의 스파크가 느껴지는 것이다.

예수를 앙망(仰望)하는 생활

"너희가 돌이켜 안연히 처하여야 구원을 얻을 것이며 잠잠하고 신뢰하여야 힘을 얻을 것이다"(사 30:15).

"여호와 앞에 잠잠하고 참아 기다리라"(시 37:7).

"여호와를 앙망하는 자는 새 힘을 얻으리니 독수리의 날개치며 올라감 같을 것이요"(사 40:31).

우리에게 숙명처럼 변개(變改)시키지 못하는 것이 있고 변개시킬 수 있는 것이 있다. 신체 조건들, 가정 환경과 민족 사회 환경을 그대로 수락해야 하는 것이 인생 가운데는 많이 있다. 하나님은 시간을 통해서 역사하는 것이 많다. 아기는 열 달을 기다려야 하고, 농부도 가을을 기다려야 하며, 공산당의 시한도 하나님의 파리 떼처럼 하나님의 서리 바람이 불어야 없어질 것이다. 우리는 주어진 여건에서 최선을 다하며 태아가 성장을 기다리고, 해바라기가 태양을 향해 섰듯이, 번데기가 고치 속에서 나비되기를 기다리듯이, 주님을 앙모하며, 신뢰하고, 기다리며, 그의 시간과 치료와 창조의 손에 맡겨서 여물게하는 지혜를 배우자.

화평케 하는 자

"화평케 하는 자는 저희가 하나님의 아들이라 일컬음을 받을 것이다"(마 5:9).

하나님의 자녀는 미움이 있는 곳에 사랑을, 싸움이 있는 곳에 화해를 만들어 내는 사람들이다.

지금 불교계 정화 문제가 사회 문제로 크게 부각되고 있는데, 우리나라 각계각층의 지배층에 누적된 비리요, 병폐에 대한 사회적 응징이요, 타율적 수술인 것이다.

나는 이것이 기독교의 교권 싸움에게 주는 경고로 받고 싶다. 평신도의 누구를 붙잡고 물어봐도 지금처럼 교권 싸움 하는 일은 고쳐야 한다고 말한다. 다행히 감리교는 갈라졌다가 합했다. 합동측의 분열도 합하는 기도회가 열린다니 감사한 일이다. 마주 앉아 기도하고 이야기하면 얽히고 설킨것도 쉽게 실마리가 풀릴 수 있다.

양봉업자가 벌통을 옮기다가 트럭에서 떨어진 수십만 마리의 벌떼가 행인을 습격했다. 소방대원, 경관 등 수백 명이 동원되어 소동을 피우는 중에 한 노인이 방충망을 쓰고 여왕봉을 잡아 걸어 갔더니 바람처럼 벌떼가 따라 옮겨가 버렸다. 이렇게 침착하고 지혜롭고 평화스런 성숙한 해결책이 있을것을 믿는다.

순

순은 예수님을 지칭한 것이다(사 11:1; 53:2; 슥 3:8; 6:12). 그리고 한문자(漢文字)의 筍, 笋, 殉, 淳, 純, 醇, 順, 馴, 舜은 그 어느 것에도 호감이 가는 의미를 지녔고, 순은 우리 나라 시골 지붕에 하얀 박꽃피는 집, 순박한 소녀상이기도 하여 순이라는 단위의 수천의 모임을 가지고 있다.

영적 공해의 시대

　미국과 일본의 아이들이 매주 23시간 반 동안 TV를 보고, 고등학교를 졸업할 때까지는 15,000시간 TV를 보고, 7,000번의 범죄 행위를 목격하며, 그 시간만큼 저질 만화를 본다. 이러한 현상은 세계 공통적이며 우리나라도 700만 대의 TV가 있다. TV나 만화가 만들어내는 아이들은 이미 노아 시대의 자녀들이다.
　크리스천이 정신 공해의 오염에서 해독되기 위해서 신앙 서적을 많이 보고 신앙 집회에 많이 가고, 종교 영화도 많이 봐야 하겠다. 웨슬레는 매일 다섯 시간을 독서하라 했거니와 요즈음 성도들은 성경 보는 시간의 양이 너무 적다. 매일 한 시간 성경 보는 사람도 드물다. 모두 바빠서 죽겠다는 망쇄(忙殺) 시대이기 때문이다.
　성경 통독을 기도하면서 열 번만 하면 성경에 눈뜨고, 샘물처럼 생수가 터지며, 참맛이 나고, 도통하듯 영의 지혜와 지식이 생기고, 성경의 인물들과 사건들이 자기 자신의 노정기(路程記)처럼 선명해진다. 성경 속에서 이 현대의 영적 오염을 해독시켜야 하겠다.

살아 계신 예수

① 예수는 성경의 증언 속에, 예언들의 성취 속에 살아 있다.
② 부활의 사실과 증언들 속에 살아 있다. 기독교의 증언은 죽었다가 부활하신 예수이다.
③ 성령의 증거와 신앙 고백들과 간증 속에 살아 있다. 사랑하는 아들에게 남기는 어머니의 최후의 유언 속에, 사형수의 최후의 참회와 고백 속에, 과학자의 입에서, 어린이의 입에서 진실 속의 진실에서 신앙 고백이 되는 예수는
④ 사랑 속에 살아 있고,
⑤ 원수들의 미움 속에도 살아 있다. 예수 증오는 죽은 예수나 그의 사상에 대한 것이 아니라 배교자 줄리안처럼 죽으면서 "갈릴리 사람 그대가 이겼도다." 하듯이 산 예수에게 도전한 것이다.
⑥ 예수는 수백만의 순교자들 속에 살아 있다.
⑦ 성자들의 생애와 성화된 삶 속에 살아 계신다. 그들은 예수요 향기요 편지이다.
⑧ 전도의 열정 속에
⑨ 죠지 뮬러는 5만 번 응답받았다고 했거니와 성도들의 기도 응답 속에
⑩ 교회와 복음화된 세상 속에 성령의 증언 속에 살아 계신다.

크리스천의 육신관(肉身觀)

우리 몸은 하나님의 성전이며 성령이 거하시는 곳(고전 3:16)이라는 사실 이상 높은 육신관(肉身觀)을 가진 종교는 없을 것이다. 대부분의 이교사상은 육신이나 물질은 악한 것이고 영은 자동적으로 선한 것이라는 이원론적 생각을 가졌다.

육신이 악하면 필연적으로 두 가지 생활 양식이 나오게 마련이다. 악한 것이니 될 수 있는 대로 미워하고 괴롭히자는 고행과 금욕주의, 그와 반대로 어차피 악한 것이니 맘대로 먹고 마시게 하자는 식의 방종 방임주의가 그것이다.

그러나 크리스천의 몸은 하나님의 성전이고, 성령의 집이다. 사람의 몸은 빈 집이 없다. 성령의 집이든가, 악령의 집이든가, 성도의 육체는 훗날 부활의 영광스런 영체(靈體)를 입게 된다. 성전 관리를 잘 해야 하겠다. 더러운 생활은 성전 모독 죄이다. 자살은 성전 파괴 죄, 구타는 성전 훼손 죄이다.

"범사에 그를 인정하라. 그리하면 네 길을 인도하시리라"(잠 3:5).

구하라 찾으라 문을 두드리라

기도는 구하여 받는 것이다. 구하지 않으면 못 받는 것을 구속받은 자녀들이 아버지 하나님께 영육간의 필요와 소원을 구하여 받는 것이다. 그것이 하나님의 명령하신 뜻이다(빌 4:6; 요일 5:14~15). 기도는 어떻게 살고 무엇을 할 것인지 주의 뜻을 묻고 찾는 것이다.

"너희가 전심으로 나를 찾고 찾으면 나를 만나리라"(렘 29:13).

문이 닫혀 있으면 두드리라. 열릴 때까지 집요하게 누가복음 18장의 과부처럼, 얍복 강가의 야곱처럼, 갈멜 산정의 엘리야처럼 기적이 일어날 때까지 두드리라. 기도로 열지 않기 때문에 얼마나 많은 문들이 닫혀져 있는가? 기도의 펌프로 퍼내지 않기 때문에 얼마나 많은 가능성의 자원이 잠자고 있는가? 기도 외에는 풀리지 않는 문제, 기도 외에는 열리지 않는 옥문이 있다.

주님은 기도의 학습을 시키기 위해서 기도 없이 해결 안되는 숙제를 주신다. 질병, 파산, 고난 등은 기도의 문을 두드리는 학습 기간이다.

과학과 신앙

우리 나라에도 '80 세계복음화대성회 이후 과학 교과서에 창조론을 넣기 위해 10여명의 과학자들이 창조과학연구회를 발족시켰다. 감사한 일이다.

지난 9월호〈리더스 다이제스트〉지(誌)에 과학자가 하나님을 믿는 7가지 이유를 어느 과학자의 증언으로 게재했다. 그 내용 중에 만일 지구가 23도로 비스듬히 기울어져 있지 않다면 바다에서 증발한 수증기가 남북극에 몰려 땅은 얼음으로 덮여 버릴 것이라고 했다. 바다의 깊이, 달과 태양의 거리와 부피, 태양의 온도, 지구의 속도 등 모두 초정밀적으로 계산된 것이다. 동물의 본능과 지혜는 누가 만들었는가? 유럽의 연못 늪 호수의 뱀장어가 수만리 바다 길을 가로질러 버뮤다 부근의 심해(深海)에 알을 낳고 죽는다. 그런데 어린 장어 새끼들은 어미들이 따라 온 길을 따라 어미의 떠나 온 모천(母川)으로 돌아간다.

어느 화학자보다 어느 화가 어느 음악가보다 위대한 분이 만든 자연과 생명의 신비에 대한 감수성과 경외감을 되찾아야겠다.

하나님 불신의 기적

"어떻게 하나님의 존재를 믿지 않을 수 있을까요? 하나님 믿지 않는 사람도 사람일까요? 악령의 역사가 아니고는 그럴 수가 없을 것 같아요."

이것은 새로 크리스천이 된 어느 학생이 내게 한 말이다.

하나님 불신은 부모 존재를 거부하는 자식같이 이변이요, 일종의 기적같이 보인 것이다. 성경은 "하나님을 알 만한 것이 저희 속에 보임이라 창세로부터 그의 보이지 아니하는 것들 곧 그의 영원하신 능력과 신성이 그 만드신 만물에 분명히 알게 되나니 핑계치 못할지니라"(롬 1:19~20) 하셨다.

우주와 자연은 수학적 공학적 지능에 의해서 설계되고 가동되고 있다. 실험관 아기를 위한 환경 조건 만큼 지구의 온도, 습도, 공기 밀도, 주야와 사계절은 경이롭다. 이 세상에 사는 45억 인간의 유전자를 전부 한 곳에 모은다 해도 골무 하나 크기도 안된다고 한다. 그렇게 작은 것 속에 45억 인간의 특성이 다 담겨 있다. 왜 자연이라는 말 대신 하나님이라고 못할까?

믿음의 조상들의 반열(班列)

명문 가정에서 조상들의 초상화와 족보를 자랑스럽게 소장하듯이 크리스천들은 히브리 11장에 기라성처럼 수록된 믿음의 조상들을 생각하고 자신의 신앙의 계보와 순도(純度)를 가다듬는다.

"내 영혼아 내 속에 있는 것들아 여호와를 송축하며 그 모든 은택을 잊지 말지어다"(시 103:1~2).

이 말씀은 내 개인에게 베푸신 은혜뿐 아니라 믿음의 조상들에게 베푸신 모든 은택도 내게 베푸신 것처럼 잊지 말라는 뜻이다. 하나님이 이삭을 격려하실 때 나는 아브라함에게 약속한 것을 이루는 하나님인 것을 상기시켰고(창 26:3~4), 야곱에게 나타나사 아브라함과 이삭의 하나님임을 상기시켰고(창 28:3), 광야를 헤매는 모세에게 나타난 나는 아브라함과 이삭과 야곱의 하나님임을 상기시켰고(출 3:4~6), 여호수아에게는 모세의 하나님임을 상기시켰다(수 1:2~5).
아브라함의 하나님, 이삭과 야곱과 모세와 다윗의 하나님, 우리 주 예수의 아버지, 나의 하나님, 나의 아버지, 진짜 진짜 사랑하는 아버지이다.

피의 종교

기독교는 예수의 피의 종교이다. 예수의 피는 사랑과 속죄와 생명을 상징한다. 공산당은 피흘림이 없이는 혁명은 없다는 표어를 내걸고 소련의 붉은 오성기(五星旗)는 오대륙(五大陸)을 피로 물들여 적화(赤化)한다는 뜻이다. 피흘림이 없이는 죄사함이 없다(히 9:22)는 피의 속죄 개념은 성경을 일관해서 흐르는 맥락(脈絡)이요 혈맥과도 같다.

아담과 하와의 범죄한 나체를 짐승 가죽으로 가려 주기 위해서 죽임 당한 짐승의 피로 시작하여, 아벨의 피, 아브라함의 모리아 산상의 이삭 대신 제사드린 양의 피, 유월절 양의 피, 이스라엘 성막과 성전에서 매일 드린 피의 제사, 그리고 최후로 하나님의 어린 양 예수의 피, 성만찬은 예수의 피와 살을 상징한 것이다. 신약 성경에 그리스도의 피가 255회, 성령의 수와 맞먹게 언급되었다. 피는 인종을 초월해서 수혈이 가능하여 전 인류는 피로 통한다.

예수의 피로 하나님은 우리와 새 언약을 맺었고(고전 11:25), 그 혈연(血緣)으로 우리는 하나님의 자녀가 되었다.

확률로 본 예언 성취

성경에는 수백 가지의 역사적으로 적중되고 성취된 예언들이 있고, 특히 예수님에 대해서 구약에는 350여 가지의 예언과 프로필이 있다. 동정녀에게 나실 것, 아브라함의 후손으로, 유다지파에서, 다윗의 후손으로, 베들레헴에서 나실 것 등 선택을 좁히고 좁혀 왔다.

피터스트너 박사는 예수에 관한 예언 여덟 가지가 한 사람에게 우연의 일치로 성취될 가능성을 수학의 확률 원리로 계산해 보았다. 그 원리는 다음과 같다. 만일 대머리가 열 명 중에 하나 있고, 손가락 하나가 없는 사람은 1,000명 중 하나, 그리고 눈 먼 사람은 10,000에 하나로 칠 때, 한 사람이 손가락이 짤리고 대머리에 소경이라면, 이 셋을 곱한 수치가 된다. 여덟 가지가 동일한 사람에게 우연히 성취될 가능성은 텍사스 주(한반도의 3배)에 은돈을 두 자 높이로 깔아 놓고, 그 중에 표해 놓은 단 하나를 단번에 집어내는 것과 같다 했다.

350개 예언의 우연의 일치란 수학적으로 불가능하다고 했다.

종교 개혁

이스라엘의 바벨론 포수(捕囚) 시대처럼 A.D.400~1,500년경까지를 복음의 포수 시대 혹은 로마 법황 치하의 중세 암흑 시대라고도 부른다. 루터를 위시한 종교 개혁자들이 일어나 종교 개혁 운동을 일으켜 복음을 만인의 손에 다시 회복시켜 준 것이다. 그때 세 가지 휘날리는 깃발처럼 표어가 있었다. 'Sola Gratia, Sola Fide, Sola Scriptura', 즉 '오직 은혜로, 오직 믿음으로, 오직 성경만으로' 라는 뜻이다.

자아와 예수의 의(義)와의 싸움이다. 아담에게 속한 옛 사람은 부절히 자신을 닦고, 깎고, 꾸며서 자력으로 실력으로 하나님 앞에 실력 대결하려고 한다. 헬라인의 명제는 "너 자신을 알라"이고, 불교는 "너를 무(無)로 하라"하고, 유교는 "너를 닦아라", 스토주의는 "너를 죽여라" 하지만 기독교는 예수를 믿는 믿음의 종교이다.

사이비 기독교마다 성경 이외에 성경과 동등한 권위의 새 계시책(啓示冊)이 있고, 천주교는 교황과 교회 권위를 성경의 권위와 나란히 두거나 위에 두는데, 개신교는 성경만이 유일(唯一)의 권위이다.

광야의 구리뱀과 예수

이스라엘 백성이 광야에서 하나님을 거역할 때 불뱀을 보내서 물어 죽게 했다. 그때 모세가 하나님의 명을 좇아 구리뱀을 만들어 장대에 매달아 쳐다보게 했다. 누구든지 그것을 쳐다 본 사람은 다 살았다. 이것은 예수 자신이 말씀하신 대로 예수의 십자가의 반형적(反形的) 그림자인 것이다(요 3:14).

구리뱀은 이스라엘의 불신과 범죄의 형벌과 저주의 상징이다. 뱀과 예수는 정반대의 표상인데 예수는 우리 대신 죄인 되어, 대신 형벌을 받아 죽으신 분이다. 쳐다보는 것과 믿는 것이 대형(對型)이 된다. 뱀에게 물린 사람들에게 연고나 약을 바르라고 하지 않고, 뱀잡기 운동을 벌이라고 하지 않고, 기도하거나 모세를 쳐다보라고 하지 않고, 장소를 옮기는 운동을 하지 않고, 누구든지 아무리 죽게 되더라도 어디서 어떤 자세 즉 누워서든지 서서든지 쳐다만 보면 나았다.

누구든지 예수를 믿고 영접하면 하나님 자녀가 되고 죄사함 받고 영생을 얻는다는 사실을 반형(反型)으로 가르쳐 주고 있다.

선악과와 생명과

에덴 동산 한복판에 그 많은 과실과 그 많은 자유 중에서 단 한 가지, 따먹지 말라는 선악과가 있었다. 그것을 먹는 날에는 반드시 죽으리라 하셨다. 또한 먹으면 마술적 혹은 아편 나무같이 심신의 변화나 죽음이 온다는 뜻이 아니라 하나님 말씀에 대한 불순종으로 죽는 것이다. 그 나무는 간통한 여인이 죄책과 성(性)에 눈뜨고, 죄악과, 반항과, 고독과, 불안과, 절망, 증오와, 허무와, 죽음의 새 세계에 대한 새 경험이요 새 지식이었다.

선악과 외에 자세한 설명은 없으나 생명 나무가 있었다고 기록되었다. 그 나무의 접근을 막기 위해서 천사들과 화염검으로 지킨다고 했다. 생명과를 먹고 영생할까 막기 위해서였다(창 3:22~24). 이 과실은 신비스럽고 중대한 의미를 지니고 있음이 분명하다.

지금 크리스천은 다른 나무, 곧 십자가 나무에 달린 예수를 먹고[믿고]영생을 얻었다(요 6:54). 또한 성도는 만물이 회복될 때 생명수 강가에 생명과를 먹게 된다고 했다(계 22:2)

빌레몬서의 인간성

옥중에서 만나 예수를 믿은 도망자 노예 오네시모를 그 주인인 빌레몬에게 돌려 보내면서 관용과 후대를 간곡하게 부탁하는 바울의 사신(私信)이 신약 성경 가운데 끼게 된 것은 성령의 깊은 뜻이 담겨 있다. 거기에는 교리도 신학도 없다. 주인집에서 훔치고 달아난 노예는 흔히 사형된다.

A.D.90년 안디옥 교회의 익나시우스 감독은 멀지 않아 로마 경기장에서 야수의 무리들 속에 던지울 운명에 처해 있을 때 아시아 교회들에게 낸 최후의 편지 중에 에베소 교회 오네시모 감독에게 낸 편지가 있다. 이 감독 오네시모가 빌레몬의 노예와 같은 사람이라고 믿는 학자가 많다.

바울의 부탁은 너무도 간절하다.

"오 형제여, 나로 기쁨과 평안을 얻게 해다오. 나를 친구로 알진대 그를 나처럼 영접하고 형제로 대해 주기를 바라노라. 내가 친필로 쓰노니 빚진 것은 내가 갚겠노라."

바울의 인간성과 불행한 이웃을 몸으로 섬기고 돌보는 목자의 모습을 엿볼 수 있다.

부자 교만과 거지 교만

 헬라의 거지 철인(哲人) 디오게네스는 어느 날 귀족 부자요 철학자인 플라톤의 궁전 같은 집을 방문했다. 그 집의 응접실에 깐 호화스런 양탄자 위를 걸어가면서 디오게네스는 마치 생물을 밟아 죽이는 제스처로 짓이기며 플라톤의 교만을 짓밟았다.
 다음에는 플라톤이 디오게네스의 가난을 과시하며 사는 비가 새는 집을 방문했을 때 누더기 양탄자 위를 뱀의 머리를 밟아 죽이는 모션으로 그 방을 거닐면서 디오게네스의 성탐(聖貪) 과잉 의식의 교만을 짓밟아 주었다.
 성자는 자신이 성자라고 생각하는 순간 이미 성자가 아니다. 성자마다 참회록을 쓰고, 천국 주님 앞에 설 때 잘한 것은 하나도 기억나지 않아 나 같은 죄인을 구속해 주신 은총을 만 입이 있어도 못다 찬송하는 상하고 깨어진 마음과 감루(感淚) 속에 대한다. 우리는 모두 설익은 플라톤 바리새든가 디오게네스 바리새가 되는 경향이 있다.

어린 아이와 백치(白痴)

"너희가 돌이켜 어린 아이들과 같이 되지 아니하면 결단코 천국에 들어가지 못하리라"(마 18:3).

어린 아이의 특성은 순진성과 감수성과 마음대로 쓰고 그릴 수 있는 백지적(白紙的) 가능성과 조각가가 깎고 쪼아서 마음대로 만들 수 있는 원소재성(元素材性), 유난성, 개방성, 키우고 자랄 수 있는 피교육성 그리고 부모와 스승을 믿는 신뢰성 등이 특성이다.

도스토예프스키가 그의 작품 속에서 백치의 옷을 입혀 등장시킨 인물은 어린 아기 같고 그의 이미지 속에는 예수 같은 인물이었다. 세상살이에 서툴러 놀림감이 되지만 너무도 순수한 실존이어서 모든 사람을 용서하고 끝까지 믿어주며 용서해주고 싸매주는 딴 세상에서 온 사람같이 매력 있고 사랑받는 이 사람에게 묻는다.

"그대는 백치(白痴)인가 그리스도인가?"

크리스천에게는 도스토예프스키의 백치나 예수님의 어린이같은 순수성이 있어야겠다.

순

〈예수 칼럼〉의 순이라는 필명(筆名)에 대한 설명을 해 달라는 독자들의 요청이 많았다.

순은 사랑방 성경학교 운동과 관련이 있다. 사랑방에서 새끼꼬고 혼사중매, 토지 매매, 춘향전 낭독, 도박, 사주손금보기, 정치공작, 나그네 숙박, 서당, 싸움, 회식 등 천하만사를 그곳에서 이야기하는 59,000자연부락의 문화센터, 생활센터라고 할 수 있는 이 곳을 예수 운동과 성경 공부를 위해 침투하는 운동을 나는 벌인 일이 있었다.

그러기 위해서 생세포(生細胞)처럼 번지는 조직을 만드는데 반(班), 조(組), 클럽, 회(會), 세포 등 이름이 모두 맘에 안들어 순하고 소박하며 그러나 강인한 생명력이 있어 어디나 뻗어나갈 수 있고 성경적인 의미도 있는 이름을 기도하는 중 택한 것이 '순'이다.

순은 예수님을 지칭한 것이다(사 11:1; 53:2; 슥 3:8; 6:12). 그리고 한문자(漢文字)의 筍, 笋, 殉, 淳, 純, 醇, 順, 馴, 舜은 그 어느 것에도 호감이 가는 의미를 지녔고, 순은 우리나라 시골 지붕에 하얀 박꽃 피는 집, 순박한 소녀상이기도 하여 순이라는 단위의 수천의 모임을 가지고 있다.

가룟 유다의 동기

가룟 유다는 예수님이 불러서 제자삼아 회계를 맡기고 몹시 사랑하사 최후의 만찬 때 상석(上席)의 제3인물로서 우편에는 요한을 좌편에 그를 앉게 하고, 유대 관습에 특별 빈객에게 하는 떡을 찍어 주기도 했으나, 악마가 그 속에 들어가 예수를 팔려는 생각을 넣어(요 13:2) 예수를 은 30에 팔고 예수가 처형되자 돈을 되돌려주고 자살했다.

예수를 배역(背域)한 동기는
① 돈이라고 했지만 복합적 동기가 지적되기도 한다.
② 그만이 유대 출신이어서 갈릴리 사람들에 대한 지역 감정
③ 평소에 돈을 훔친 죄책의 전가적(轉嫁的) 투사(投射)행위
④ 일 년치 봉급 액수만큼 비싼 향유를 예수께 부어버리는 한 여인의 낭비를 묵인한데 대한 사회주의자적 분노
⑤ 정치 혁명적 메시아 대권발동을 촉발(促發)케 하려고
⑥ 그는 반로마 열광적 애국당원으로 극우파 암살 당원이었다 (William Barclay). 그 이름은 단도(短刀) 소지자란 뜻과 통한다. 정치 혁명의 메시아 기대가 어긋나서 보복적으로 배신해 버렸다는 해석도 있다.

예수 신앙은 애국이나 사회 구원이나 인도주의 그 어느 것보다 높은 것이다.

영원한 생수

사마리아 수가성 야곱의 우물가에서, 인생의 황량한 광야를 헤매며 육체적으로 사회적으로 도덕적으로 영적으로 무한히 고달프고 외롭고 끝없이 목마른 한 여인을 만나서 물 한 잔을 청하며, 그녀의 굳게 잠긴 인생의 문을 노크하고 접근하던 예수는 나는 영생하도록 솟아나는 생수라 하시고 원하면 그것을 주겠다 했다(요 4:14).

"목마른 자는 내게로 와서 마시라 나를 믿는 자는 배에서 생수의 강이 흘러 나리라"(요 7:37~38).

① 세상 것은 야곱의 우물처럼 잠시 시원하다 다시 목마르는 것, 예수만이 참된 영원한 만족을 준다.
② 예수는 없으면 못 사는 물처럼 절대 필요하고 날마다 필요한 생명소이다.
③ 특수한 사람에게만 필요한 것이 아니라 누구에게나 필요한 분
④ 이 물을 선물로 거저 얻는 것
⑤ 생수는 하늘에서 내려 와 깊은 지하수로 솟는 것
⑥ 무진장으로 퍼 먹을 수 있는 것이 특징이며
⑦ 대용품이 있을 수 없다. 예수가 영원한 생수, 성령이 생수이다. 값없이 와서 마시라.

종이 되어 섬기는 삶

내가 미국에서 공부를 할 때 화제 거리가 된 한 부호의 노(老)미망인 이야기를 들었다. 억만장자가 남겨 준 유산을 가지고 한때는 헐리우드의 배우 노릇도 했던 73세 노파는 궁전같은 저택과 여러 별장이 있고 전속 의사들과 간호원, 미용사, 동서 각국의 요리사, 정원사, 의상실, 영사실, 사교파티에 음악회를 하는 반 전속 악단까지 있었다. 그녀는 병적으로 히스테리이고 섬기는 사람들이 맘에 안들어 자주 해고를 시켰고, 누구보다 불만과 불평이 많았다. 온 인류가 그녀를 섬겨도 마찬가지일 것이다.

1,000명의 처첩(妻妾)을 거느리고 황금 궁전에 살며, 당대에 가장 지성적이고 예술적이며 없는 것이 없었던 솔로몬 왕은 그 영광의 정점에서 헛되고 헛되며 헛되고 헛되니 모든 것이 헛되다(전 1:2)고 했다.

모든 사람에게 섬김과 사랑을 받으려는 인생은 불행하고 만인을 사랑하고 섬기기 위한 삶은 주님이 우리에게 남겨 주신 우주의 왕자와 공주의 삶의 스타일이다.

실존적 회의

벙어리 되고 귀먹은 귀신이 들려서 경련을 일으키고 물에도 불에도 자주 넘어지는 아들을 데리고 와서 그 아버지가 무엇을 할 수 있거든 도와달라고 애원했다. 주님이

"할 수 있거든이 무슨 말이냐 믿는 자에게는 능치 못할 일이 없느니라"

하시니, 그 아버지는 소리질러

"내가 믿나이다 믿음 없는 것을 도와 주소서(막 9:24)" 했다.

주님은 즉시 벙어리 귀신을 쫓아내 주셨다.
신약 성경에서 특별한 유형의 신앙 고백이었다. 기독교 신앙은 실감이나 실험관적 실증이 안되는 객관적 절대 실체인 하나님과 그 말씀을 믿는 일이어서 믿음에로의 용기와 결단과 모험이 필요하다.
회의 가운데 세 가지 유형이 있는데 첫째, 명제적 회의가 있다. 이것은 알고자 하는 물음이어서 매우 생산적이다. 둘째는 회의를 위한 회의인데 먹을수록 배가 부르는 뱀같이 설명해 줄수록 회의를 키우는 악질 인간이다. 셋째는 실존적 회의인데

"주여 믿고 싶은데 잘 안 믿어지니 믿음을 주옵소서" 하는 애절한 기도같은 신앙 고백이다.

주(主) -퀴리오스-

신약 성경에 600여 회 불려지고 기록된 이 '주'라는 칭호가 의미하는 것이 무엇일까? 상처를 자기 손으로 만져 보고야 믿겠다는 도마에게 상흔(傷痕)을 내보이며 만져 보고 믿으라 할 때 도마의 입에서 터져 나온

"나의 주 나의 하나님이시니이다"(요 20:28)

라고 한 이 신앙 고백의 원형이라고 할 수 있다. 성경은 '성령으로 아니하고는 예수를 주라고 할 수 없다'(고전 2:3)고 했다.
   또한 네 입으로 예수를 주라고 시인하고 마음으로 부활을 믿으면 구원을 얻는다고 했다(롬 10:9). 지적으로 예수가 하나님인 것을 시인하고 고백하며 의지적으로 그 예수가 나의 주인 것을 수락하여 그가 나의 전 생애, 전 소유, 전 행위, 나의 의지와 시간의 절대적 주권자이심을 고백하는 것이다. 주여, 주여 헛되이 염불하듯 하는 부름이 아니라 마음의 왕좌에 모신 주, 이 주라는 말은 한 글자로 요약한 신앙 고백인 것이다.

성도가 받는 최고 그랑프리[면류관]

성경에는 성도가 천국에서 상 받는 기록이 많다. 성도의 생애와 행실과 신앙인격과 그 공력을 불로 시험하는 과정이 있다고 한다(고전 3:12~15). 금, 은, 보석, 나무, 집, 풀 등의 질과 등급이 있어 어떤 성도는 불속에서 다 타버리고 상이 하나도 없는 부끄러운 구원을 받는 사람이 있고, 크고 많은 면류관을 얻을 사람도 있는 것 같다.

자신이 전도한 영혼들이야 말로 예수님이 재림할 때 전도한 사람의 소망이요, 기쁨이요, 영광이요, 자랑의 면류관이라고 바울은 말한다(살전 2:19). 또한 바울은 자기가 전도한 빌립보 교인들에게 "나의 사랑하고 사모하는 형제요 기쁨이요 면류관인 자들아" 하고 불렀다(빌4:1). 다니엘은 "많은 사람을 옳은 데로 인도한 사람은 별과 같이 영원토록 비치리라"고 했다(단 12:3). 죄인 하나가 회개하고 돌아오면 하나님의 사자들 앞에 큰 기쁨이 된다고 했다(눅 15:10). 전도하지 않아서 멸망한 피 값을 우리에게서 받는다는 무서운 말씀도 있다(겔3:18). 전도 헌금은 하나님이 기뻐하는 향기로운 제물이 된다고 했다(빌 4:18).

자유의 문제

자유란 하고 싶은 대로 하는 것이 아니라 하여야 하는 것을 하는 것이다. 기차의 자유란 궤도 위에서만 달리는 자유가 있고, 식물의 자유는 태양과 물과 공기와 토양 조건 안에서만 자유가 있고, 지구는 그 궤도 안에서 돌아야 하는 법이다.

이러한 원리는 인간에게도 예외는 아니다. 사람은 하나님이 정해 준 인간 궤도 내지 인간 법도가 있다. 바다의 배가 자유하기 위해서 그 복잡한 기계들과 엔진들과 키와 나침반은 모두 들어내 보라. 파멸이 오고 만다.

인간의 자유는 하나님을 위하여 하나님에 의해서 하나님 안에서의 피조물적 자유이다. 죽음이란 생명의 탯줄이요, 젖줄이요, 뿌리요, 태양인 하나님을 떠나 인간이 절대주체, 절대자유, 절대충족을 주장하고 나온 데서 생긴 것이다. 현대인은 '에서(from)'의 자유는 얻었지만 그 얻은 자유의 에너지를 무엇에게로 지향할 것인지 몰라 히피가 되든가 공산당이 된다.

대속자(代贖者)

키에르케고르의 실존의 여러 단계 가운데 감성적 실존은 호불호(好不好)와 쾌불쾌감(快不快感)이 생활과 행동 기준인 생물학적 실존에서 의무와 당위에 눈뜬 도덕적 실존으로 승화하는 단계가 있다.

도덕 인간이 반드시 빠지는 늪은 악을 행하면 죄책과 회한에 빠지고, 선을 행하면 교만한 바리새가 된다는 사실이다. 그래서 도덕적 절망의 늪에서 가난한 심령, 애통하는 마음으로 참 의(義)에 주리고 목말라 사도 바울처럼 신앙적 실존의 단계로 비약한다는 것이다.

존 옥스남(John Oxenham)의 바라바 예수 체험은 독자에게 뜻깊은 공감을 주고 있다. 자기가 달려 죽었어야 할 십자가를 멀리서 바라보면서

"내가 저기 달렸어야 하는데, 그가 내 대신 죽고 나를 구원했단 말이야."

내 죄와 내 죽음을 나 위해 내 대신 짊어지시고 대속해 주신 주님, 영원을 다하도록 만 입이 있어도 못다 감사하겠다.

주님과 나의 관계

주님과 나와의 관계를 포도나무와 가지(요 15장)에도 비유했고, 신랑과 신부 관계로도 비유했다(엡 5장). 성만찬은 주의 피와 살을 먹는 성예전(聖禮典)이고, 세례는 주님과 연합하는 상징의 의식이다.

나를 대신하여, 나 위하여 죽으시고 부활하신 주님은 내 죄와 죽음을 대신 담당하시고, 자신의 의와 영광과 새 생명과 성령을 내게 주셨다. 나는 그 안에 그는 내 안에 있어 나의 의식보다 예수 의식이 더 강한 주체가 됐다. 이 신비스럽고 독특한 연대성, 내재성, 대신성, 연합성은 두 가지 측면에서 실효된다.

첫째는 법적인 실효인데 예수의 피로 세운 새 언약의 법적 실효이다. 이 새 언약은 시간적으로 새 것일 뿐 아니라 질적으로 절대 새 것이다(카이노스).

둘째는 내적이고 실적인 측면인데 이 언약에 믿음으로 참여한 사람에게 성령이 영원토록 내주하여 세상의 생물학 사전에 없는 중생한 신인(新人), 즉 예수 닮은 하나님 자녀가 된다는 것이다. 그는 자기 의(義)가 아닌 예수의 의를 자기 것으로 소유한 신종의 의인이다.

애정수입(愛情收入)과 광기문명(狂氣文明)

인간 절망 가운데 애정만큼 결정적인 것은 없다. 인간 고독의 원천도 성(性)과 애정에서 찾고 있다.

부자집 막내 아들이 노래 하나 부르면 10명 식구가 모두 박수를 친다. 사실보다 10배의 애정 수입을 받아 온 셈이다. 그러나 그가 학교에 입학 했을 때 살벌한 실력 대결과 냉엄한 평가를 받아, 하나 잘하면 하나 이상의 애정과 인기 수입을 못받게 된다. 그래서 그는 평소 10배로 받던 애정수입을 보충하기 위해 남성적일 때는 깡패가 되고, 여성적일 때는 초콜릿을 사 주며, 모두에게 아첨해서 애정 수입을 보충하고, 중성적인 사람은 모래성을 쌓고 혼자서 논다.

애정의 상처를 받아 미친 사람도 이 세 가지 반응을 보인다. 문화적으로는 히피는 여성적 발광, 일이나 예술, 학문에 몰두하는 것은 중성적 반응이라고 할 수 있다. 하나님의 사랑을 먹고 살도록 만들어진 인간이 광기 문명의 영적 원인이다.

사제(私製) 기독교

성경을 자기 사욕과 주의(主義)나 사상의 수단으로 사용하는 예는 어제 오늘의 일이 아니다. 공산당도 성경을 인용하고, 가이아나에서 900명이 집단 자살한 짐 존스의 인민사원 교회도, 히피와 섹스혁명 족속들도 예수와 성구를 인용할 줄 안다.

자기가 예수라고 주장하는 수많은 사람들이 예외 없이 성경을 자기에게 맞춰서 풀이하고 사이비 기독교나 이단 신흥 종교도 성경을 무기로 쓴다. 별별 괴상한 논리와 설교가 쏟아져 나오고 있다. 옛날에는 개똥 의학이라는 것이 있어 많은 병에 돼지똥 개똥을 바르거나 먹이는 경우가 있었다. 개똥 철학이라는 것도 있다. 유치한 논리를 늘어 놓는 말장이를 의미할 것이다.

개똥 신학이라는 것이 있는지 모르나 이전투구(泥田鬪狗)식으로 교권 싸움하는 사람들이 자기 편이 아닌 사람이 하는 일은 기도 운동이든 전도하는 일이건간에 칼빈주의가 아니라는 괴변과 개똥 신학을 논리로 쓴다.

대신속죄(代身贖罪) 대신형벌(代身刑罰)

　옛날 구약 성경의 문화권에서 노예에게 자유해방을 주기 위해서 선의를 가진 사람이 나와서 몸 값 즉 속전(贖錢)을 대신 지불하는 법이 있었다. 구약의 제도 가운데도 사형을 받는 대신 생명 대신 속죄금을 속전으로 지불하는 제도가 있었다(출 21:30). 전쟁 포로를 속전 내고 석방시키는 관례도 동서고금에 널리 통용되었던 사실이다.
　늙은 어머니가 범죄 하여 징역 사는 아들의 속죄금을 벌기 위해 채석장에서 중노동하는 중, 손발이 멍들어 피가 밴 것을 보는 아들을 상상해 볼 수 있다. 아들이나 친구 대신 징역을 살고 사형을 받겠다는 미담을 들을 때마다 눈시울이 뜨겁고 가슴이 뭉클해지는 것을 너무도 당연한 일이다.
　십자가의 주님을 바라보라. 누구 때문인가? 하늘이 어두워지고 땅이 갈라지며 하나님의 진노와 형벌과 저주를 홀로 받는 동안 주님의 심장이 찢어지면서 나의 이름을 부르고 있다.

죽은 행실의 회개

"그러므로 우리가 그리스도의 도의 초보를 버리고 죽은 행실을 회개함과"(히 6:1)

성경에 죽은 행실과 관련된 세 가지 범주의 행실을 말씀하셨다.

① 착한 행실들(마 5:16) – "오직 중생한 사람들이 성령의 열매로써"(갈 5:22) 착한 행실들을 낳을 수 있다. "그 마음에 하나님이 없다 하는 자는 부패하고 가증하여 선을 행하는 자가 하나도 없도다"(시 14:1~3) 착한 행실들이 산 위에 등불처럼 세상을 비취게 하여 하나님께 영광을 돌려야 한다.
② 악한 행실–죄와 사망의 법과 공중 권세를 잡을 사단의 왕국 시민들의 행실들을 말한다.
③ 죽은 행실–이는 율법적인 종교 활동들과 예수를 빙자한 종교 사업가와 사이비 신비 운동 같은 것의 행실이다. 사랑의 덕과 신령하고 경건한 생산이 없는 교조나 당파 싸움 같은 것을 주님을 위한 것처럼 열심히 하는 일들은 빈 껍데기 죽은 행실이다.

성경 해석자

"육에 속한 사람〔자연인〕은 성령의 일을 받지 아니하나니 저에게는 미련하게 보임이요, 또 깨닫지도 못하나니 이런 일은 영적으로라야 분변함이니라"(고전 2:14)

천하의 모든 책은 인간의 책인데 단 하나 성경만은 성령이 성령 충만한 기자들에게 영감을 주어 쓴 책이다. 그런 고로 초자연적인 책이다. 가장 쉬운 만인의 책이지만 동시에 자연인에게는 닫혀진 비밀의 책이다.

성경을 읽거나 공부하는 성도들이여, 반드시 그 때마다 성경의 저자이며, 해석자이시며, 교사이신 성령이 나를 가르쳐 주시도록 경건되게 믿고 기도해야 한다. 성경 공부가 무섭게 번지고 있다. 가정마다 직장마다 일선 초소와 각급 학교 교실들마다 성경을 읽고 공부하는 운동이 일어나야겠다. 우리 모두 평생 성경 학도, 성경 교사가 되어야겠다.

영원한 소년

아담이 처음의 처음에서 만났던 하와에게 나의 뼈 중의 뼈요 살 중의 살이라고 했던 그 때처럼, 항상 주님은 내게 만날 때마다 새로운 영원한 첫사랑이다. 천국은 나이 들수록 젊어진다는 말이 있거니와 나는 세월과 함께 겉 사람은 비록 노화되지만 속 사람은 주 안에서 영원한 소년, 내게는 최선마다 보랏빛 노을 속 미래에만 있다.

죄의 정의

죄의 실재를 부인하는 사람은 역사의 실재를 부인함과 같다. 죄가 없다면 법도 감옥도 대문도 전쟁도 없을 것이다. 죄에 대한 여러 의견들이 있다.

① 진화 과정의 동물성
② 무지
③ 성숙하지 못한 선(善)
④ 환경과 사회 관습의 산물
⑤ 정신과 의사가 고칠 수 있는 일종의 병
⑥ 유전성
⑦ 사회부적응

그 밖에도 해석은 있으나 이상 열거한 정도의 것이면 그다지 추악한 것도 분노할 것도 없는 100점 만점에 80점이나 30점의 성적이 떨어진 학생 정도로 보인다. 그러나 성경은 죄를 하나님 편에서 보고, 훨씬 치명적이고 무서운 것으로 본다. 사람은 하나님의 법도와 그 뜻과 그 영광과 그 말씀과 명령을 따라 살도록 창조되었는데, 악마와 통하여 의식 무의식적으로 그의 언행심사 전 존재로 하나님을 적대시하고, 하나님 없이 하나님을 등지고 사는 공산당처럼 빨갱이가 되어 버렸다.

죄의 값은 사망이다. 회개하고 하나님께 귀순(歸順)하는 운동이 예수를 통해 전개되고 있는 것이다.

하나님의 본성

하나님은 인간의 이성이나 정의의 유한한 상자 속에 한정할 수 없는 분이지만 인간 본성 가운데 하나님의 실존과 그 신성과 능력을 알도록 창조되었으며 (롬 1:18~20), 성경에 하나님의 본성이 4가지로 계시되었다.

첫째는 하나님은 사랑이라고 계시되었다. 눈을 만든 자가 보지 않으랴, 귀를 만든 자가 듣지 않으랴, 사랑을 만든 자가 사랑하지 않으랴, 부모나 부부의 사랑은 하나님 사랑의 그림자 같은 것이다. 예수는 그 사랑의 성육신(成肉身)하신 분이시고 성령은 사랑의 영(靈)이시다.

둘째는 하나님은 빛이시다. 예수님이 "나는 빛이라"고 하셨다.
① 빛은 조명(照明) 즉 보고 아는 것과 관계가 있다.
② 빛은 열의 근본이다. 마음이 뜨거워지는 것은 이 빛의 작용이다.
③ 빛은 어두움〔악과 무지〕을 추방하는 선과 미의 근원이 되기도 한다.
④ 우주에 편재 충만하여 생명의 근원이 되신다.

셋째는 하나님은 거룩하시다. 십계명은 그 거룩하심의 표현인 것이다.

넷째는 하나님은 영이시다. 신령과 진정으로 예배할 분이다.

비만증 사랑 결핍증 환자

선진국의 국민병 1위, 2위가 비대증 심장병 계통과 정신 분열증 환자이다. 미국은 사망률 54퍼센트가 비대증과 관련이 있다고 한다.

먹은 것을 신진대사하고 소모시키기 위한 운동 부족과 과잉 취식이 원인이다. 정신 분열증 환자도 사랑받지 못하거나 남을 사랑하지 못하는 병이다. 남을 위해 시간과 돈과 기도와 정력과 생애를 바치는 사람이 정신 분열증에 걸리는 일은 극히 드물다. 사람의 정신과 영혼도 사랑과 인기와 칭찬과 존경을 받으려고만 하면 정신 비대증 증상이 나타나기 마련이다. 사랑은 항상 주어야 생산되고 활성화된다.

사랑의 결핍증 내지 정신 비대증 분열증을 고치는 약은 무엇보다 하나님의 사랑을 받아 그것을 순수하게 많은 사람에게 나누어 주는 것이며, 이로써 건강을 회복할 수 있다. 사랑 지향의 생활 철학과 가치관을 가져야겠다. 성도의 영의 양식도 하나님의 사랑을 받는 문제보다 늘 주는 데서 구해야 한다.

중생(重生)한 자와 범죄

"하나님께로서 난 자마다 죄를 짓지 아니하나니 이는 하나님의 씨가 그의 속에 거함이요 저도 범죄치 못하는 것을 하나님께로서 났음이라"(요일 3:9)

이 말씀은 가시나무가 사과 열매를 낼 수 없고, 사과나무가 어찌 가시 열매를 낼 수 있으며 백인이 어찌 흑인을 낳을 수 있는가 하는 이치와 같이 하나님의 씨로 거듭난 사람은 범죄가 불가능하다는 논리이다.

이 구절은 성경에서 가장 잘못 이해되기 쉽고, 특히 개인의 내적 체험에 비추어 해석하면 더욱 난해하다. 실은 중생한 사람은 새 사람, 새 마음, 새 본성, 새 영을 받았으나, 옛 사람 즉 육신이라고 부르는 하나님께 적대적이고 진노 하에 있으며, 하나님의 법에 순종할 수 없는 옛 본성이 남아 있어 그 두 본성이 서로 싸운다.

생명의 성령의 새 법이 완전히 죄와 사망의 법을 지배하다가도 옛 법이 다시 고개를 들면 넘어진다. 다만 성령 충만한 새 본성은 범죄 하지 못한다는 뜻이다. 성령 충만으로 성화(聖化)를 완성해 가야 한다.

성탄을 바로 맞는 자세

① 그리스도를 내 마음과 내 생활의 주 하나님으로 명실 공히 왕좌에 모셔야 하겠다. 그에게 내 방의 모든 열쇠를 다 맡기며, 사랑과 헌신을 고백하고 재확인해야 하며, 내 가정도 당신이 주인이심을 공동 고백하고, 내 사업도 학문도 당신의 것이 아닌 구석이 있거나 죄가 있으면 회개 자백하여 성령을 슬프게 하는 구석이 없어야 그를 바로 모시는 일이 된다.
② 그의 복음을 많은 이웃에게 더욱 절실히 전하는 계절이어야 하겠다. 예수 이상 큰 사랑과 축복과 행복이 어디 있겠는가?
③ 사랑을 몸으로 물질로 전달하는 계절이어야 하겠다. 우체부, 수위, 차장, 가난한 분들, 병자, 옥에 있는 분, 나보다 불행한 분들에게 찾아가서 정성된 사랑의 선물을 전달해야겠다. 개인으로 가족적으로 묵직하게 구제하는 일을 잊지 말자.
④ 몸으로 섬기는 삶을 배우고 특정한 이웃의 고난에 깊숙이 참여하여 내 자녀처럼 내 몸처럼 돌봐 주자.
⑤ 모든 사람과 화해하고 용서받고 용서하는 성탄이 되기를 빈다.

온 백성에게 미칠 큰 기쁨의 소식

"보라 내가 온 백성에게 미칠 큰 기쁨의 좋은 소식을 너희에게 전하노라 오늘날 다윗의 동리에 너희를 위하여 구주가 나셨으니 곧 그리스도 주시니라"(눅 2:10~11)

성탄이 왜 큰 기쁨의 소식일까? 성탄절하면 그 축제 무드와 산타크로스와 캐럴과 파티와 휴가, 크리스마스 휴전과 크리스마스 특사, 어려운 이웃에게 베푸는 구제와 선물들, 사랑의 캠페인 이런 것들이 연상된다.

예수의 복음 때문에 당장 지상 천국이 되는 것도 아니고, 사람들이 천사처럼 되는 것도 아니다. 그런 왕국은 예수 재림 이후에야 온다. 그러나 하나님을 영접하는 사람마다 그 독생자를 선물로 주셨다. 천국은 이미 그 생활 속에서 나무처럼 자라고 있고, 하나님 자녀로서의 새 생명은 아기처럼 그 속에 성장하고 있다. 필요한 모든 것은 다 주신다.

복음을 받는 사람은 자연 법칙 세계에서 초자연법으로 사는 새 하늘과 새 땅의 새 사람들이다. 그의 기쁨은 빼앗을 자가 없다. 절대적인 복음이기 때문이다.

하나님의 성탄 준비

"기약이 차매 하나님이 그 아들을 보내셨다"(갈 4:4).

구약 성경의 페이지마다 이스라엘의 숨결마다 메시아 대망으로 꽉 차 있었다. 구약 성경에는 456개의 예수 예언이 있다고 한다.

하나님은 정치적으로 로마 제국의 문화와 언어를 통일시켜 예수의 복음의 전도의 세계화를 준비하셨다. 로마의 주민 세 사람 중 두 명은 노예였던 당시 사회는 신음 속에 구세주 대망이 팽배했다.

고대 세계는 유대 나라에서 세계의 지배자이며 구원자인 왕이 난다는 신앙이 널리 퍼져 있었고, 헬라의 극작가들은 인간의 죄와 고통과 죽음과 저주를 풀어 주는 구속신에 대해서 말했고. 플라톤은 로고스에 대해서, 소크라테스는 사랑의 화신(化身)에 대해서, 석가는 또 다른 불타에 대해서, 중국은 서방에 성인이 난다는 통념과 도성인신(道成人身) 사상이 있었고, 세계의 민속 신앙들도 소박한 구세주 사상이 있었다.

동방 박사들은 세계의 윤리와 철학과 모든 종교를 대표한 상징적 인물들이었다.

미개발(未開發)의 동력 자원

　세계의 동력 자원 문제는 식량 문제만큼 심각하고 중대하다. 석탄, 풍력, 수력, 전력, 지열, 태양열, 석유 가스, 원자력 등 살아 남기 위해 새자원 개발에 혈안이 될 수밖에 없다. 핵융합을 하면 무한한 동력을 얻어 낼 수 있다는 말도 있고, 만유인력을 동력화하는 가능성도 생각할 수 있을 것이다. 이런 자원이 없는 나라도 과학의 힘이 있으면 국력을 키울 수 있다.

　도덕의 힘이 약화된 민족은 물리적 힘이 강해도 속으로 와해되고 마는 것을 역사의 교훈으로 우리는 알고 있다. 막강한 군사력도 필요하고, 집단 역학적 뭉침과 조직과 질서의 힘은 힘의 국제 정치의 경쟁에서 살아남기 위해 더욱 절실히 요청된다. 경제력, 정치력, 군사력, 과학력을 균형 있게 증강시켜야겠다.

　그런데 모두 개인이나 국가 민족의 생존과 복지와 번영을 위해 하나님의 힘을 활용할 줄을 모른다. 기도의 힘은 모든 힘보다 무한 동력이다. 한 민족의 국력으로 이 힘을 개발하고 활용해야겠다.

아담족과 예수족

　성경은 인류를 크게 두 종류로 구분하고 있다. 아담의 족속과 예수 족속이다. 전자는 자연인이고, 후자는 예수와 씨와 피를 받아 성령으로 거듭난 신인이다. 전자는 하나님이 만든 피조물이고, 후자는 하나님의 씨를 받은 자녀이다. 전자는 죽음과 죄와 사단의 왕국에 속했고, 후자는 의와 생명과 예수의 통치하는 왕국에 속했다. 전자는 마음의 왕좌에 자기 자신이 왕이요 신으로 앉아 있고 후자는 그 왕좌에 예수를 모시고 있다.

　예수족은 이 세상에서 이방인처럼 소수의 선택된 순례자였다. 아벨과 셋과 에노스, 에녹과 노아와 아브라함으로 이어지는 선(線)이 그 계보다. 아브라함에서 두 개의 혈손이 나온다. 이삭의 혈맥을 이은 유대인과 몸종 하갈에게서 나온 이스마엘의 자손인 아람 회교도.

　그리고 영과 믿음의 정손인 예수족이다. 아담 한 사람의 한 번의 불순종으로 전 인류에게 죽음과 죄가 들어 온 것같이 한 분 예수의 한 의(義)와 십자가로 생명과 의가 인류에게 도입되었다(롬 6장). 이 두 개의 강은 지옥과 천국으로도 이어지게 되어 있다.

전천후(全天候) 신앙생활

부활하신 예수가 실의와 슬픔과 공포에 사로잡힌 제자들에게 육체적으로 혹은 환상과 영으로 현현(顯現)했을 때 제자들은 꿈만 같았을 것이다. 그때 그 예수님은 항상 어디서 어떤 상황에서도 은총과 축복과 힘주심과 사랑과 위로로 나와 함께 하실 것을 약속했다(마 28:20).

빈 무덤 옆에서 빈 무덤같이 공허하고 슬픈 인생의 주인공 막달리 마리아에게 나타나시고, 주님을 저주까지 하고 새벽 닭이 울 때마다 통곡했다는 베드로에게 나타나서 위로와 힘을 주시고, 예수만 생각하고 예수 이야기만 하면서도 몸은 멀어지기만 하던 실의의 엠마오 도상의 두 제자와, 갈릴리 호수의 고기잡이 옛 생활 원점으로 되돌아가 버린 제자들을 찾아 나타나신 주님을, 만일 영의 안경을 쓰고 볼 수 있다면 그 때 그 모습으로 그림자처럼 항상 나와 동거 동행하시는 것을 보고 깜짝 놀랄 것이다.

이 주님의 동행 사실과 임재 의식이 성도의 전천후 신앙 생활의 근본이 된다.

두 여학생의 결혼생활

어느 목사의 여대생 제자 가운데 A라는 여성과 B라는 여성이 있었다. 두 학생 다 지성과 미모에 있어서 최고의 규수감이었다. 그러나 결혼관에 있어서 신앙의 비중이 달랐다. A는 결혼 조건 여섯 가지 중에 신앙은 있으면 좋지만 없어도 살 수 있다고 생각했다. B는 신앙이 없으면 영혼 없는 사람 같아서 절대로 안 된다고 했다.

8년 후 A는 100만 원 월급 받는 재벌 아들인 부장급 간부 부인이 됐고, B는 20만 원 정도의 샐러리맨 부인이 됐다. A의 집은 500평 저택이고 자가용족이다. 없는 것이 없지만, 두 어린이들은 가인같이 생겼고, 예수도 이웃도 영혼도 내세도 없었다. A는 목사에게

"나는 미치든지 자살하든지 남편과 정부를 죽이든지 하고 싶다."고 했다.

밤마다 술 마시고 자살 직전, 이혼 직전이었다.
그러나 B는 표정부터 성모 마리아, 말끝마다 감사했다. 셋집이었지만 사촌까지 행복하게 해 주는 이 가정에서 예배를 드릴 때 성경의 축복은 다 내려 주었다. 일본이 100만 원 가정이라면 우리는 20만 원 가정이 되고 싶다.

새해의 결심

"흠도 티도 금가지 않은 나의 전체는 오직 이 뿐 더욱 값진 것으로 드리라 하올제"

이 구(句)는 고(故) 김현승 교수의 〈눈물〉이라는 시의 한 구절이다. 값싸게 자주 흘렸던 눈물이기에 신통한 것은 못 되나 주의 구속해 주신 사랑을 생각하면 나는 자주 눈물이 나온다. 변덕스럽고 약하고 거짓된 나의 감정이지만 그래도 순수한 것이라고는 주님께 바치는 눈물과 아기처럼 자주 넘어지곤 하지만 내 결심을 주님께 바쳐 결혼식의 서약처럼 몸으로 제물을 드리고 싶다.

성도들이여, 적은 것이라도 행동과 실천, 결심을 주님께 바치자. 내가 존경하는 집사님은 매년 100명 이상 전도하기로 결심하고 그 결심이 축복받아 그대로 실천되고 있다. 서원하여 60년 동안 하루도 빠지지 않고 새벽 기도를 한 이도 있다. 결심하여 일생 소유나 예금 안 가지기로 부부공동으로 주님과 새해 원단에 계약서를 쓰고 그대로 사는 분이 있다. 성경을 1년에 두 번씩 읽고 내 문전 나사로 한 분 택하여 내 골육처럼 사랑하기로 결심해 보자.

사랑함으로 배우는 사랑

"사랑하는 자마다 하나님께로 나서 하나님을 알고 사랑하지 아니하는 자는 하나님을 알지 못하나니"(요일 4:7~8).

하나님을 아는 지식과 예수를 아는 지식이 자라고 성도와 성화(聖化)되기 위해서는 죄를 이기는 것과 성령 안에서 사랑의 생활이 익어야 한다.
대설교가이고 대신학자이며 교단장일지라도 사랑이 성숙하지 못하고 사랑의 열매가 없으면 아무 것도 아니며(고전 13장), 신유의 은사가 있고 삼층천에 갔다 왔을지라도 사랑이 떫은 감 같으면 껍데기 신자이다.

그러면 어떻게 사랑을 얻는가?
사랑은 첫째로 성령 충만의 열매이다. 고로 지속적 성령 충만의 비결을 배우고, 둘째로 사랑은 사랑함으로써만 키울 수 있다는 것을 알아야 한다.
말은 말함으로 배우고, 노래는 노래함으로 배우며, 권투는 권투를 함으로, 일은 일함으로 배우듯이 사랑은 행동으로 하나님을 사랑하고 이웃을 사랑함으로써만 키울 수 있다. 그 밖에 황금길은 없다.

시간의 청지기

"세월을 아끼라 때가 악하니라"(엡 5:16).

여기 아끼라는 말은 시간을 '선용하라', '복음화 시키라'는 의미로 해석할 수 있다.

시간은 돈이나 목숨이나 달란트와 함께 하나님의 위탁물이다. 시간은 돈이라는 말이 있거니와 사실 시간은 생명이다. 황금같은 시간이라 하기보다 생명같은 시간들이다. 시간은 영원을 심는 밭이다. 얼마나 소중한 주님을 위한 시간들을 사단과 죽음과 죄를 위해 강간당하고 강도당하며 살았는가? 탕자의 시간은 사기당한 시간, 불모의 적자 시간이었으나 새로 시작하기에 너무 늦은 시간은 없다.

악마는 선을 내일부터 하라고 하지만 성도의 실천적 시간은 지금 여기이다. 갚아야 할 빚이 있으면 지금 갚고, 십일조 시간도 지금 재정 상황인 것이다. A.A. 하아디는 10만불 부채 중에서 십일조를 시작했다. 빚 먼저 갚고, 십일조 하라고 비난했지만, 도둑질한 빚, 즉 십일조부터 갚았더니 다른 모든 부채를 다 갚고 백만장자가 됐다. 전도할 시간, 성경 공부 시간, 사랑할 시간, 회개할 시간은 지금 내가 처한 이 시간이다.

네 가지 평화

① 십자가의 구속을 믿음으로, 하나님과 원수되고 그 진노와 정죄의 대상이던 내가 하나님으로 더불어 누리는 화평(롬 5:1~2)이 가장 원칙적인 평화이다. 하나님은 나 대신 예수를 십자가에서 진노하시고, 형벌하시고, 처형사망케 하심으로 그 사실을 받아들이는 사람과 화해하사 사랑의 대화를 회복하시는 것이다.

② 하나님과 더불어 화평한 사람에게는 내적인 깊은 평안을 주신다. 이 평안은 예수의 평안이며(요 14:27), 성령으로 말미암은 것인즉 절대적인 것이어서 무엇으로도 빼앗을 수 없고 지각에 뛰어난 것이다(빌 4:7). 이 평화는 노한 파도가 부딪쳐 깨지고, 천둥치고 폭풍우 몰아치는 바다 절벽 위에 어미새 날개 밑의 새끼새의 평안같은 것이다.

③ 이렇게 하나님과 더불어 화평하고 내적으로 깊은 하나님의 평안을 소유한 사람은 속에 내란이 끝났음으로 모든 이웃과 더불어 싸움이 있는 곳에 화평을 심는다.

④ 이런 사람들은 예수의 천년 왕국과 영원 왕국에서 사자가 초식하고 아기가 독사와 장난하는 우주적 평화 시대의 시민으로 참여한다.

영원한 소년

겉 사람은 후패하나 속 사람은 날로 새롭고(고후 4:16), 청춘이 젊은 독수리같이 새로워지며(시 103:5), 주님과 나만의 비밀한 사랑의 생수는 내 존재와 생활의 가장 깊은 곳에서 끊임없이 솟아 나오며(요 7:38), 예전에는 몰랐고 세상 어디에도 없었던 것들을 은밀히 내게 알게 하시고 내 속에 창조하시는 주님이(애 3:23; 사 48:6; 42:8), 새해에도 겨울 나목같이 늙은 나를 위해서 처녀 잉태만큼 가슴 설레는 일을 행하실 것을 기대하고 있다(사 43:19).

열병처럼 주님은 나의 밤을 신음하게도 하시고, 내 영혼 연옥의 심연에서 엘리엘리를 부르게도 하셨으나, 아담이 처음의 처음에서 만났던 하와에게 나의 뼈 중의 뼈요 살 중의 살이라고 했던 그때처럼, 항상 주님은 내게 만날 때마다 새로운 영원한 첫사랑이다. 천국은 나이 들수록 젊어진다는 말이 있거니와 나는 세월과 함께 겉 사람은 비록 노화되지만 속 사람은 주 안에서 영원한 소년, 내게는 최선마다 보랏빛 노을 속 미래에만 있다(The best is not yet).

주의 기도

주의 기도는 제자들의 요청에 따라 주님이 가르치신 제자의 표준적 기도라 할 수 있다. 그 기도 속에는 하나님께 관한 것과 자신과 이웃이 포함되어 있다. 참 기도는 이름으로 성령의 도우심을 받아 하나님 아버지께 드리는 기도이다.

이 기도는 하나님의 영광과 뜻과 하나님 나라의 통치와 실현이 나와 교회와 인류의 전폭에 이루어지기를 빈다. 또한 일용할 영육간의 양식과 필요와 소원을 기구(祈求)함으로 하나님이 생명과 생활필수품의 공급자이시고, 주권자이심을 고백한다.

이 기도는 죄의 씻음 받고 고침 받고 사함받기 위해 죄 고백과 회개를 일상 생활화하고, 남의 잘못을 용서하며 사랑할 힘을 기구하는 것이 포함되었다. 그리고 악한 욕심과 세상과 악마에게 시험받아 범죄 하지 않도록 성화를 위해서 기도할 것을 가르친다. 이 기도는 매일 반복해서 하는 것이다.

성령에게 짓는 죄

모든 죄는 성삼위께 짓는 것이지만 특히 성경은 성령에게 짓는 네 가지 죄를 지적했다.

① 성령을 훼방하는 죄는 사함을 받지 못하는 무서운 죄인데, 예수님이 성령으로 귀신을 내쫓는 것을 보고, 마귀를 힘입어 쫓아낸다 할 때 하신 말씀이다. 성령 훼방 죄는 적극적으로 의식적으로 지속적으로 언행심사로 성령을 훼방하는 죄이다(마 12:31).

② 성령을 거스르는 죄는 불신자가 예수를 구주로 영접할 것을 전도 받을 때 성령의 권고와 감동을 거역함으로 범하는 죄이다(행 7 : 51).

③ 성령을 근심하게 하는 죄(엡 4 : 30)는 크리스천의 삶의 전폭이 예수의 영광을 위하여 성령의 지배를 받지 못할 때 성령이 근심하고 슬퍼하는 죄이다.

④ 성령을 소멸하는 죄(살전 5 : 19)는 성령이 지적하는 특정한 죄를 신자가 고백하지 않을 때 불을 끄듯이 성령의 역사를 막는 죄이다. 고성능 라디오처럼 성령에게 민감하자.

인간교(人間敎)의 시편

과학은 나의 목자시니 내가 부족함이 없으리로다.
과학이 나를 푸른 초장에 누이시며, 쉴 만한 물가로 인도하시는도다.
과학이 내 영혼을 소생시키시고, 나를 안락(安樂)의 길로 인도하시는도다.
내가 사망의 음침한 골짜기로 다닐지라도
해를 두려워 않을 것은 과학이 나와 함께 하심이라.
과학의 지팡이와 막대기가 나를 안위하시나이다.
과학이 내 원수의 목전에서 내게 상을 베푸시고
기름으로 내 머리에 바르셨으니 내 잔이 넘치나이다.
나의 평생에 과학의 보호하심이 정녕 나를 따르리니
내가 과학의 집에 영원히 거하리로다.

영적 건강법

모든 생명 성장의 법칙이 그러하듯이 신령한 생명도 성장을 그치면 퇴화하게 마련이다. 성장하려면,

① 바로 태어나야 한다. 강아지에게 코끼리 젖을 먹인다고 해서 코끼리처럼 크는 것이 아니다. 중생하지 않은 사람을 성경의 젖을 먹이고, 교회 분위기에서 양육해도 하나님 자녀가 아니다. 뱀에게 사람 젖을 먹여 키워도 뱀이 자랄 뿐이다. 동물적으로 악한 사람이 성경 젖을 먹으면, 악마적으로 유다처럼 악해 지는 경우가 있다.

② 성장의 의지를 가져야 한다.

③ 병[불신과 죄]을 잘 치료해야 하며,

④ 바른 양식[성경]을 충분히 먹어야 하며,

⑤ 맑고 깨끗한 공기와 햇빛[도]을 호흡해야 하며,

⑥ 건강하고 좋은 환경[교회와 친교]을 택해야 하고,

⑦ 운동을 통해 신진대사를 활발히 해야 한다[사랑, 봉사, 전도 생활]. 우리 주변에서 40년, 50년 된 유치원생 신자가 많다. 금년에는 건강하게 성장하는 해가 되어 열매를 맺어야겠다. 손 자르듯 잘라 버릴 죄가 있고[간음, 도둑질, 증오심], 절제해야 할 것들도 있다.

어리석은 논쟁

1453년 회교 군대가 콘스탄티노플을 포위했다. 콘스탄티노플은 로마와 함께 중세 기독교의 성도(聖都)라고 할 수 있었다. 발칸인들이 앞으로 수 세기 동안 크리스천의 지배를 받느냐 회교 지배를 받느냐의 풍전등화 같은 위기에 처했는데도 교회의 사제들이 모여서 성모 마리아 상의 눈의 색을 무슨 색으로 할 것이냐, 천사는 남성적이냐 여성적이냐, 성수(聖水)에 파리가 빠져 죽었는데 성수가 오염됐느냐, 파리가 성화(聖化)됐느냐 하는 문제로 싸웠다.

1917년 겨울 레닌의 귀국으로 공산 혁명 군대가 모스크바를 쳐 들어와 세상이 뒤집히고 기독교 왕족과 부자와 승려와 군벌 등 125만 명이 시베리아에서 피난가다 죽고, 기독교의 뿌리가 뽑히는 마당에 모스크바의 한 목가[사제] 회의에서는 가운의 후드색에 관한 문제와, 축도할 때 손가락을 어떤 모양으로 펼 것인가에 대해 두 시간 반을 싸웠다.

한국의 교회 회의는 어떤가?

인간교(人間敎)의 주기도문

우리의 영원한 아버지여, 신(神)이신 지상의 인간이여, 당신의 이름을 더욱 영화롭게 하옵시며 그 지배를 우주에 펴게 하소서. 오직 당신만이 우리의 신이기 때문입니다. 인간의 뜻이 땅에서 이루어진 것 같이 하늘에서도 이루어지게 하옵소서. 우리에게 풍요를 주옵시고, 인간의 존엄성과 자유와 자율성을 저해하는 것들을 인간의 이름으로 처단하게 하옵시며, 비인간화의 시험에 들지 말게 하옵시며, 비인간화의 모든 악에서 우리를 구하옵소서. 대개 나라와 권세와 영광이 영원히 있나이다.

예언서에 나타난 EEC(유럽경제공동체)

다니엘서 2장의 느브갓네살의 꿈에 본 금신상(金神像)은 세계사의 투시라고 할 수 있다. 바벨론, 페르시아, 그리스, 로마제국들이 차례대로 등장하고 로마의 후신으로 로마 제국의 옛 영토권에서 열 발톱으로 상징되는 열 나라 동맹체가 나타날 것이다(단 7:7,24; 계 17:19). 이 연맹체는 넷째 짐승은 [넷째 나라], 천하를 삼키고 밟아 부서뜨리는 강철 같이 강한 국가 연합체가 된다(단 7:23). 로마의 후신 가운데 단독 국가로써 이렇게 강한 나라는 나타난 일이 없다.

그런데 지금 EEC 의회는 410명의 의원을 선출했고, 아프리카와 지중해 연안의 예전 식민지를 포함한 50여 개국과 특수한 경제 유대를 맺고, 차지하고, 정치, 경제, 군사 동맹체로 발전되고 있다. 회원국은 10개 국으로 한정되어 있고, 그리스가 81년 1월 1일 가입해서 열 나라가 된다. 이 EEC는 러시아, 아랍 동맹군의 침공 때 이스라엘에 가담했다가 아랍 연맹국이 망할 무렵에 세계 총통인 적그리스도가 출연하여 인류 최후의 전쟁[아마겟돈]을 일으킨다.

하나님 존재 부정의 악과 저주

인간의 무지와 악과 저주 가운데 하나님의 존재를 부인하는 것만큼 근본적인 것은 없다. 태아가 탯줄을 끊고, 사람이 그 부모의 실재를 거부하는 것보다 더 원칙적 악이라 할 수 있다. 더구나 무신론을 적극적 가치관이나 인생철학으로 가르치는 현대의 지성 풍토는 악행이라고 말했다.

사람에게는 하나님의 실재와 그 능력이 하나님이 만든 자연 가운데 충분히 나타나 있을 뿐 아니라 사람에게 그것을 알 만한 것이 인간의 본성에 심어져 있다고 성경은 말하고 있다(롬 1:18~20). 그 사실은 핑계할 수 없다고 못 박아 말하고 있다(롬 1:20).

그런데도 그 하나님을 영화롭게도 하지 않고 감사치도 아니하니, 하나님은 저들을 허망하고 미련하고 어두운 마음, 더러운 정욕과 욕심대로 하도록 방임했고(롬 1:21~26), 인간이 그 마음에 하나님 두기를 싫어하매 저희를 상실한 마음대로 방임하였다. 하나님의 진노가 무신론자들에게 있고(롬 1:18), 하나님을 기쁘시게 하는 조건 가운데 전제적인 제일의 것은 그의 실존을 믿는 것이다(히 11:6).

헌신의 뜻

한 대학생이 목사에게 와서 예수님께 헌신한다는 뜻을 설명해 달라고 했다. 목사님은 생각 끝에 백지 한 장을 가져오게 해서 그 대학생에게 내밀면서 '예수님전 백지 위임장'이라고 쓴 후 주소와 성명과 날짜를 쓰고 지장을 누르게 했다. 주님은 그 위임자에 무슨 말이나 쓸 수 있도록 위임하는 것이다.

어느 세계를 누비고 다니는 부호 미망인의 외동딸이 있었다. 귀국 때는 한아름 진귀한 선물을 사다 주었다. 이번에는 국제 전화가 왔다.

"네 생일에 무슨 선물 사다 줄까?"

"엄마, 선물은 싫어. 다 그만둬."

"그럼 무얼 원하니?"

"엄마가 필요해. 엄마 자신이"

헬라의 어느 왕이 궁의 보석, 토지, 건물, 의복 모두를 나누어 주었다. 한 궁녀만은 원하는 것이 없었다.

"너는 무엇을 원하느냐?" 왕이 물었더니

"나는 임금님 자신을 원합니다." 했다. 왕은 그녀를 왕비로 택했다.

우리는 헌금 드리고, 예배 드리고, 금식 기도 드리고 자녀를 드린다고 한다. 그러나 주님은 나 자신을 원하고 나는 주님 자신을 원한다.

반석을 쳐라

1979년 7월 하순 충북 영동군 심천면 미루나무섬에 약 4천 명의 대학생이 여름 수련회를 가졌다. 큰 기도 제목은 '80 세계복음화대성회였다.

대학생에게서 돈을 헌금시키는 일은 일종의 터부로 되어 있었다. 그러나 나는 〈동아일보〉와 〈조선일보〉에 〈예수칼럼〉을 개설하기 위해 수억의 돈이 필요했다.

주님께서 기도하는 중 출애굽의 모세에게 사막의 반석을 쳐서 생수를 터지게 하여 2백만 유태인을 먹이고, 소년의 오병이어로 5천명을 먹이신 주님을 생각하고 대학생에게 헌금을 호소했다. 주님은 그 대학생들에게서 -졸업생 포함- 2억 5천만 원의 헌금 작정을 시켰다(1년 작정).

때로는 나뭇꾼 같은 목동 다윗의 물맷돌 한 개로 김일성과 소련과 중공군 연합군 같은 블레셋과 골리앗을 쳐 물리칠 줄이야. 3천 7백만 한국 민족과 세계의 어느 군사 전문가가 감히 상상이나 할 수 있었겠는가? 반석을 믿음의 지팡이로 쳐 보라. 생수가 터질 것이다.

번데기가 나비되는 생태학적 성장 경험

누에는 알로부터 큰 누에가 되기까지 몸무게가 약 일만 배 가량 성장하며, 누에 일생에 네 번 탈피하며, 그 때마다 뽕먹기를 멈추고 잠을 잔다. 누에의 일생은 알로 지내는 기간이 15일, 애벌레로 25일, 고치를 짓는 기간이 48시간, 번데기로 15일, 나방으로 5일, 합해서 60일간이다.

크리스천의 생명도 알 기간[모태 기간], 벌레 기간[자연인], 번데기 기간[그리스도 안에 중생의 기간], 나방으로 생태학적 비약을 하여 부활체와 영화체[榮化體]를 덧입게 된다. 중생은 의식의 경험은 되지 않고 무의식 세계에서 생명의 생태 변화를 일으키고 있다.

그런데 한 가지 주목할 것은 탈피할 때마다 죽음 같은 잠을 잔다는 사실이다. 껍질 조개가 옛 껍질, 즉 옛 허물을 벗을 때마다 위기를 통과하는데 몸은 두 배로 비약적 성장을 한다. 태아가 태어날 때 죽음에 가까운 산통(産痛)의 카타르시스를 경험하는 것과 같이, 우리가 영적으로 탈피하고 커질 때마다 죽는 진통이 있다(고전 15:31).

성령의 독점 의식

세상에는 천재나 특권층의 인물들만 전매 특허처럼 전용물로 독점하는 것들이 있다. 특정한 기술이나 학성이나 미모나 신분이나 재산, 권력 등을 독점할 수 있다.

신앙 세계에서도 영적 이기주의가 작용하여 엘리야처럼 기적을 행하고, 신유의 은사나 신비 체험, 금식 기도, 성경의 영해(靈解) 등 독점 전용물처럼 성령의 엘리트 의식이 은밀히 작용하고, 영계의 귀족화 현상을 나타내고 있다. 그런 은사들이 마치 특수 면허장이나 되는 것처럼 종교적 공리의 수단으로까지 악용될 수 있다.

하나님이 주신 신령한 은사나 축복은 모두 남을 섬기고 나누어 주기 위해서 준 것이다. 성령은 나의 독점물이 아니다. 영적 소유는 주를 섬기고 전하며 성도를 섬기기 위해서만 사용하는 것이다. 천국은 사유 재산이 없다. 모두 주는 사람들이다. 산 중에 숨어서 기쁨이나 사랑이나 평화를 간직하지 못한다. 그런 덕은 사람을 사랑하고 섬기는 중에 열리는 열매들이다. 신령한 사람은 항상 남을 나보다 낫게 여긴다.

반석 위의 집과 모래 위의 집

인생은 벽돌 하나 하나로 집을 짓듯이 지·정·의(知·情·意)의 하나 하나의 언행심사로 인생과 인격의 집을 짓는다. 영국의 '허드슨 테일러' 가에 두 아들이 있었는데 형은 국회의원에 출마해서 정치 지망생이 됐다. 동생 허드슨은 중국 선교사로 가고 형은 정계로 갔다. 먼 훗날, 영국의 역사가들이 이 두 사람을 기록할 때, 테일러의 길고 풍성한 역사를 쓰는 대신 그 형은 허드슨 테일러의 형이라고만 썼다.

하나는 자신의 터 위에 화려한 집을 지었고, 하나는 예수의 터 위에 집을 지었다. 세계의 도서관을 메운 위인전과 공원과 번화가에 세워진 동상들의 주인공들이, 역사의 뚜껑을 최후로 열어 볼 때, 누구의 터 위에 세워진 생애의 집이었는가가 문제이다.

하나밖에 없는 인생, 한 번 밖에 못사는 생애, 영원한 예수의 터 위에 불멸의 집을 지어야겠다.

금식 기도와 신앙 인격 연단

자고로 동서고금을 막론하고 인간 교육의 기본은 인간 본능이 하고 싶은 대로 내버려 두지 않고, 야생마같은 욕망 이성과 양심과 신앙에게 길들여 지도록 어느 정도의 금계(禁戒)와 징벌과 극기 억제 등의 연단을 받게 하는 것이다. 자연주의자들은 자연대로 두면 저절로 순화된다고 생각하나 사람은 악의 보균자와 같아서 기회만 있으면 그 악의 씨가 꽃피고 자란다.

심리학자들은 억압하면 심신에 병이 된다고 믿고 있다. 그러나 증오심을 누르면 정심(正心)이 나오고, 악한 욕심을 누르지 않으면 죄와 사망을 낳는다. 귀도 듣지 않을 것은 거부해야 하고, 입도 할 말만 하고, 배도 음식을 제한해야 하고, 성욕도 엄하게 다스려야 한다.

스파르타식 금욕과 고행은 아니더라도 내 욕망과 의지가 주의 뜻에 전적으로 길들여 지도록 일정 기간 금식 기도하는 일은 신앙 인격과 생활의 연단을 위해 10대 때부터 해 보기를 권하고 싶다.

제목 찾아보기

123

3단계 인생 83
3종의 인간 104
6·25 때를 기억하자 28

ㄱ

가가와 도요히꼬(賀川豊彦)의 원점 160
가난한 심령 89
가롯 유다의 동기 334
가인의 후예들의 문명 236
개구리 회의 80
거룩한 산 제물의 삶 241
거지전도 263
거짓 증거 하지 말라 271
경건의 수행(修行) 274
고난은 제3의 성례(聖禮) 76
고난의 신비 281
과학과 신앙 322
광야의 구리뱀과 예수 328
구국 기도의 불침번 36
구미 신학 쓰레기 152
구원의 두 측면 243
구원의 모상(母像) 마리아 266
구원의 절대 확신 18
구하라, 찾으라, 문을 두드리라 321
그 행사가 다 형통하리로다 263
그대가 죽지 않은 궁극의 이유 56
그리스도의 신부 313

그리스도의 향기 162
금식 기도 116
금식 기도와 신앙 인격 연단 378
금식 기도의 유익 115
기도 속에서 보여 주신 두 얼굴 260
기도 응답의 기쁨 78
기도 응답의 두 가지 방법 90
기도는 창조의 산실 234
기도와 믿음의 국력 244
기도와 전도의 문 213
기도의 계절 272
기독교와 인간교(人間敎) 223
기독교와 진리 306
기복신앙(祈福信仰) 시비 107
깨끗한 세상을 위한 최초 최고의 행위 58
끝없는 낙수(落穗) 252

ㄴ

나를 사랑하라 270
나사로야, 무덤에서 나오라 77
나와 그리스도 사건 32
나의 원(原)주소와 현(現)주소 248
나의 작은 겟세마네 88
나의 최대의 크리스천 체험 75
내 가슴에 타는 사랑의 불 33
내게 은과 금은 없어도 157
내일(來日) 마귀 73
냉수 한 잔, 미소 하나의 사랑 51
너희 모든 쓸 것을 채우시리라 46

네 가지 평화 *364*
네 믿음대로 되라 *34*
네 종류의 심전(心田) *190*
노아 홍수족과 고모라족 *131*

ㄷ

다섯 가지 유형의 지도자상 *40*
다섯 종류의 심판 *191*
대속재(代贖者) *341*
대신속죄(代身贖罪) 대신형벌(代身刑罰) *345*
대학생에게 알립니다 *233*
독자에게 드리는 편지 *235*
두 여학생의 결혼생활 *360*
뜻대로 구하면 들으심이라 *47*

ㄹ

라오디게아 교회 *300*

ㅁ

마마르크스와 도스토예프스키 *307*
마음에 새겨 둔 헌법 전문 *132*
만능의 인생묘약(人生妙藥) *67*
만민에게 미칠 큰 기쁨의 좋은 소식 *55*

만민에게 미칠 큰 기쁨의 좋은 소식 *73*
말씀의 씨앗 *175*
말의 씨와 역동성 *185*
매독 문화(梅毒文化)와 예수의 피 *27*
메네 메네 데겔 우바르신 *192*
메시아 대망 *289*
모든 발명은 하나님의 계시 *86*
모세의 지팡이 *92*
모택동과 장개석 *161*
무지와 죄의 자각 *255*
물과 생명의 신비 *196*
미개발(未開發)의 동력 자원 *357*
미국 최후의 부흥 기류 *276*
미국사의 위기와 기도 *114*
민족 의식과 예수 의식 *291*
믿음과 기도 불사용 죄 *208*
믿음과 인생 *216*
믿음으로 사랑 *299*
믿음은 들음에서 *232*
믿음은 선물 *111*
믿음의 그릇 *122*
믿음의 재무장 *203*
믿음의 조상들의 반열(班列) *324*
밀알처럼 살자 *206*

ㅂ

바라바와 예수 *194*
반 반공(反 反共) *162*
반(反) 초자연주의 *298*

반드시 죽는다는 것을 기억하라	164
반석 위의 집과 모래 위의 집	377
반석을 쳐라	374
밭에 감추인 보화	282
배에서 생수의 강이	77
배우자를 택하려는 이들에게	285
번데기가 나비되는 생태학적 성장 경험	375
범사에 여호와를 인정하라	45
베드로의 옥문을 무엇이 열었는가?	79
변하는 것과 변할 수 없는 것	189
변화된 삶의 증인	179
병리학적 3기	310
보지 못하고 믿는 자의 축복	267
복음의 씨앗	24
복음적 시각	168
부자 교만과 거지 교만	331
부화기적 훈련	310
부활 사실과 부활 신앙	150
부활 증인과 증거	145
부활과 과학	144
부활의 실존적 의미	147
부활족과 사망족	148
불 신자(信者)와 연기 신자(信者)	61
불의(不義)·자의(自義)·신앙의(信仰義)	110
비련의 호세아와 하나님	95
비만증 사랑 결핍증 환자	352
비오는 날 밤	250
비판 정신	268
빈 무덤	143
빌레몬서의 인간성	330

ㅅ

사도행전의 크리스천 액션	53
사랑을 나눠 주자	74
사랑의 보수	40
사랑의 빚진 사람	141
사랑의 수(數)	62
사랑의 약탈자	87
사랑의 절대성	24
사랑이라는 전도 방법	205
사랑함으로 배우는 사랑	362
사소한 기도	182
사소한 사랑을 모으자	207
사제(私製) 기독교	344
사해(死海) 인간과 갈릴리 호의 인생	312
사형수 시간과 밀월의 시간	38
사형수의 회심	155
산 예수와 신학적 예수	63
살아 계신 예수	319
살아서 운동력있는 말씀	277
삼위일체의 유추(類推)	88
상사병	94
상흔을 보이자	153
새해의 결심	361
생사(生死)를 걸고 물어 보라	22
샬롬	72
선(先) 믿음·후(後) 지식	219
선교사 서원자에게	265
선교사 헌신의 결의	251
선악과와 생명과	329
섭리의 만남	69

섭리의 만남들	176
성경 식욕	179
성경 해석자	347
성경적 교양과 품위	127
성경적 기독교	199
성공의 절대 비결	264
성구 암기	280
성도가 받는 최고 그랑프리[면류관]	339
성령 충만 받으라	230
성령 충만의 표본	231
성령에게 짓는 죄	367
성령의 독점 의식	376
성령의 상징들	166
성령이 알게 하신 지식	152
성수 주일 문제	186
성탄을 바로 맞는 자세	354
세계 평화는 오는가	286
세례 요한과 복음 인간	174
세미한 음성	177
소금과 빛	229
속죄자	184
속죄자와 죄의 전가자	273
솔제니친의 경고	96
수도 생활	103
순	333
시간의 청지기	279
시간의 청지기	363
시련과 연단의 유익	158
시편 23편	71
신(身)·혼(魂)·영(靈)의 구속	105
신념과 신앙	42
신령한 것의 사모	38
신령한 것의 의미	98
신명기 28장의 축복	180
신앙(信仰)과 인식(認識)	109
신앙과 미신	228
신앙적 부모 상(像)	301
신앙적 사고 방식	49
신약적 예언자	100
신유에 대하여	309
신학과 실천	217
신학사(神學史)의 3대 위기	137
실존적 회의	337
심령감응술(텔레파시)이 암시하는 것	105
심은 대로 거둔다	124
심판 때 보아야 안다	204
십일조 문제	183
십일조 헌금	158
십자가 사건	25
십자가의 비의(秘義)	288

ㅇ

아담 족과 예수 족	358
아담권과 예수권	133
아무도 이렇게 말한 일이 없다	13
아벨의 피	295
아폴로 13호의 교훈	41
악령들린 현대인의 상징	50
애신(愛神)·애타(愛他)·애기(愛己)	174
애정수입(愛情收入)과 광기문명(狂氣文明)	343
야곱의 궁지	133

얍복 나룻가의 기도	220	예수 재단	214
양심 불감증	303	예수 중심의 시각	224
어리석은 논쟁	370	예수가 사장	262
어리석은 부자	163	예수님과 나 사이	155
어리석은 부자의 4무(四無)	195	예수님의 재림	112
어리석은 자의 정의(定義)	30	예수를 심자	188
어린 아이와 백치(白痴)	332	예수를 앙망(仰望)하는 생활	314
여호와를 기뻐하라	23	예수에 대한 삼자택일(三者擇一)	15
열등감, 우월감	308	예수에게 미치자	31
열매 맺는 생활의 비결	239	예수와 기적의 문제	139
염려하지 말라	138	예수와 성경 배우는 태도	246
영(靈)의 동조 주파	304	예수의 계절	193
영(靈)의 시대가 도래하고 있다	52	예수의 광야 시험	237
영생은 선물이다	290	예수의 살과 피	202
영원을 심자	129	예수의 상흔(傷痕)	144
영원한 생수	335	예수의 신임장	15
영원한 소년	365	예수의 접종(接種)	282
영원한 첫사랑	43	예수의 제자된 표식(標識)	21
영적 건강법	369	예수의 족보	284
영적 건강의 척도	151	예수의 현존성(現存性)	12
영적 공해의 시대	318	예수칼럼 독자에게	215
영적 자유 문제	101	예언서에 나타난 EEC(유럽경제공동체)	371
영점 체험(零點體驗)	33	옛날 귀신과 현대 귀신	238
영치(靈痴)	302	오직 하나님께로서 난 자들	165
영혼의 호흡	97	온 백성에게 미칠 큰 기쁨의 소식	355
예레미야의 예수	209	요엘서의 금식 기도	48
예루살렘의 부활 무드	150	요한복음과 믿음	19
예수 부활의 실존적 의미	142	욥의 고난	99
예수 설교와 지식 설교	181	우리의 작은 겟세마네	198
예수 없는 절망	29	우주 로고스 생명 로고스	12
예수 운동	305	원숭이의 보고서	98
예수 의식과 민족 의식	123	원죄와 종자와 정조	164

웨일즈의 부흥 운동	187
유일성(唯一性)의 논리	39
유일의 길·진리·생명	172
율법과 은혜	283
은과 금은 없으나	253
은혜라는 말의 이해	66
은혜와 축복의 동참	178
의지적 신앙 생활	219
이 사람을 보라	14
이런 유는 금식과 기도 외에는	254
이런 유산도 있다	159
인간 타락과 부패의 보편성	81
인간교(人間敎)의 시편	368
인간교(人間敎)의 주기도문	371
인생의 열쇠	16
일곱 번씩 일흔 번이라도 일어나라	54
입의 열매와 복록	151

ㅈ

자유의 문제	340
재림의 징조	20
적그리스도	194
전도의 문 마음의 문	118
전도자의 면류관	225
전심(全心)과 지성(至誠)의 신앙 생활	240
전심(全心)의 신앙 생활	64
전쟁 책임 고백서(戰爭 責任 告白書)	85
전천후(全天候) 감사와 사랑의 시간	19
전천후(全天候) 신앙생활	359

절대 변수	222
절대 은총의 손	297
절망과 소망	306
정상 참작	136
정신 위생의 묘약	70
제3혁명 운동	210
종교 개혁	327
종이 되어 섬기는 삶	336
죄 없는 자가 먼저 돌로 치라	82
죄가 들어왔을 때	296
죄의 개념	156
죄의 정의	350
죄책의 투사(投射)와 전가	135
주(主)-퀴리오스-	338
주님과 나만의 시간	127
주님과 나의 관계	342
주여 감사합니다	44
주의 기도	366
주초(酒草) 문제	247
죽은 자가 살아난다는 소식	146
죽은 행실의 회개	346
죽을 때 봐야 안다	17
죽음에 이르는 병	80
죽음의 영점(零點)에 서 보라	59
중국 민족의 양자 택일	134
중생(重生)의 신비	249
중생(重生)한 자와 범죄	353
중성인간(中性人間) 중간지옥(中間地獄)	84
지금은 초비상 구국 금식 기도할 때	102
지식 나무 생명 나무	188
지혜를 위한 기도	218
진화론과 창조론의 과학 논쟁	170
짐승과 용과 음녀	203

ㅊ

- 찬송 생활의 축복 68
- 천국의 소유 140
- 천리 길도 일보(一步)부터 269
- 천사가 밭을 가는 명화 70
- 청소년 범죄 311
- 청소년 크리스천에게 호소한다 ... 117
- 초자연적인 삶 52
- 최후의 뉴 프론티어 160
- 충성된 생활 275

ㅋ

- 칼은 칼로 망한다 278
- 코리텐붐의 간증 293
- 크리스천 소유 개념 201
- 크리스천에게 주는 경고 192
- 크리스천의 고독 128
- 크리스천의 소망 245
- 크리스천의 유머[해학] 267
- 크리스천의 육신관(肉身觀) 320
- 크리스천의 최대 유산 294

ㅌ

- 태신자(胎信者) 154

ㅍ

- 파스칼의 내기 108
- 피의 종교 106
- 피의 종교 325
- 피조물의 논리(論理) 60

ㅎ

- 하나님 불신의 기적 323
- 하나님 사랑 이웃 사랑 126
- 하나님 존재 부정의 악과 저주 .. 372
- 하나님과의 대화 257
- 하나님을 아는 방법 113
- 하나님을 아는 방법 221
- 하나님의 뜻 200
- 하나님의 보증 수표 125
- 하나님의 본성 351
- 하나님의 성탄 준비 356
- 하나님의 시한, 하나님의 저울 ... 93
- 하나님의 저자세 167
- 하늘이여 들으라 땅이여 귀를 기울이라 ... 57
- 한 감방 안의 풍자적 사건 242
- 한 맺힌 소원 기도 168
- 한국 민족과 에스겔 37장의 환상 ... 26
- 한국 크리스천의 꿈 256
- 한국 크리스천의 죄 35
- 한국의 성모상 261
- 허무적 행동주의 130

헌신의 뜻 373
현대 탕자의 귀로의 시간 212
호세아의 예수 211
홍해를 쳐라 119
화평케 하는 자 315
확률로 본 예언 성취 326
회개와 신앙 169
희락(喜樂)의 법칙 292
희소식 173

예수칼럼 1

2010년 10월 27일 초판 발행
2023년 1월 27일 초판 3쇄 발행

엮 은 이   한국대학생선교회
글 쓴 이   김준곤
펴 낸 곳   순출판사
디 자 인   아이엠
등   록   제 2020-000159호
주   소   서울시 종로구 백석동 1가길 2-8
전화/팩스 02)722-6931~2 / 02)722-6933
가   격   15,000원

본서의 판권은 순출판사에 있습니다. 무단 전재 및 복재를 금합니다.
책 내용과 관련된 문의는 한국대학생선교회_MRD(02-397-6269)로 문의 바랍니다.

ISBN : 978-89-389-0228-3